Günther Schuh/Urs Schwenk
Produktkomplexität managen

Günther Schuh/Urs Schwenk

Produktkomplexität managen

Strategien · Methoden · Tools

HANSER

Alle in diesem Buch enthaltenen Programme, Darstellungen und Informationen wurden nach bestem Wissen erstellt und mit Sorgfalt getestet. Dennoch sind Fehler nicht ganz auszuschließen. Aus diesem Grund ist das im vorliegende Programm-Material mit keiner Verpflichtung oder Garantie irgendeiner Art verbunden. Autoren und Verlag übernehmen indessen keine Verantwortung und werden keine daraus folgende Haftung übernehmen, die auf irgendeine Art aus der Benutzung dieses Programm-Materials oder Teilen davon entsteht.

Die Deutsche Bibliothek – CIP-Einheitsaufnahme

Ein Titeldatensatz für diese Publikation
ist bei Der Deutschen Bibliothek erhältlich.

Dieses Werk ist urheberrechtlich geschützt.
Alle Rechte, auch die der Übersetzung, des Nachdrucks, und der Vervielfältigung des Buches oder Teilen daraus, sind vorbehalten. Kein Teil des Werkes darf ohne schriftliche Genehmigung des Verlages in irgendeiner Form (Fotokopie, Mikrofilm oder ein anderes Verfahren), auch nicht für Zwecke der Unterrichtsgestaltung, reproduziert oder unter Verwendung elektronischer Systeme verarbeitet, vervielfältigt oder verbreitet werden.

© 2001 Carl Hanser Verlag München Wien
Internet: http://www.hanser.de
Redaktionsleitung: Martin Janik
Herstellung: Ursula Barche
Umschlaggestaltung: Parzhuber & Partner GmbH, München
Gesamtherstellung: Kösel, Kempten
Printed in Germany

ISBN 3-446-18779-0

Vorwort

„Komplexität managen ist wie Haare schneiden", sagte vor kurzem ein Mitarbeiter zu mir. Deshalb gefalle ihm sein Job so gut. Es sei immer eine methodisch anspruchsvolle Querschnittsaufgabe, die man mit einem umfassenden Werkzeugkasten lösen kann. Das Thema unterliege immer wieder neuen Moden wie JIT, TQM, Modularisierung, Mass Customization, Plattformkonzept oder jetzt Collaborative Commerce. Eins aber bleibe immer gleich – wie beim Friseur: Von Zeit zu Zeit brauche man Anstrengungen und zum Teil auch professionelle Unterstützung, um die „nachgewachsene" Komplexität wieder neu zu bewältigen.

Komplexität managen heißt aber nicht nur, Façon in das Unternehmen zu bekommen, Ordnung zu schaffen und Unnötiges wegzuschneiden. Komplexität kann zur Einzigartigkeit des Unternehmens signifikant beitragen. Sie kann Markteintrittsbarrieren aufbauen, „Lock-in's" produzieren und eigenständige strategische Erfolgsposition sein.

Kernstück der Unternehmenskomplexität ist die Produktkomplexität. Ohne die Fähigkeit, die Produktkomplexität zu managen, d.h. letztlich die Variantenvielfalt als Waffe im Wettbewerb einzusetzen, wird jeweils nur an den Symptomen „geschraubt".

Nach nun fast 20 Jahren intensiver Auseinandersetzung mit dem Thema Variantenvielfalt, mehr als 200 Projekten, unzähligen Diplomarbeiten, einem Dutzend Dissertationen, verschiedenen Tools und mit dem Rückenwind eines umfassenden Benchmarking-Projektes, ist es an der Zeit, eine Zusammenstellung von zueinander kompatiblen Variantenstrategien, Methoden und Tools im Sinne eines ganzheitlichen Ansatzes zu versuchen. Dies umso mehr, als das Internet-Zeitalter ansetzt, die Transaktionskosten (Malone) zu senken, die Spezialisierung (Coase) zu erhöhen und die Kommunikationsreichweite drastisch zu verbessern. Das Wertschöpfungsgefüge wird in jeder Hinsicht komplexer, gleichzeitig lässt sich die Komplexität durch die bessere Transparenz und Vergleichbarkeit der Produkte weniger gut in Preisqualität umsetzen.

Wir haben uns bei der redaktionellen Arbeit zu dem Buch von drei Gedanken leiten lassen:

1. Komplexität sollte ganzheitlich verstanden werden, d.h., die wichtigsten Interdependenzen z.B. zwischen Strategie, Produktstruktur und Maßnahme werden erkennbar.
2. Die Produktkomplexität als originäre Ursache der Unternehmenskomplexität steht im Vordergrund unserer Maßnahmen und Tools.

3. Ein erprobter Werkzeugkasten zur konkreten Unterstützung der Praktiker und Berater war uns wichtiger als der wissenschaftliche Diskurs oder die theoretische Herleitung.

Die beigefügte CD mit der Demo-Version des Complexity Managers® mit den Modulen F/V (Merkmals-/Variantenbaum) und C (Ressourcenorientierte Prozesskostenrechnung) sowie den Systemerläuterungen und weiterführender Literatur soll ein Übriges tun, um den Leser sofort bei der praktischen Lösungsfindung zu unterstützen.

Ursprünglich ging die Initiative zu dem Buch vom Carl Hanser Verlag aus, dem ich mit seinen verschiedenen Promotoren, insbesondere Herrn Martin Janik, für das Interesse, die Ausdauer und die gründliche Arbeit danken möchte.

Besonderer Dank gilt meinem Koautor Urs Schwenk, der die Elemente zusammengetragen und maßgeblich redigiert hat, sodass ein komplexes Ganzes entstehen konnte.

Großer Dank gebührt neben den Mitarbeitern des Benchmarking-Centers (TECTEM) am Institut für Technologiemanagement unter Leitung von Dr. Christian Bodmer auch dem Team der GPS Schuh & Co GmbH unter Leitung von Dr. Stephan Krumm, die nicht nur unermüdlich Erfahrung eingebracht und Methoden weiterentwickelt haben, sondern auch die Demo-CD zur Verfügung gestellt haben.

Ein Buch ist immer ein Stück von einem selbst, erst recht, wenn man Ideen aus vielen Jahren zusammenfasst. Es absorbiert nicht nur die Autoren, es beansprucht auch sehr stark deren Umfeld. Ich danke all jenen, die unter der Zusatzarbeit gelitten haben, für ihr Verständnis.

Günther Schuh

Inhalt

Vorwort V

Kapitel A
Handhabung der Komplexität als Querschnittsaufgabe 1

1	**Umgang mit der Komplexität**	3
1.1	Die Handhabung der Komplexität wird zum Kern der Managementaufgabe	3
1.1.1	Komplexitätstreiber	7
1.1.1.1	Komplexitätstreiber „Masse" (Vielzahl, Vielfalt)	7
1.1.1.2	Komplexitätstreiber „Dynamik" (Veränderlichkeit, Vieldeutigkeit)	9
1.2	Ursachen der Komplexität	10
1.2.1	Interne Komplexität	13
1.2.2	Externe Komplexität	15
1.3	Folgen der Komplexität	17
1.3.1	Kostenwirkung der „Vielfalt"	20
1.3.2	Nutzenwirkung der „Vielfalt"	23
1.4	Vielfaltsbewusstsein schaffen	25
1.4.1	Top-down Approach	27
1.4.2	Kultur-, Struktur- und Branchenaspekte	29
2	**Management von Komplexität**	32
2.1	Definition Komplexitäts- und Variantenmanagement	32
2.2	Konzeptioneller Bezugsrahmen	35
2.2.1	Komplexitätsmanagement im St. Galler Management-Konzept (SGMK)	36
2.3	Herausforderung des Komplexitätsmanagements	39
2.3.1	Fit zwischen interner und externer Komplexität	40
2.3.2	Optimaler Komplexitätsgrad	41
2.3.3	Kostenoptimierung	42
2.3.3.1	Direkte, produktproportionale Komplexitätskosten	43
2.3.3.2	Opportunitätskosten der Komplexität	44

3	**Komplexitätsmanagementstrategien und -typologien**	**47**
3.1	Wettbewerbsstrategien	47
3.1.1	Generische Wettbewerbsstrategien nach *Porter*	47
3.1.2	Outpacing-Strategie nach *Gilbert* und *Strebel*	49
3.1.3	Idealtypische Strategien nach *Pümpin*	50
3.2	Komplexitätsmanagementstrategien	52
3.2.1	Trade off zwischen Economy of scale und Economy of scope	52
3.2.2	Individualisierungs- versus Standardisierungsstrategie	53
3.2.3	Kundenindividuelle Massenproduktion	58
3.3	Variantenmanagementtypologien	64
3.3.1	Branchen- und Geschäftstypologische Einordnung	64
3.3.1.1	Variantenkonfigurierer	65
3.3.1.2	Variantenoptimierer	66
3.3.2	Typologische Zuordnung der Komplexitätsmanagementaktivitäten	67

Kapitel B
Produktvielfalt entwickeln 71

4	**Produktstrukturierung**	**73**
4.1	Was ist die Produktstruktur?	73
4.1.1	Produktstruktur als normatives Element	75
4.2	Generische Produktstrukturstrategien	79
4.2.1	Differenzial- versus Integralbauweise	79
4.2.2	Baureihen, Module, Baukasten und Pakete	81
4.2.2.1	Baureihen	81
4.2.2.2	Module	82
4.2.2.3	Baukasten	82
4.2.2.4	Pakete	82
4.2.3	Modularisierung	83
4.2.3.1	Plattformkonzept	86
4.2.3.2	Vorgehensweise zur Modularisierung	90
4.3	Hilfsmittel zur Strukturierung	94
4.3.1	Einzelstücklisten (Mengen-, Struktur- und Baukastenstückliste)	95
4.3.2	Variantenstücklisten (Gleichteile- und Plus/Minus-Stückliste)	97
4.3.3	Verwendungsnachweis	99

4.3.4	Merkmals-Ausprägungs- und Kombinationsmatrix	99
4.3.5	Variantenbaumstruktur	100

5 Produktprogrammplanung ... 102

5.1	Interdependenzen zwischen Produktstruktur, Sortimentsbreite, Produktlebenszyklus und Preis	102
5.2	Strukturierung und Differenzierung des Produktprogramms	104
5.3	Produktprogrammszenarien	106
5.3.1	Vorgehensweise zur vielfaltsorientierten Produktprogrammplanung	108

6 Produktvielfalt analysieren und optimieren ... 110

6.1	Wieviel Vielfalt ist notwendig?	110
6.2	Vorgehensweise zur Vielfaltsanalyse und -Optimierung	111
6.2.1	Methodik	112
6.2.1.1	„Variantenbaum"	112
6.2.1.2	Variant Mode and Effects Analysis (VMEA)	114

Kapitel C
Produktvielfalt bewerten ... 123

7 Produktbewertung von Gestaltungsalternativen ... 125

8 Zielkostenmanagement ... 127

8.1	Grundprinzip des Zielkostenmanagements	127
8.2	Einsatzmöglichkeiten für Zielkostenmanagement	130
8.3	Markt- und Nutzensegmentierung	133
8.4	Vorgehen im Zielkostenmanagement	136
8.4.1	Phase 1: Zielkostenermittlung	137
8.4.2	Phase 2: Zielkostenspaltung	139
8.4.3	Phase 3: Zielkostenerreichung	142
8.4.4	Projektbegleitendes Controlling	146

9 Entwicklungsbegleitende Kalkulation ... 147

9.1	Defizite bestehender Kostenrechnungssysteme	147
9.2	Ressourcenorientierte Prozesskostenrechnung (RPK)	149

9.3	Anforderungen und Potenziale der Kostenberechnung für Produktvarianten mittels RPK	153
9.3.1	Prognosefähigkeit	154
9.3.2	Verursachungsgerechtheit je Kostenträger	156
9.3.3	Einfachheit in der Anwendung	158
9.3.4	Integrierbarkeit in das Rechnungswesen	158
10	**Anwendung der RPK**	**161**
10.1	... in der Auftragskalkulation	161
10.2	... in der Entwicklung	164
10.3	... in der Produktionsprogrammplanung	165

Kapitel D
Kommunikation und Vertrieb variantenreicher Produkte 167

11	**Produktvielfalt kommunizieren**	**169**
11.1	Produktvielfalt-Dokumentation	169
11.1.1	Entwicklung/Konstruktion	169
11.1.2	Marketing/Vertrieb	172
11.1.3	Produktionsplanung- und steuerung	174
11.1.4	Fertigung/Montage	176
11.1.5	Einkauf	178
11.1.6	Qualitätssicherung	179
11.2	Datenmanagement von Produktvielfalt	181
12	**Auftragskonfiguration und Vertrieb von Varianten**	**185**
12.1	Was heißt konfigurieren?	185
12.1.1	Zielsetzung	185
12.1.2	Konfigurationsprozess	186
12.1.2.1	Infofluss zwischen Außendienst, Innendienst, Entwicklung und Produktion	189
12.1.2.2	Wechselwirkung zwischen Produkt- und Organisationsstruktur auf den Konfigurationsprozess	191
12.2	Einsatz von Computer Aided Selling (CAS-Systeme)	192
12.2.1	Nutzenpotenziale von CAS-Systemen	192
12.2.2	Konfigurationssysteme	193
12.3	Aufbau des Produktkonfigurators	194

Kapitel E
Produktvielfalt produzieren 201

13 Leistungsprozessgestaltung 203

13.1 Interdependenz zwischen Prozess-, Produktprogramm- und Produktgestaltung 203
13.2 Komplexitätsbeherrschung durch Produkt- und Prozessgestaltung 204
13.2.1 Auswirkung der Produktstruktur auf die Abfolge der Fertigungs- und Montageschritte 207
13.2.2 Segmentierung des Leistungserstellungsprozesses 210
13.3 Produktion und Steuerung der Produktvielfalt 211
13.3.1 Einsatz von Fertigungstechnologien 211
13.3.2 Planung und Steuerung der Produktvielfalt 214

14 Auftragsneutrale und kundenauftragsspezifische Disposition 217

14.1 Herausforderungen in der Auftragsabwicklung von Einzel- und Kleinserienfertiger 217
14.2 Auswirkungen des Produktstrukturtyps auf den Leistungserstellungsprozess 218
14.3 Strategische Disposition 220
14.3.1 Planungsprozess im Überblick 220
14.3.2 Konzept der Strategischen Disposition 222
14.3.2.1 Kundenauftragsneutraler Planungsablauf 224
14.3.2.2 Anfragen-, Angebots- und Auftragszuteilung 229
14.3.2.3 Quoten- und Stückzahlenalgorithmus 231

Kapitel F
Komplexitätsmanagement umsetzen 233

15 Organisation des Komplexitätsmanagements 235

15.1 Einführung des Komplexitätsmanagements im Unternehmen 235
15.1.1 Denkstile und Grundsätze zur Beherrschung der Komplexität 235
15.1.2 7 Thesen zum Komplexitätsmanagement 238

15.2	Einbindung des Komplexitätsmanagements in die Unternehmensprozesse	239
15.2.1	Funktionsübergreifende Organisation zwischen den Unternehmensbereichen	239
15.2.2	Pflege des Produktprogramms	240
15.2.3	Freigabe von Produkt-Varianten	241
15.2.3.1	Periodisches Freigabe-Prozedere	241
15.2.3.2	Auftragsbezogenes/situatives Freigabe-Prozedere	242
15.3	Führungskreislauf im Komplexitätsmanagement	243
16	**Complexity Manager® – integriertes Werkzeug zum Komplexitätsmanagement**	**245**
16.1	Variantenmanagement – MODUL F/V	245
16.2	Prozessmanagement – MODUL PROPLAN	246
16.3	Prozesskostenmanagement – MODUL C	247
17	**Literaturverzeichnis**	249
18	**Register**	261

Kapitel A
Handhabung der Komplexität als Querschnittsaufgabe

1 Umgang mit der Komplexität

1.1 Die Handhabung der Komplexität wird zum Kern der Managementaufgabe[1]

Bei anhaltender positiver Wirtschaftsentwicklung mag es schwierig genug sein, eine Organisation erfolgreich zu führen. Verschiedene Faktoren erhöhen diese Schwierigkeiten aber beträchtlich, denn sie haben die Komplexität, mit der Führungskräfte konfrontiert sind, dramatisch erhöht.[2]

Die Komplexität vieler Unternehmen hat ein Maß erreicht, das die Kontroll- und Koordinationskosten aus dem Ruder laufen lässt. Die strategische Fokussierung der vielfältigen Aktivitäten und Geschäftsfelder auf ein gemeinsames Ziel ist dabei zum Problem geworden.

Der Zuwachs an Komplexität, dem sich das Management einer Unternehmung heute gegenüber sieht, beschränkt sich nicht auf die zunehmende Internationalisierung der Wettbewerbsverhältnisse bei der Deckung eines weltweiten Bedarfs. Soziale, technologische und ökologische Veränderungen sind hinzugekommen, die die Komplexität der durch die Führung zu bewältigenden Aufgaben erhöhen.[3]

Nach *Ulrich/Probst* ist Komplexität eine Systemeigenschaft, deren Grad von der Anzahl der Systemelemente, von der Vielzahl der Beziehungen zwischen diesen Elementen sowie der Anzahl möglicher Systemzustände abhängt.[4]

Ulrich versteht Komplexität vielmehr als Eigenschaft von Systemen, in einer gegebenen Zeitspanne eine große Anzahl verschiedener, respektive „ungeheuer viele Zustände"[5] annehmen zu können (oder zu müssen), was deren geistige Erfassung und Beherrschbarkeit durch den Menschen erschwert.[6]

Die Zusammensetzung wird bestimmt durch *Anzahl und Verschiedenheit der Elemente und Beziehungen*, die in diesem System vorkommen. Zum anderen hängt die Komplexität von der *Veränderlichkeit im Zeitablauf* ab, die sich ihrerseits durch die Vielfalt der Verhaltensmöglichkeiten der Elemente und durch die Veränderlichkeit der Wirkungsverläufe zwischen Elementen ausdrückt. Stellt man diese beiden Hauptkriterien (Art der Zusammenset-

---

[1] vgl. Malik (1997) S. 157: Wer komplexe Systeme zu nützen versteht, wird ins Gewicht fallende Vorteile haben.
[2] vgl. Malik (1992) S. 20 f.
[3] vgl. Bleicher (1995) S. 18
[4] vgl. Ulrich/Probst (1988) S. 58; Reiss (1993a) S. 55
[5] Quelle: Malik (1992) S. 186
[6] vgl. Ulrich (1970) in Bleicher (1995) S. 36

zung, Veränderlichkeit im Zeitablauf) in einer Matrix (Abb. 1-1) dar und legt die Ausprägungen der beiden Dimensionen mit Veränderlichkeit/Dynamik und Vielzahl/Vielfalt fest, so lassen sich vier grundsätzliche Systemtypen unterscheiden:

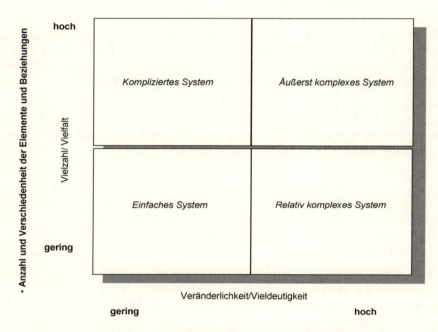

Abb. 1-1: Zustände komplexer Systeme (in Anlehnung an Grossmann, Ch. [1992] S. 19)

- *Einfache Systeme* (wenig Elemente, Beziehungen und Verhaltensmöglichkeiten)
- *Komplizierte Systeme* (viele Elemente und Beziehungen; Verhalten ist deterministisch)
- *Relativ komplexe Systeme* (wenig Elemente und Beziehungen; hohe Vielfalt an Verhaltensmöglichkeiten; keine vollständige Beherrschbarkeit möglich)
- *Äußerst komplexe Systeme* (Vielzahl von Elementen mit vielfältigsten Beziehungen; große Vielfalt an Verhaltensmöglichkeiten mit veränderlichen Wirkungsverläufen zwischen den Elementen).[7]

---

[7] vgl. Grossmann (1992) S. 18 f.

Per Definition handelt es sich bei Unternehmen um *komplexe Systeme* und der Umgang mit Komplexität in Unternehmen ist die eigentliche Managementaufgabe – und umgekehrt: „Management ist (...) nur dort erforderlich, wo die Verhältnisse durch hohe Komplexität gekennzeichnet sind."[8]

Komplexität besagt eigentlich zweierlei: Zum einen bezeichnet man damit ein System, in dem nicht mehr alle Elemente miteinander verknüpft werden können, und zum zweiten meint man damit Unbestimmtheit und Unvorhersehbarkeit. Man weiß nicht ausreichend, was passieren wird, und man hat zu viele Möglichkeiten vor sich. Die Antwort auf Unbestimmtheit ist Entscheidung. Unternehmen als komplexe Systeme stehen unter Entscheidungszwang. Sie müssen wählen und das Überangebot an Möglichkeiten auf ein verarbeitbares Maß reduzieren.

Wenn hier von Komplexität gesprochen wird, dann ist damit mehr gemeint als die Tatsache, dass Probleme oder Strukturen in ihrem Aufbau einfach „kompliziert" sind.

Komplexität in diesem Sinne tritt bei *produzierenden Unternehmen* besonders deutlich zutage. Die Wettbewerbsbedingungen von Produktionsunternehmen werden durch zwei Spezifika geprägt: Einerseits sind produktionsorientierte Managementkonzepte an die Starrheit oder Kontinuität des Systems Produktion gebunden. Große Vorleistungen im Sinne von Forschungs- und Entwicklungsaufwänden, Investitionen in kapitalintensive Betriebsmittel sowie der Aufbau (technologischer) Kernkompetenzen erfordern einen zunehmenden Vorlauf in zeitlicher und finanzieller Hinsicht. Demgegenüber nimmt die Dynamik des Marktes zu. Immer schneller müssen die am Markt angebotenen Leistungen und Produkte verändert und angepasst werden, was prinzipiell der oben genannten Starrheit oder Kontinuität des Systems Produktion zuwider läuft (Abb. 1-2). Daraus ergeben sich vielfältige, wenig voraussagbare, ungewisse Verhaltensmöglichkeiten.

Diese Eigenschaft steht dem einfachen *Ursache-Wirkungsdenken* entgegen, daß dem Bestreben vieler Manager bei ihrem zweckgerichteten Denken und Handeln zugrunde liegt: der Annahme, dass eine bestimmte Maßnahme auch mit Sicherheit zu einem bestimmten Ergebnis führen werde. Bislang versuchen wir, Komplexität im sozialen System zu beherrschen, indem wir eine vorgebliche Komplexitätsreduktion auf ein für den Mitarbeiter tragbares Maß anstreben. Damit entsteht jedoch lediglich eine interne Reduktion der von der Umwelt induzierten Komplexität. Das System selbst produziert in seinem Inneren eigene Komplexität, indem es zur Komple-

---

[8] Quelle: Malik (1992) S. 184

xitätsreduktion eine systemische Arbeitsteilung[9] verstärkt, auf diese Weise aber bewirkt, dass die Aktivitäten zur Koordination der einzelnen Einheiten zunehmen.

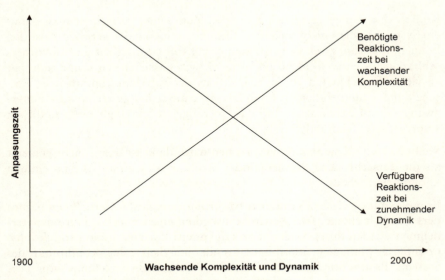

Abb. 1-2: Die Zeitschere (Quelle: Bleicher [1995] S. 26)

Diese systemische Arbeitsteilung führt zusammen mit einer durch die Marktdynamik provozierten, steigenden Variantenvielfalt bei produktionsseitig weiter notwendiger Stabilität zu einer Überkomplexität, die durch klassische Managementstrukturen und -systeme bzw. durch Super-Hierarchien nicht bewältigt werden können.

Hyperkomplexität führt zudem vielfach zu einem Hyperaktivismus kurzfristiger Maßnahmen, die nich selten dem letzten Modetrend des Managements folgen. Sie verbreiten eher Orientierungslosigkeit und Verunsicherung als ein kontinuierliches und konsequentes Verfolgen als richtig erkannter, langfristig anzustrebender Ziele: „Hat man erst einmal den Überblick verloren, kann es mit der Weitsicht auch nicht allzu gut bestellt sein."[10]

---

[9] vgl. Reiss (1993a) S. 81: Arbeitsteilung verhindert, dass der Umfang einer Aufgabe die Kapazitäten einzelner Mitarbeiter, Gruppen, Werke, Unternehmen usw. überfordert. Komplexität infolge einer Kapazitätslücke wird dadurch vermindert. Umgekehrt wirkt Arbeitsteilung komplexitätstreibend, weil durch sie eine Fülle von Schnittstellen und damit ein Koordinationsbedarf zwischen den arbeitsteilig verbundenen Organisationseinheiten entsteht.

[10] Quelle: Bleicher (1998) S. 21f.

1.1.1 Komplexitätstreiber

Um die Herausforderung „*Komplexität*" zu bewältigen, ist es notwendig, dass die verschiedenen zu behandelnden Aspekte und Perspektiven näher betrachtet und die wesentlichen *Komplexitäts-Treiber* identifiziert werden:

- Unternehmensgröße (Beschäftigungszahl, Sortimentsbreite, Fertigungstiefe, Standorte),
- Diversifikation in den Geschäftsbereichen (Pluralismus),
- Anzahl interner (Organisationseinheiten) und externer Schnittstellen (Zulieferer, Absatzkanäle),
- Schnittstellendichte (Interdependenzgrad, Koordinationsbedarf),
- Sortimentsbreite und Erzeugniskomplexität (Komponentenvielzahl, Produktstrukturtiefe, Systemangebote),
- Dynamik, Diskontinuitäten, Änderungswilligkeit und -notwendigkeit (Kurzlebigkeit der Produkte) und
- Unsicherheit, Ambiguität, Flexibilitätspotenziale, Intransparenz.[11]

Bei dem Versuch, den Komplexitätsbegriff zu operationalisieren und damit einer Messung zugänglich zu machen, wird erkennbar, dass dies nur anhand mehrerer Komplexitätsfaktoren zu erfassen ist. Hierbei handelt es sich um Größen, die untereinander abhängig sind, ohne dass sich einer der Faktoren vollkommen auf einen anderen reduzieren lässt. *Reiss* unterscheidet die vier Faktoren „Vielzahl", „Vielfalt"[12], „Vieldeutigkeit" und „Veränderlichkeit", die sich zu den Komplexitätstreibern „*Masse*" bzw. „*Dynamik*" zusammenfassen lassen.[13] Somit wird das Komplexitätsproblem in eine statische bzw. dynamische Komponente aufgetrennt, was der Verständlichkeit und Bewältigung des Systems „Unternehmen" hilfreich erscheint.

1.1.1.1 Komplexitätstreiber „Masse" (Vielzahl, Vielfalt)

Die Sättigung in den meisten traditionellen Absatzmärkten verschärft den Wettbewerb, begleitet von großen Überkapazitäten. Der Trend zur Globalisierung dieser Märkte verstärkt die Konkurrenzsituation. Als Folge der steigenden Wettbewerbsintensität hat eine kontinuierliche Veränderung des Marktverständnisses vom Anbieter- zum Käufermarkt stattgefunden. Damit hat sich ein Wandel weg vom quantitativen hin zum *qualitativen Markt-*

---

[11] vgl. Reiss (1993a) S. 54; Schulte (1995) S. 758
[12] vgl. Adam (1997) S. 2f.; Rommel (1993) S. 153; Schulz (1994) S. 131ff.; Wildemann (1996) S. 9: Sie stellen die Vielfalt als den entscheidenden Einflussfaktor auf die Komplexität in den Mittelpunkt. Die Vielfalt kann sich dabei in einer Vielzahl angebotener Produkte und verwendeter Teile bzw. Rohmaterialien, aber auch in einer Vielzahl von Kunden- und Lieferantenbeziehungen manifestieren.
[13] vgl. Reiss (1993a) S. 57

wachstum vollzogen. Nicht mehr Mengen[14]-, sondern Variantenwachstum[15] ist das Kennzeichen solcher Märkte.

Ausgehend von einem ursprünglich einfachen Produktprogramm und damit auch einer überschaubaren Anzahl unterschiedlicher Unternehmensprozesse hat sich infolge der zunehmenden Marktsättigung und des verschärften Verdrängungswettbewerbes die produkt- und prozessseitige Vielfalt drastisch erhöht (Abb. 1-3).[16] Die steigende Prozesskomplexität führt, unter anderem auf Grund der hohen Anzahl funktionsorientierter Schnittstellen, zu intransparenten Abläufen, zu mangelnder Flexibilität und zu exponentiell wachsenden Kosten.

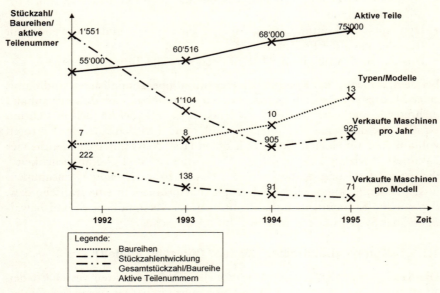

Abb. 1-3: Vielfaltsentwicklung im Anlagenbau

---

[14] Die „Vielzahl" erfasst die Komplexität, die auf das Konto einer schwer überschaubaren Anzahl von Elementen (z.B. Anzahl von Standorten, Zielen, Anforderungen) geht. Weiter ist damit die „Größe" eines Systems gemeint mit den nicht weiter erklärungsbedürftigen Maßgrößen: Menge, Volumen, Häufigkeit, Länge usw.

[15] Die „Vielfalt" bringt die Verschiedenartigkeit in einem System zum Ausdruck. Die Diversität der Elemente (Typen, Modelle) lässt sich mit Hilfe von Dispersionskennzahlen (Varianz, Diversifikations-Kennzahl) operationalisieren. Markante Abweichungen vom Durchschnitt (Ausreisser, Exoten) wirken hier komplexitätsstiftend. Hinzu kommen prozessseitig gegenläufige Strömungen (z.B. wechselseitige Lieferbeziehungen) ebenso wie zweigleisige Planung nach dem Gegenstromprinzip (bottom-up und top-down).

[16] vgl. Schuh (1995a) S. 436

Die Zunahme der Variantenvielfalt bezieht sich nicht nur auf die Ebene der End-Produktvarianten, sondern zeigt sich besonders augenfällig auch auf Baugruppen- und Teileebene. So finden sich beispielsweise über 150 verschiedene Ausführungsvarianten der Türverkleidung beim Audi A8 und sogar 696 Varianten beim Porsche 928. Die Problematik einer hohen Vielfalt auf dieser Ebene zeigt sich auch dadurch, dass z. T. 50 % der Teilenummern für Sonderausstattungen benötigt werden, die ggf. jahrzehntelang auch als Ersatzteile vorgehalten werden müssen.[17]

1.1.1.2 Komplexitätstreiber „Dynamik" (Veränderlichkeit, Vieldeutigkeit)

Komplexität und dynamischen Wandel zu bewältigen ist eine bedeutende Aufgabe des Managements.[18] Die *zunehmende Marktorientierung* hat neben der steigenden Anzahl von Produkten bzw. Komponenten auch zu einer zunehmenden Dynamisierung geführt. *Dynamik* äußert sich einmal in kontinuierlichen Wachstums- bzw. Schrumpfungsmustern. Sie zeigt sich im Unternehmen insbesondere durch die *Veränderlichkeit* und Vieldeutigkeit im Produktprogramm.

Mit der Vieldeutigkeit wird die Schwierigkeit bezeichnet, sich ein klares Bild vom betreffenden System zu machen. Verantwortlich für derartige Unbestimmtheiten, Unsicherheiten, Risiken und Vagheiten sind meist Defizite im Wissen über das System. Vieldeutige Relationen zeichnen sich durch Unschärfe aus. Unscharfe Zuordnungsrelationen zwischen Kostenträgern einerseits und den in Anspruch genommenen Ressourcen andererseits entstehen durch Ressourcen-Pooling und provozieren das heikle Gemeinkostenproblem. Die *Veränderlichkeit* gibt das komplexe Zeitverhalten von vieldeutigen Systemen wieder. Damit wird die Frage abgeklärt, wie sich das in der Vieldeutigkeit implizierte Veränderungspotenzial konkret im Zeitablauf aktualisiert.[19]

Sanderson/Uzumeri unterscheiden in diesem Zusammenhang vier Arten von Produktwechsel (Abb. 1-4):[20]

- Einfache Güter „*Commodities*" für die keine Alternative besteht oder für die der Kunde kein Substitutionsprodukt akzeptiert;
- „*Variantenintensive*" Produkte, bei denen ein additiver Produktwechsel stattfindet, d.h. „alte" Produkte werden nicht aus dem Markt genommen;

---

[17] vgl. Kaiser (1995) S. 22
[18] vgl. Luczak/Fricker (1997) S. 311
[19] vgl. Reiss (1993a) S. 59
[20] vgl. Sanderson/Uzumeri (1997) S. 4 ff.

- *„Wechselintensive"* Produkte, bei denen die Unternehmen versuchen, durch die hohe Innovationsrate den Technologiefortschritt zu meistern und gleichzeitig die Produktvielfalt tief zu halten;
- Güter in einem *„dynamisch-turbulenten"* Marktumfeld, die aufgrund der Technologieentwicklung allgemeiner Marktveränderung losgelöst von jeglicher Systematik beliebige Lebenszyklen beschreiben.

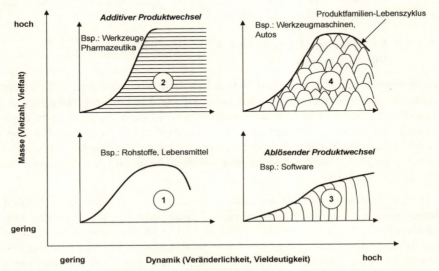

Abb. 1-4: Formen des Produktwechsels (in Anlehnung an Sanderson/Uzumeri [1997] S. 14)

1.2 Ursachen der Komplexität

Die Geschichte der modernen Unternehmensentwicklung ist gekennzeichnet von der Auseinandersetzung mit dem *Komplexitätsgefälle zwischen Unternehmen und Umwelt*. Wie kann sich das Unternehmen auf die Umwelt ausrichten? Was ist das richtige Maß an Komplexität? Welches sind die Kriterien der Strukturierung dieser Komplexität? Wird die Umwelt komplexer, muss auch die Komplexität des Unternehmens steigen. Auslöser für die Unternehmensentwicklung sind in diesem Verständnis *Veränderungen der Umwelt*.

„Wir müssen etwas tun, weil der Markt/die Kunden/die Konkurrenz …". Die eigentliche Problemformulierung lautet oftmals: „Wir möchten uns zwar nicht verändern, aber wir sehen uns von der Umwelt dazu gezwungen."

Unternehmen sind in diesem Verständnis Orte der Sicherheit inmitten einer unsicheren Umwelt. Ein Unternehmen ist demgegenüber nicht trivial. Steue-

1 Umgang mit der Komplexität

rungsmaßnahmen und Ergebnis hängen keineswegs in einer ähnlich kontrollierbaren und planbaren Ursache-Wirkungs-Kette zusammen. Stattdessen trifft man oftmals auf schwer durchschaubare systemische Dynamik und Eigen-Sinn.

Im Zentrum einer gesunden Unternehmensentwicklung – und dies gilt auch für alle anderen Organisationen – stehen dann nicht Marketing, Finanzen, Personalwesen, Informationstechnik, Logistik und Produktion, sondern die Frage, ob und auf welche Weise eine Unternehmung ihre Umgebungskomplexität unter Kontrolle bringen kann und ob sie die aus ihrem eigenen inneren Funktionieren resultierende Komplexität ebenfalls zu beherrschen vermag (Abb. 1-5).[21] Es wird sich also die Frage stellen, ob die Systeme dieser Welt „under control" sind und gehalten werden können.[22] Die Beherrschung der Komplexität von Produkten und Prozessen wird für die Industrie somit zum *Strategischen Erfolgsfaktor*.

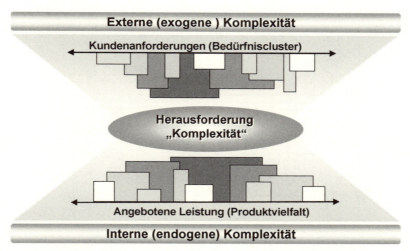

Abb. 1-5: Interne und externe Komplexität (in Anlehnung an Kaiser [1995] S. 101)

Durch die Globalisierung und Individualisierung der Nachfrage (Leistungskomplexität im Sinne von wahrgenommener bzw. geforderter Leistung des Produkts am Markt) hat die Vielfalt der Produkte in vielen Branchen stark

---

[21] vgl. Datar/Kekre/Mukhopadhyay/Srinivasan (1993) S. 606f.: Unterschieden wird zwischen einer externen (exogenen) Leistungskomplexität im Sinne von wahrgenommener bzw. geforderter Leistung des Produktes am Markt und der sich daraus ergebenden internen, operativen Komplexität (endogen).
[22] vgl. Malik (1993) S. 21

zugenommen. Hierdurch ist in den Unternehmen die Komplexität der Geschäftsprozesse stark angestiegen und oft unbeherrschbar geworden. Der daraus resultierende Anstieg der Gemeinkosten ist ein Indiz für diese Entwicklung.

Die Komplexität wird auch unternehmensintern durch die Realisierung technisch reizvoller Produkte geschaffen, ohne deren Akzeptanz am Markt zu überprüfen. Diese Komplexität wird häufig dadurch verursacht, dass zunächst ein Basisprodukt entwickelt wird, um beispielsweise die Präsentation des Produktes für einen Messetermin sicherzustellen. Danach werden nach Bedarf die weiteren Varianten hinzukonstruiert (z.B. Länderversionen, Varianten mit zusätzlichen Funktionen). Die mangelnde Transparenz über Ursachen und Auswirkungen der Komplexität und das Fehlen vielfaltsspezifischer Informationen führen hierbei zu einem unkontrollierten Anstieg der Produkt- und Prozesskomplexität[23] (Abb. 1-6).

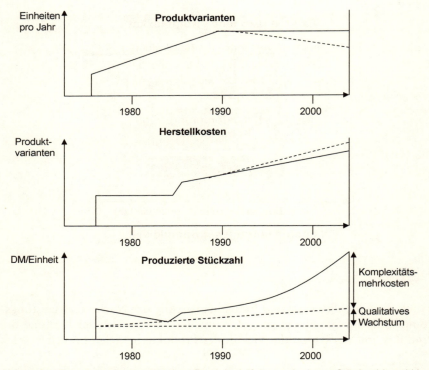

Abb. 1-6: Zusammenhang zwischen Produktvielfalt, produzierter Stückzahl und Herstellkosten (Quelle: Dilling [1988])

---

[23] vgl. Müller/Kaiser (1995) S. 31

Unternehmensentwicklung und *Komplexität* sind seit jeher eng miteinander verknüpft. Die Frage war immer, wie ein angemessenes Verhältnis zwischen der inneren Komplexität des Unternehmens und der äußeren der Umwelt hergestellt werden kann. Die zunehmende Komplexität verlangt von den Unternehmen eine entsprechende Entwicklung. Hierzu sind kontinuierliche Lernprozesse notwendig, in denen sich ein Unternehmen sozusagen selbst erneuert.[24]

1.2.1 Interne Komplexität

Die steigende Produktvielfalt wird oft durch eine engere Orientierung am Markt und an den Wünschen der Kunden begründet. Diese *Kundenorientierung* ist dabei in jüngster Zeit zum Leitbild vieler Unternehmen geworden, wobei nicht nur die kundennahen Unternehmensbereiche, sondern alle Ressourcen und Prozesse im Unternehmen konsequent auf den Kunden bzw. Markt fokussiert werden müssen.

Bei zunehmender Konkurrenz in den bestehenden Märkten versuchte die Industrie in der Vergangenheit immer wieder, durch Flucht nach vorne in technologischen Nischen mit einem höheren Technologie- und Qualitätsniveau der Produkte die Wettbewerbsfähigkeit zu sichern.[25] Je schneller sich die Märkte, Technologien und Produkte jedoch verändern, desto schwieriger wird es, sich anzupassen. Diese meist aus Ausweichmanövern bestehende Nischenpolitik hat zwar gezeigt, dass in lukrativen Spezialbereichen kurzfristig gute Erträge erzielbar sind, wenn die Wettbewerbsfähigkeit in den Volumenmärkten nicht mehr gegeben ist. Dennoch birgt dies die Gefahr, dass sich die Unternehmen in einer Spirale von Ausweichmanövern auf einen „Tod auf Raten" einlassen (Abb. 1-7).[26]

Die Flucht in die Hochleistungs- und Hochpreisnische ist hier kein Ausweg, sondern führt vielmehr in eine Sackgasse:[27]

Bei sinkendem oder stagnierendem Absatz in den Volumenmärkten bzw. attraktiven Marktsegmenten wird versucht, in neuen, meist weniger attraktiven Segmenten (u. a. aufgrund stark divergierender Produktanforderungen) freie Kapazitäten auszulasten sowie den Umsatz zu sichern und ggf. zu erhöhen.[28] In der Regel sind hierdurch aber nur geringe Mengenausweitungen erzielbar. Gleichzeitig steigt jedoch die interne Komplexität durch die Einführung von zusätzlichen Varianten und es erfolgt ein Anstieg der Komplexi-

---

[24] vgl. Schmitt (1992) S. 44ff.
[25] vgl. Schuh (1994a) S. 1f.
[26] vgl. Rommel (1993) S. 36; Rathnow (1993) S. 51f.
[27] vgl. Burkhardt (1994) S. 96
[28] vgl. Kaiser (1995) S. 94

tätskosten, die unter Umständen über Preissteigerungen an den Markt weitergegeben werden müssen. Die sich hieraus ergebende Verschlechterung der Wettbewerbsfähigkeit schließt somit den Kreis, aus dem die Unternehmen ohne ein geeignetes Management nicht mehr herauskommen. Ein solches System „Unternehmen" ist dann offensichtlich nicht mehr kontrollierbar.[29]

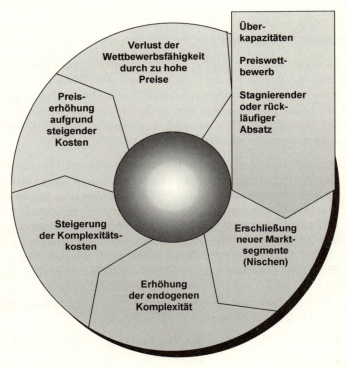

Abb. 1-7: Teufelskreis im Umgang mit der Komplexität (Quelle: Müller/Kaiser [1995] S. 31)

Diese Marktorientierung hat neben der steigenden (Produkt-) Komplexität auch zu einer zunehmenden Dynamisierung geführt. Zahlreiche Analysen in großen Unternehmen gehen noch von einer Entwicklung zu immer *kürzeren Produktlebenszyklen* aus.[30] Basierend auf Studien in den USA wird diese These jedoch kontrovers diskutiert:[31] Diese Studien zeigen, dass auf Grund zunehmender Marktsegmentierung eine steigende Anzahl neuer Produkte

---

[29] vgl. Malik (1993) S. 25
[30] vgl. Henzler (1989) S. 829ff.; S. 841ff.; Hahn (1994) S. 31; Morrow (1992) S. 10; Reitzle (1988) S. 509
[31] vgl. Bayus (1994) S. 306

1 Umgang mit der Komplexität

bei vielen Unternehmen als Indikator für die Analyse von Produktlebenszyklen herangezogen wird. Die neuen Marktsegmente sind in der Regel jedoch kleiner und vermitteln fälschlicherweise den Eindruck, dass die Produktlebenszyklen sinken. *Bayus* zieht daraus das Fazit, dass eine zunehmend höhere Produktvielfalt in den Märkten bzw. Marktsegmenten angeboten wird als zuvor (Abb. 1-8).[32] Weiter kommt er zu der Erkenntnis, dass viele Firmen nicht in dem Ausmaß alte Produkte vom Markt nehmen, wie sie neue Produkte platzieren. In den Märkten ist daher eine Differenzierung und Verfeinerung festzustellen. Andererseits werden Produktlebenszyklen verlängert, indem weitere Produkt- oder Modellvarianten hinzukommen. Das definitive Ende eines Produktlebenszyklus ist in vielen Fällen gar nicht mehr nachzuvollziehen.

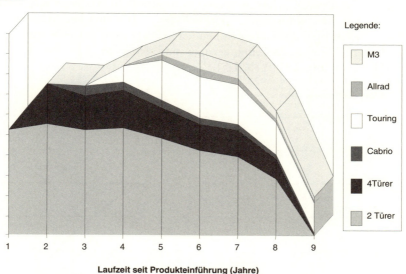

Abb. 1-8: Modellvarianten BMW 3-Reihe (Quelle: Ungeheuer [1993] S. 1)

1.2.2 Externe Komplexität

In den letzten Jahren konnte bzgl. interner Produkt- und Prozess-Vielfalt ein Umdenken beobachtet werden, bei extern wahrgenommenen bzw. geforderten Leistungen sind dagegen alle Dämme gebrochen. Solange der Wettbewerb begrenzt war, bestand darin auch kein Problem.[33] Verlorene Technologievor-

---

[32] vgl. Bayus (1994) S. 306f.
[33] vgl. Gollub (1996) S. 39

sprünge sowie vergleichbare Qualitätsniveaus führten aber zur Austauschbarkeit von Produkten. Internationale Konkurrenten erfüllen heute die geforderten Standards mittlerweile so gut, dass Kunden nicht mehr bereit sind, für die verbleibende Qualitätsdifferenz einen höheren Preis zu bezahlen. In Verbindung mit einer häufig nachteiligen Kostenstruktur ist die Versuchung groß, sich durch eine verstärkte Kundenfokussierung dem harten Preiswettbewerb zu entziehen und gleichzeitig Kapazitäten besser auszulasten. Durch die Einführung neuer Produkte bzw. Produktvarianten sowie einer hohen Flexibilität bei der Konfiguration der Produktsysteme wird versucht, bestehende Kunden zu halten sowie zusätzliche Kunden zu gewinnen. Übertriebene Kundennähe führt jedoch zu einer nicht mehr kontrollierbaren Komplexität und damit zu erheblichen Effizienzverlusten im Leistungserstellungsprozess. Die Folge sind „katastrophale Ergebnisse".

Eine Studie über die deutsche Investitionsgüterindustrie zeigt das Missverhältnis zwischen Wunsch und Wirklichkeit hinsichtlich der Marktorientierung. Ein Großteil der Unternehmen (ca. 36%) sind eher nicht marktorientiert, 25% weisen nur eine geringe und lediglich 4% eine exzellente Marktorientierung auf (Abb. 1-9).[34]

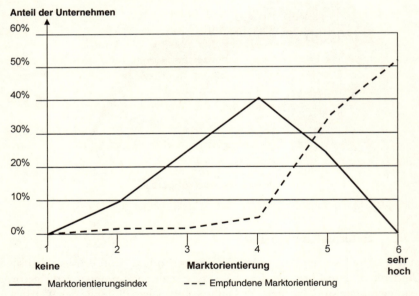

Abb. 1-9: Marketing-Lücke deutscher Investitionsgüterhersteller (Quelle: Backhaus/Schlüter [1994] S. 21)

---

[34] vgl. Backhaus/Schlüter (1994) S. 15ff.: Die Studie umfasst die Beurteilung von 279 Unternehmen.

Die steigende Produktvielfalt kann daher nicht nur mit der Zunahme von individuellen Kundenwünschen begründet werden. Vielmehr werden kundenauftragsneutral technisch interessante Produktvariationen generiert. Die Gründe hierfür liegen insbesondere im Denken vieler technikorientierter Branchen in der Dimension Produkt/Technik anstatt in der Dimension Kundennutzen.[35]

1.3 Folgen der Komplexität

Bei sinkendem oder stagnierendem Absatz in den Volumenmärkten bzw. angestammten Marktsegmenten wird oft versucht, in neuen, meist weniger attraktiven Segmenten (unter anderem aufgrund stark divergierender Produktanforderungen) freie Kapazitäten auszulasten, um den Umsatz zu sichern. Durch zusätzliche *Typen* und *Sonderausstattungen* werden überdurchschnittliche Deckungsbeiträge erwartet. Der erwartete positive Effekt ist jedoch nur dann gegeben, wenn der höhere Preis über den durch die Varianz zusätzlich induzierten Kosten liegt. Die durch Einführung zusätzlicher Varianten erwarteten Volumeneffekte (Economies of Scale) werden jedoch oft überschätzt und die sich daraus ergebenden Vielfaltswirkungen (Diseconomies of Scope) unterschätzt. Meist sind durch die Einführung zusätzlicher Leistungen aber nur geringe Mengenausweitungen erzielbar, denen jedoch ein erheblicher Anstieg der komplexitätsbedingten Kosten in Form von rüst- und nebenzeitbedingten Einzelkosten in der Fertigung und verschiedenen Gemeinkosten gegenübersteht. Diese zusätzlichen Komplexitätskosten werden dann über Preissteigerungen an den Markt weitergegeben, sodass sich die Wettbewerbsfähigkeit weiter verschlechtert (Abb. 1-10).[36]

Untersuchungen zeigen für einen Zeitraum von 10 Jahren folgende Auswirkungen in den Unternehmen:[37]

- Zunahme der Artikelzahl um bis zu 130%,
- Erhöhung der Produktvarianten um bis zu 420%,
- Verkürzung der Produktlebenszyklen um bis zu 80%[38] und
- Verminderung der Lieferzeiten um bis zu 90%.

Infolge dieser strategischen Fehler in der Produkt- und Leistungsplanung sehen sich viele Hersteller mit folgender Situation konfrontiert: Ausgehend von einem ursprünglich einfachen Produktprogramm, das zunächst nur ein

---

[35] vgl. Kaiser (1995) S. 4
[36] vgl. Müller/Kaiser (1995) S. 31f.
[37] vgl. Wildemann (1991) in Mühlbradt/Mirwald (1992) S. 41: Studie in 29 Unternehmen
[38] vgl. Kap. 1.2.1

„Standard" (Volumenmodell) und wenige Grundtypen umfasste, hat sich die Variantenvielfalt drastisch erhöht, d. h. die Häufigkeitsverteilung hat sich durch mehr Exoten und weniger Standardprodukte verflacht (Abb. 1-11).

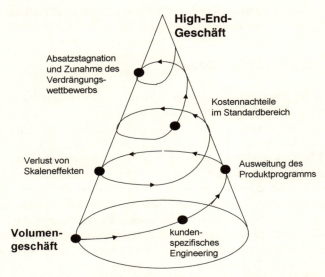

Abb. 1-10: Verlust des Volumengeschäfts durch ungesteuerte Entwicklung der Produktvielfalt (in Anlehnung an Belz/Schuh/Groos/Reinecke [1997] S. 16)

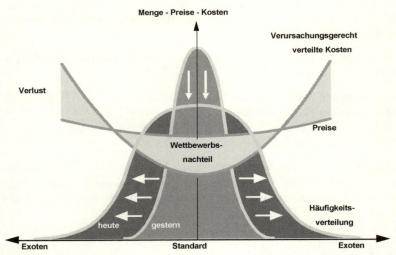

Abb. 1-11: Handlungsbedarf im Umgang mit der Komplexität (Quelle: Schuh [1994] S.62)

1 Umgang mit der Komplexität

Ein wesentliches Problem dabei ist die fehlende Transparenz der Kosten, die infolge der Ausweitung der Produktvarianten durch die Effizienzverluste im Leistungserstellungprozess anfallen. Die Exoten des Produktspektrums werden daher typischerweise zu Preisen unterhalb der tatsächlich verursachten Kosten verkauft. Durch diese (oft unbewusste) Quersubventionierung entsteht im Bereich des Standards zwangsläufig ein Wettbewerbsnachteil gegenüber Wettbewerbern mit einem weniger variantenreichen bzw. besser fokussierten Leistungssystem. Die unsystematische und zum Teil auf falsch interpretierte Kundenorientierung zurückzuführende Entwicklung neuer Produktvarianten kann somit zu einer existenzgefährdenden Einbuße der Wettbewerbsfähigkeit führen. Im Hinblick auf diese Situation ist in vielen der betroffenen Unternehmen eine gewisse Orientierungslosigkeit festzustellen. Mangelnde Transparenz über Ursachen und Wirkungen führen dazu, dass häufig nur die Symptome der Komplexität angegangen und keine Maßnahmen entwickelt werden, die bei den Ursachen der Komplexität selbst ansetzen[39] (Abb. 1-12).

Diese Entwicklungen werden häufig mit Komplexitätszunahme umschrieben. Die stetig komplexer werdenden Umwelten machen es den Unternehmen zusätzlich schwerer, handlungsfähig zu bleiben und ihre Existenzsicherung erfolgreich zu betreiben.[40]

Abb. 1-12: Komplexität beeinflusst nicht nur die Kostenposition, sondern auch die strategische Schlagkraft

---

[39] vgl. Schuh/Schwenk/Speth (1998b) S. 78f.
[40] vgl. Wildemann (1991) in Mühlbradt/Mirwald (1992) S. 41

1.3.1 Kostenwirkung der „Vielfalt"

Die Kostenauswirkungen der Vielfaltsproblematik treten in der Regel *funktionsübergreifend*, *zeitverzögert* und *asymmetrisch-dynamisch* auf:[41]

Unter *funktionsübergreifend* ist zu verstehen, dass nahezu alle Unternehmensfunktionen über den gesamten Produktlebenszyklus von der Vielfalt betroffen sind.[42] Die Auswirkungen lassen sich nicht an einer Funktion im Unternehmen festmachen, sondern wirken sich vielmehr in mehr oder minder großem Umfang auf nahezu alle Unternehmensfunktionen und während des gesamten Produktlebenszyklus aus. Dabei wird zwischen den einmaligen und den laufenden Kostenwirkungen unterschieden. Sind die Ersteren noch den einzelnen Funktionen im Unternehmen zuzuteilen, breiten sich die laufenden Kosten über den gesamten Lebenszyklus aus (Abb. 1-13).

Funktion / Produktlebenszyklus	Entwicklung	Einkauf	Produktion	Vertrieb/ Marketing	Kundendienst
Entstehungszyklus	• Zusätzliche Konstruktionszeichnungen • Stücklisten • Versuche	• Zusätzliche Lieferantensuche/ -auswahl	• Zusätzliche Werkzeuge • Zusätzliche Arbeitspläne	• Zusätzliche Mitarbeiterschulung • Aufwendigere Preissetzung	• Zusätzliche Kundendienstunterlagen • Zusätzliche Mitarbeiterschulung
Marktzyklus	• Anpassung der Varianten an technische oder sonstige Änderungen	Bestellmengen für spezifisches Material/Komponenten sinken: • Mengennachlässe können nicht genutzt werden • Potenziell interessante Anbieter (z.B. Südostasien) fallen möglw. von vornherein aus	• Aufwendigere Fertigungssteuerung • höhere Rüstkosten/Anlaufverluste • höhere Material-/UE-Bestände • aufwendigere Qualitätssicherung	• höhere Fertigerzeugnisbestände zur Herstellung der Lieferbereitschaft • Größere Fehlerhäufigkeit bei Auftragsbearbeitung	• Verminderung der für die Kundenzufriedenheit wichtigen „Fix-it-right-first-time-Quote"
Entsorgungszyklus	• Zusätzliche Datenbereinigung	• Aufwendigere Auslaufplanung	• Betriebsmittel-/ Werkzeugentsorgung	• Aufwendigere Auslaufplanung	• Ersatzteilbevorratung oft über 5–10 Jahre nach Produktauslauf

Abb. 1-13: Spektrum der potenziellen Kostenquellen bei steigender Produktevielfalt (Quelle: Rathnow [1993] S. 22)

---

[41] vgl. Kaiser (1995) S. 30
[42] vgl. Rathnow (1993) S. 22ff.: Hervorzuheben sind insbesondere die Sonderaufwendungen im Service-Bereich. Hier ist zu berücksichtigen, dass die Bevorratung von Ersatzteilen nicht nur für den Marktzyklus des Produktes geschehen muss, sonder – abhängig von den Marktgegebenheiten – mehrere Jahre länger. Überdies muss wegen des erheblichen Zeitbedarfs einer nachträglichen Einzelanfertigung meist eine den tatsächlichen Bedarf deutlich übersteigende Schlusseindeckung vorgenommen werden. Eine Verrechnung all dieser Kosten an den Kunden ist im Normalfall nicht möglich.

Die *Zeitverzögerung* der Kostenwirkungen entsteht dadurch, dass bei einer zunächst marginalen Zunahme der Produkt- und Prozessvielfalt noch keine erkennbaren Kostenzuwächse festgestellt werden können. Erst ab einer bestimmten Höhe sind zusätzliche Investitionen (z.B. Erweiterung des Lagers, leistungsfähigeres Informationssystem oder zusätzliche Mitarbeiter) notwendig. *Steinfatt/Schuh* sprechen in diesem Zusammenhang von der „Vielfalts-Krankheit", deren Ausbruch erst nach Ablauf einer Inkubationszeit stattfindet.[43]

Mit der Flexibilisierung insbesondere in der Produktion wird versucht, quasi ohne Mehrkosten eine Vielzahl von Leistungen herzustellen, um somit eine Anpassungsfähigkeit an sich verändernde Situationen zu schaffen.[44] In der Regel sind mit der Flexibilisierung als Reaktion auf die zunehmende Komplexität aber Investitionen in teurere Maschinen oder aufwendigere Informationssysteme verbunden. Bei einem Rückgang der Vielfalt bzw. Komplexitätsabbau können diese Investitionen bzw. die damit verbundenen Kosten jedoch nicht in gleichem Maße abgebaut werden. Dieses *asymmetrisch-dynamische* Verhalten der Kosten wird auch als *Kostenremanenz* bezeichnet (Abb. 1-14).[45]

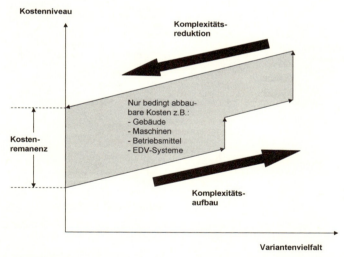

Abb. 1-14: Hysterese-Effekt beim Komplexitätsaufbau und -abbau (Quelle: Hichert [1986] S. 674)

---

[43] vgl. Steinfatt/Schuh (1992) S. 58ff.
[44] vgl. Roever (1991a) S. 253
[45] vgl. Hichert (1986) S. 673f.: Im Zusammenhang mit der Kostenremanenz nicht oder nur langfristig abbaubarer Fixkosten wird auch vom Hysterese-Effekt („Kostenfalle") gesprochen.

Bei einer Reduzierung der bereits angebotenen Leistungsvielfalt und der damit verbundenen Umsatzeinbußen kann aufgrund dieser Kostenremanenz eine Gewinnminderung die Folge sein.[46] Neben der Kostenremanenz als Nachlaufeffekt bei Kapazitätskontraktion können überschüssige Kapazitäten bzw. Kosten auch bei Kapazitätsexpansion durch vorlaufende Kapazitätserhöhung entstehen. Diese Kostenwirkung wird als Kostenpräkurrenz bezeichnet.[47]

Wie eine Studie von *Stalk/Hout* zeigt, ist die Zunahme der Gemeinkosten und das Problem der Kostenzuweisung aber nicht nur von der Anzahl der Teile und Fertigprodukte abhängig.[48] Dasselbe Phänomen ist bspw. bei der Anzahl operativer Divisionen in einer multinationalen Baufirma festzustellen. Daraus geht hervor, dass eine Verdoppelung der Geschäftsbereiche die Verwaltungs- und Vertriebskosten nicht etwa prozentual zum Umsatz zu nehmen, sondern ebenfalls beinahe auf das Doppelte ansteigen (Abb. 1-15).

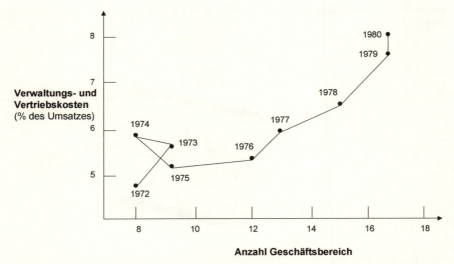

Abb. 1-15: Entwicklung der Verwaltungs- und Vertriebskosten einer multinationalen Baufirma in Abhängigkeit der Anzahl Geschäftsbereiche (Quelle: Stalk/Hout [1990] S. 45)

---

[46] vgl. Hichert (1986) S. 673f.
[47] vgl. Reiss/Corsten (1990) S. 392f.
[48] vgl. Stalk/Hout (1990) S. 45

1.3.2 Nutzenwirkung der „Vielfalt"

Vielfalt in den Produkten und Prozessen erbringt – richtig eingesetzt – zweifelslos erheblichen Nutzen für das Unternehmen.[49] Eine zunehmende Anzahl von Produkt- und Modellvarianten soll Kundenorientierung bewirken und dadurch zu einer Nutzensteigerung und Umsatzerhöhung führen. Wie ABC-Analysen der Produktprogramme in den Unternehmen aber zeigen, ist der Nutzen- bzw. Umsatzverlauf mit steigender Anzahl der Produktvarianten in der Regel allerdings degressiv.[50] Erfolgreiche Unternehmen führen in ihren Produktprogrammen bei gleichem Umsatz weitaus weniger Produktvarianten und vergleichsweise vor allem weniger C-Produkte (umsatzschwache Produkte bzgl. Stückzahl, sog. Exoten) (Abb. 1-16).

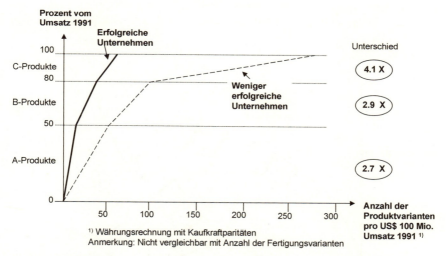

Abb. 1-16: ABC-Analysen der Produktvarianten (Quelle: Kluge/Stein/Krubasik/Beyer/Düsedau/Huhn/Schmidt/Deger [1994] S. 48)

Der traditionell große Erfolg insbesondere des schweizerischen und deutschen Maschinen- und Anlagenbaus durch die Bereitstellung einer zuverlässigen, kundenspezifischen Applikationslösung hat zu der Illusion des Kundennutzens geführt. Kundennähe wurde entweder mit dem Slogan „Der Kunde ist König – er kann wählen, was er will, und bekommt es von uns!" geführt oder fälschlicherweise mit einem möglichst breiten, d. h. variantenreichen Produktsortiment gleichgesetzt. Dass diese Sortimentsbreite nur –

---
[49] vgl. Rathnow (1993) S. 20
[50] vgl. Kluge/Stein/Krubasik/Beyer/Düsedau/Huhn/Schmidt/Deger (1994) S. 48f.

wenn überhaupt – einen Teil des vom Kunden wertgeschätzten Nutzens ausmacht, wurde vielfach übersehen.

Der geschaffene Kundennutzen ist durch das einzelne Produkt bzw. das Produktprogramm immer in Verbindung zu den anfallenden Kosten zu sehen. Nur eine optimal gewählte *Produkt-* und *Prozessvielfalt* gewährleistet einen nachhaltigen Unternehmensgewinn bei gleichzeitig zufriedenen Kunden. Maßnahmen wie Produktdifferenzierung bzw. Kostensenkung können diese Effekte positiv beeinflussen (Abb. 1-17). Ab einer bestimmten Vielfalt übersteigen die Kostenwirkungen die Nutzenwirkungen. Es lässt sich daher ein Optimum der Vielfalt als maximaler Nutzenüberschuss ableiten. Der Nutzenüberschuss kann als Differenz der erfüllbaren Bedürfnisse und des Preises als Wettbewerbsvorteil und als Höhe der Markteintrittsbarriere interpretiert werden.

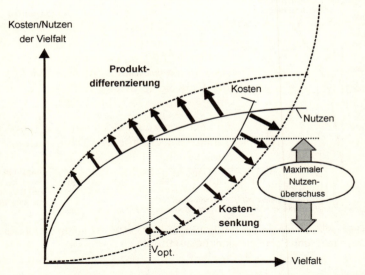

Abb. 1-17: Kosten-/Nutzen-Wirkung der Variantenvielfalt (Quelle: Kaiser [1995] S. 111 in Anlehnung an Schmidt [1990] S. 327 und Rathnow [1993] S. 167)

Für den Markterfolg des Produktprogramms ist jedoch entscheidend, inwieweit das Unternehmen in der Wahrnehmung der Marktleistung durch die Kunden besser ist als die Konkurrenten. Der Kunde nimmt die angebotene Leistung dann als besser wahr, wenn die Summe seiner Bedürfnisse durch eine Produktvariante vollständiger erfüllt wird als vom Konkurrenzprodukt. Dabei trägt die Sortimentsbreite nur insoweit zu der Bedürfnisbefriedigung bei, wie der Kunde sich über seine Bedürfnisse noch unklar ist und die für ihn transparente Auswahl, d. h. Leistungsvielfalt, ihn bereits an den Anbieter bindet.

Produkte, die

- Leistungsmerkmale enthalten, für die der Kunde kein Bedürfnis entwickelt hat,
- wichtige Bedürfnisse des Kunden nicht erfüllen und
- für den Kunden nicht transparent sind,

tragen nicht zum Kundennutzen bei. Der Kundennutzen kann nur gesteigert werden, wenn die einzelnen Produktvarianten die Kundenbedürfnisse besser treffen, nicht aber indem mehrere Produktvarianten de facto dieselben Kundenbedürfnisse abdecken.

1.4 Vielfaltsbewusstsein schaffen

Gemäß *Pümpin* ist die dynamische Entwicklung von Unternehmen weniger von einer bestimmten Managementhaltung abhängig, als vielmehr vom bewussten oder zufälligen Auffinden attraktiver Konstellationen, die zum Nutzen der Bezugsgruppen erschlossen werden können.[51] *Pümpin* nennt diese Konstellationen, die in der Umwelt, im Markt oder im Unternehmen selbst latent vorhanden sind, *Nutzenpotenziale* (Abb. 1-18).

Ein attraktives Nutzenpotenzial alleine genügt jedoch nur in seltenen Fällen. Vielmehr müssen im Unternehmen auch die für eine erfolgreiche Erschließung des Nutzenpotenzials erforderlichen Fähigkeiten aufgebaut werden, die es ihm erlauben, längerfristig überdurchschnittliche Ergebnisse zu erzielen. Diese Fähigkeiten werden als *Strategische Erfolgspositionen* (SEP) bezeichnet.[52]

Beispielsweise kann die Erschließung des *Marktpotenzials* abhängig von einer überlegenen Sortimentsleistung sein, die es ermöglicht, kundenspezifische Produkte innerhalb kürzester Zeit zu konfigurieren und auszuliefern. Nur ein überlegenes Know-how in der Produktstrukturierung sowie ein schlanker Informationsfluss vom Außendienst in die Produktion wird dieses Nutzenpotenzial erschliessen können. Eine auf das *Kostensenkungspotenzial* ausgerichtete SEP wäre z. B. die konsequente Standardisierung des Produkt-Sortiments und somit die Bereitstellung von im Unterschied zur Konkurrenz günstigeren Produkten.

---

[51] vgl. Pümpin (1992) S. 19ff.
[52] vgl. Pümpin (1992) S. 28

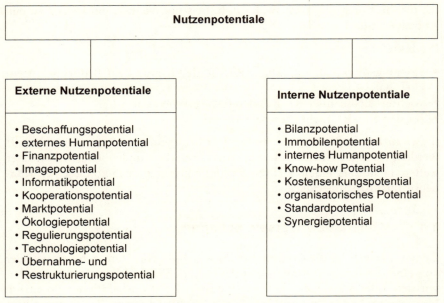

Abb. 1-18: Übersicht über mögliche Nutzenpotenziale (Quelle: Pümpin [1992] S. 20)

Komplexitätsbewältigung ist im Sinne von *Pümpin* eine Strategische Erfolgsposition, die sich als Querschnittsfunktion über den gesamten Leistungserstellungsprozess zieht und der Schlüssel zum Erfolg hinsichtlich mehrerer Nutzenpotenziale darstellt.

Wie in vorhergehenden Erläuterungen deutlich wurde, ist die Vielfalt von Produkten und Prozessen nebst ihrer Veränderung der Ursprung der Unternehmenskomplexität, für die sich jedoch im Unternehmen niemand verantwortlich fühlt. Die Vielfalt wird nicht geplant, nicht entwickelt und auch nicht gesteuert – sie entsteht einfach. Der fortwährende und rasche Wandel der Märkte und der Wettbewerbssituation, die Notwendigkeit, viele Vorhaben gleichzeitig voranzutreiben, und die Vielfalt der Bezugsgruppen erschweren diese Aufgabe.

Das von *Rathnow* definierte schwachstellenbasierte Checklistenverfahren zur Ermittlung des Handlungsbedarfs zeigt in eindrücklicher Weise, wohin unzureichendes Management der Vielfaltsproblematik führt (Abb. 1-19).[53]

---

[53] vgl. Rathnow (1993) S. 210ff.

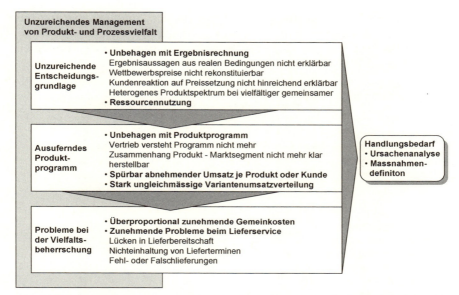

Abb. 1-19: Indikatoren für unzureichendes Management der Produkt- und Prozessvielfalt (Quelle: Rathnow [1993] S. 214)

1.4.1 Top-down Approach

Menschen zeigen bei der Komplexitätsbewältigung – sprich: beim Management der „Vielfalt" – deutliche Schwächen. Worin haben diese Schwächen nun ihre Ursachen? Zu einem großen Teil sicherlich im *kognitiven Bereich*. Da wäre beispielsweise die Tendenz zum Vereinfachen oder gar zum Auslassen ganzer Denkschritte zu nennen. Aber auch im *Umgang mit Zielen* werden Defizite deutlich. Es bestehen keine klaren Ziele, sondern sie werden dort gesucht, wo man sie gerade findet. Beim Umgang mit widersprüchlichen Zielen fehlt dann oft das Verständnis für die Widersprüche zwischen den verschiedenen Zielen, was schließlich zur Zielinversion, zum verbalen Zukleistern der Diskrepanzen oder gar zu Verschwörungstheorien führen kann. Weitere Schwächen sind in der Schaffung *fehlerhafter Realitätsmodelle* auszumachen. Bemühungen drehen sich nur noch um einen kleinen Teil des Ganzen – man flieht ins Detail. Auch im *emotionalen Bereich* sind Gründe für die mangelnde Bewältigung von Komplexität zu finden. Der unerwünschte Zustand wird ignoriert oder einfach als unerwünscht deklariert.[54]

---

[54] vgl. Mühlbradt/Mirwald (1992) S. 41f.

Aus diesen Gründen sind für das Management der komplexitätsstiftenden Vielfalt Ansätze zu entwickeln, die eine nachhaltige Wirkung auf das Unternehmen ausüben. Dabei sind die beiden Ansätze Bottom-Up und Top-Down zu unterscheiden (Abb. 1-20):

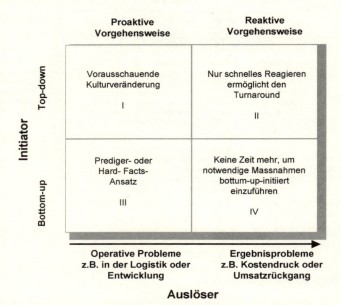

Abb. 1-20: Top-Down- versus Bottom-up-Ansatz (in Anlehnung an Tectem/ITEM [1998] S.12)

Beim *Bottom-up*-Ansatz geht die Initiative von den einzelnen Abteilungen aus. Als Antwort auf erhebliche operative Probleme werden abteilungsintern Maßnahmen zur Komplexitätsreduzierung eingeleitet. Fehlende Kenntnis der Wirkungszusammenhänge und Prozesse sowie ein häufig stark ausgeprägtes Bereichsdenken führen allerdings dazu, dass sich die Maßnahmen auf die Probleme der einzelnen Abteilungen beschränken und eine bereichsübergreifende Abstimmung unterbleibt. Derart lokal begrenzte Optimierungsversuche ermöglichen jedoch nur eine kurzfristige Entlastung. Die fehlende Verbindung vielversprechender Einzelmaßnahmen mit einem strategisch ausgerichteten Gesamtkonzept verhindert oft eine nachhaltige Bewältigung der steigenden Komplexität. Um die unternehmensweite Beherrschung der internen Komplexität zu ermöglichen, ist es erforderlich, dass der Bottom-up-Ansatz möglichst bald *Top-Down*-unterstützt wird. Denn nur so gelingt es, die Einzelmaßnahmen aufeinander abzustimmen und das Komplexitätsmanagement als unternehmensweite Aufgabe zu implementieren.

1.4.2 Kultur-, Struktur- und Branchenaspekte

Durch eine geeignete Organisation herrscht häufig die *Illusion der Beherrschbarkeit der Komplexität* vor. Wünsche und Vorgaben des Kunden oder des Top-Managements, des Vertriebs oder der Entwicklung werden als strategisch geplant und unabänderlich angesehen. Vielschichtige Zuständigkeiten und Interdependenzen zwischen den Unternehmensbereichen machen demgegenüber Prozesse zur Produktprogrammänderung besonders schwierig. Institutionen und Entscheidungsträger, die befähigt und autorisiert sind, Leistungsprogramme zu ändern bzw. freizugeben, fehlen in den meisten Unternehmen. Ansätze zur systematischen Programmplanung oder konsequenten Reduzierung der Produkt- und Prozessvielfalt verfangen sich daher häufig im Gestrüpp der verschiedenen Zuständigkeiten. Das tatsächlich vorhandene Leistungsangebot wird selten vollständig kommuniziert. Die gedruckte Sortimentsbeschreibung weist ebenso häufig Lücken auf wie die Erklärungsfähigkeit von Vertriebsmitarbeitern bezüglich Produktvarianten, Ausstattungen und Kombinationsmöglichkeiten. Die Entwicklungsplanung geht demzufolge von unvollständigen Lastenheften aus. Die Konsequenzen werden schließlich im Zuge des Änderungsdienstes mit variantenreichen Lösungen auf allen Produktstrukturstufen gezogen.

Wegen der beschriebenen Interessendivergenzen und der Know-how-Defizite bezüglich der Vielfaltskonsequenzen ist eine abteilungsübergreifende Zusammensetzung mit Vertretern der verschiedenen Unternehmensfunktionen bei der Bildung von Projektgremien unerläßlich (Abb. 1-21).

Die Produktvielfalt sowie das Vielfalts-Bewusstsein stellen sich in verschiedenen Branchen und Betriebsgrößen unterschiedlich dar.[55] Das Ergebnis dieser Studie lässt sich folgendermassen zusammenfassen (Abb. 1-22):

Bezüglich der Branche weisen lediglich der Fahrzeug- und Metallbau eine positive Korrelation zwischen absolutem und relativem Vielfaltsreichtum und -bewusstsein auf.

---

[55] vgl. Lingnau (1994) S. 20f. u. 149ff.: Die Grundgesamtheit der Studie umfasste 942 Unternehmen aus den Branchen Stahl-/Leichtbau, Maschinenbau, Fahrzeugbau, Elektrotechnik/Elektronik, Feinmechanik/Optik und EBM/MSSS-Waren (Musikinstrumente, Sportgeräte, Spiel- und Schmuckwaren). Das Maß an Vielfalts-Bewusstsein wurde daran gemessen, ob bei der Auswahl der ERP-Systeme und darüber hinaus die Produktionsplanung bewusst im Hinblick auf die Vielfaltsthematik gestaltet wurden. Da in der Literatur keine eindeutige Abgrenzung vorliegt, ab welcher Größe von Produkt-(Varianten-)Vielfalt von absolut oder relativ hoch gesprochen werden kann, wurden in der Studie Unternehmen als absolut vielfaltsreich mit einer Gesamtzahl von mehr als 1000 Produkt-Varianten und als relativ vielfaltsreich mit einer Anzahl von mehr als 30 Produkt-Varianten pro Produkttyp (Klasse von ähnlichen Varianten in Bezug auf deren Eigenschaften) eingestuft.

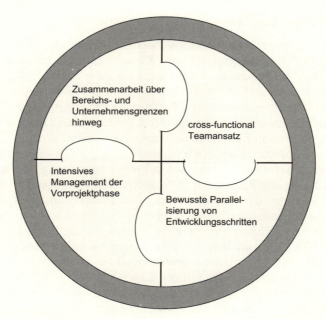

Abb. 1-21: Organisatorische Anforderungen zur Komplexitätsbeherrschung (Quelle: Tectem/ITEM [1998] S. 16)

Der Fahrzeugbau weist bei allen drei Diskriminierungsmerkmalen die höchste Vielfaltsrelevanz auf.[56] Diese Ergebnisse werden in der Tendenz von anderen Studien bestätigt.[57] Der Maschinenbau und die Elektrobranche zeichnen sich durch ein wesentlich höheres Vielfalts-Bewusstsein im Verhältnis zum Vielfaltsreichtum aus.

Mit steigender Betriebsgröße nimmt sowohl der absolute als auch der relative Vielfaltsreichtum zu. Zu diesem Ergebnis kommt auch *Wildemann*, demgemäß Vielfaltsreichtum mit steigendem Umsatz und einer Betriebsvergrößerung einhergeht.[58] Beim Vielfaltsbewusstsein ist eine positive Korrelation bis zur Betriebsgröße von 5000 Beschäftigten zu erkennen.[59] Die zu beobachtende Divergenz zwischen Vielfaltsreichtum und -bewusstsein kann damit begründet werden, dass die mit steigender Betriebsgröße einhergehende Arbeitsteilung und die sich aufbauenden Informationsbarrieren zwischen den Abteilungen eine Verschleierung zwischen Realität und Bewusstsein bzgl. der Vielfaltsproblematik fördern (Abb. 1-23).

---

[56] vgl. Lingnau (1994) S. 176f.
[57] vgl. Schuh (1988) S. 2ff.; Schlegel (1978) S. 67
[58] vgl. Wildemann (1990b) S. 37
[59] vgl. Lingnau (1994) S. 174f.

1 Umgang mit der Komplexität

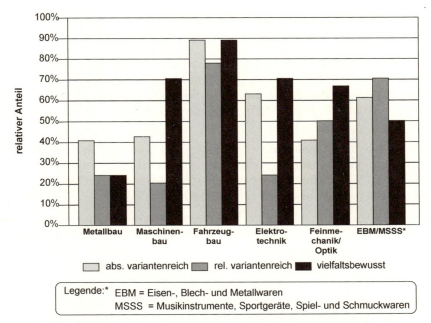

Abb. 1-22: Vielfaltsreichtum und -bewusstsein nach Branchen (Quelle: Lingnau [1994] S. 176)

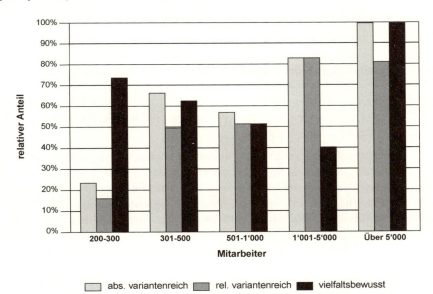

Abb. 1-23: Vielfaltsreichtum und -bewusstsein nach Betriebsgrößen (Quelle: Lingnau [1994] S. 174)

2 Management von Komplexität

Wie in Kapitel 1 dargestellt, ist die Konfrontation von Managern mit immer komplexeren unternehmerischen Problemstellungen ein typisches Charakteristikum moderner Unternehmensführung. Daraus erwachsen zwei Fragestellungen, die eine vertiefte Beschäftigung mit dem Thema rechtfertigen:

- Wie kann das Management eine zunehmende Komplexität der Unternehmensum- und -inwelt möglichst effektiv und effizient gestalten?
- Wie sind Unternehmen in einem sich ständig wandelnden Umfeld zeitgemäß und zukunftsorientiert zu gestalten?

Das vorliegende Kapitel soll zur Beantwortung derart formulierter Bedürfnisse der Praxis nach Orientierungshilfen im Umgang mit dem Phänomen Komplexität die Basis legen und einen Beitrag zum erwähnten Defizit gängiger Managementmethoden leisten.

Wurde im ersten Kapitel vertieft auf die Ursachen und Folgen der Komplexität im Unternehmen eingegangen, wird im folgenden zunächst Komplexitäts- und Variantenmanagement definitorisch und inhaltlich abgegrenzt und sodann ein konzeptioneller Bezugsrahmen für ein ganzheitliches, integriertes Komplexitätsmanagement vorgestellt. Basierend auf dieser Struktur werden die Herausforderungen des Komplexitätsmanagements betrachtet.

2.1 Definition Komplexitäts- und Variantenmanagement

In der Literatur werden die Begriffe *Komplexität, Varietät* und *Variantenvielfalt* oft synonym verwendet. Im Folgenden soll denn auch versucht werden, diese Begriffe zu präzisieren.

Bezeichnet die *Komplexität*[60] (lat. complexus: zusammengeknüpft, verwoben, vernetzt) eine Eigenschaft des Systems, ist die Vielfalt (engl. variety) die dazugehörige Maßeinheit.[61] Dabei wird versucht, die Varietät eines komplexen Systems mit Hilfe kombinatorischer Überlegungen zu ermitteln.[62] Aufgrund der Tatsache, dass schon Systeme mit sehr wenig Elementen und Beziehungen eine sehr hohe Varietät erreichen, stellt sich jedoch die Frage der Aussagekraft der Varietät als Maßzahl für komplexe Systeme.[63]

---

[60] vgl. Stüttgen (1999) S. 18ff.: Ausführliche Zusammenstellung zum Begriff „Komplexität"
[61] vgl. Espejo/Schuhmann/Schwaninger/Bilello (1996) S. 60
[62] vgl. Beer (1979) S. 37f.
[63] vgl. Grossmann (1992) S. 25

2 Management von Komplexität

Überlegungen zur Varietät eines Systems gewinnen vor allem im Zusammenhang mit den für die Lenkung von Systemen wichtigen *Varietätsgesetzen*[64] an Bedeutung.[65] Diese Gesetze besagen (ohne auf eine absolute Maßzahl für Varietät einzugehen), dass ein System ein anderes nur lenken kann, wenn seine Varietät (Varietät des Managements oder Organisation) ebenso groß ist wie jene des zu lenkenden Systems (Varietät der Situation oder Umwelt).

Organisationen, die sich bewusst mit der Komplexität ihrer Unternehmen und der Umwelt sowie dem Fit zwischen interner und externer Komplexität[66] beschäftigen, betreiben ein *Variety Engineering*.[67] Unternehmensführung bzw. Management lässt sich aus dieser Sicht auf drei verschiedene Arten umschreiben:[68]

- Management ist die Gestaltung der erforderlichen Varietäten (Variety Engineering).
- Management ist die Instrumentalisierung der Varietätsverstärkung und -reduktion.
- Management ist die Lenkung komplexer Systeme.

Somit ist Management in erster Linie als *Komplexitätsbewältigung*[69] zu verstehen, was zur Wortverbindung „*Komplexitätsmanagement*" führt.

Abgesehen von der theoretischen Herleitung des Begriffs *Komplexitätsmanagement*, werden in der Literatur die damit verbundene Tätigkeit bzw. Aktivitätsfelder beschrieben. Im Vordergrund steht dabei die Vermeidung von Komplexität im Sinne eines antizipativen Managements, darüber hinaus die reaktive Beeinflussung des Komplexitätsgrades durch die systematische Reduktion von Komplexität und, wenn ein bestimmter Grad an Komplexität unvermeidbar ist, die möglichst wirtschaftliche Beherrschung von Komplexität.[70] Zu bewerkstelligen ist dies im weitesten Sinne mittels Strukturgestaltung unter Verwendung von Komplexitätsmaßen. Dies betrifft insbesondere Produkt-, Produktions-, Logistik-, Dispositions-, Organisations- und Personalstrukturen. *Kernelemente des Komplexitätsmanagements* bilden die Modellierung der betrieblichen Strukturen sowie die Diagnose der Strukturkomplexität, Stabilität und Anpassungsfähigkeit. Die Blickrichtung der Analyse sollte insbesondere auf die Vielfaltsproblematik in vernetzten

---

[64] vgl. Ashby (1964) S. 206f.; Espejo/Schuhmann/Schwaninger/Bilello (1996) S. 62: The Law of Requisite Variety: „Only variety destroys variety" bildet dabei die Basis.
[65] vgl. Grossmann (1992) S. 26
[66] vgl. Kap. 2.3.1
[67] vgl. Espejo/Schuhmann/Schwaninger/Bilello (1996) S. 60ff.; Beer (1979) S. 39
[68] vgl. Grossmann (1992) S. 30
[69] vgl. Ulrich (1984) S. 247; Grossmann (1992) S. 32
[70] vgl. Homburg/Daum (1997) S. 333

Strukturen gerichtet sein. In diesem Zusammenhang wird auf den Vielfaltstreiber Markt sowie die damit verbundene Vielfalt an Kundenanforderungen, die sich in den Produktstrukturvarianten spiegeln, hingewiesen.[71]

Unter Berücksichtigung der dargestellten Sichten ergibt sich folgende Definition von „Komplexitätsmanagement":

> *Komplexitätsmanagement* umfasst die Gestaltung, Steuerung und Entwicklung der Vielfalt des Leistungsspektrums (Produkte, Prozesse und Ressourcen) im Unternehmen. Durch die Verstärkung und Dämpfung der Komplexität wird die Fähigkeit angestrebt, die Vielfalt in allen Wertschöpfungsstufen so zu beherrschen, dass ein maximaler Beitrag zum Kundennutzen bei gleichzeitig hoher Wirtschaftlichkeit des Leistungserstellers erzielt werden kann.

Schulte unterscheidet innerhalb der Komplexitätsmanagement-Aktivitäten drei Grundkategorien von zu hoher Komplexität:[72]

- *Diversifikation:* Unternehmungs- oder Konzernportfolio weist zahlreiche heterogene Geschäftsfelder auf. In der Strategie wird der Diversifikation ein höherer Stellenwert beigemessen als der Konzentration.
- *Organisationsstruktur:* Schaffung von Zentralbereichen, Stäben oder simultane Berücksichtigung von mehreren gleichgewichtigen Dimensionen (Matrixorganisation).
- *Produktvarianten, Wertschöpfungstiefe:* Versuch auf der Ebene der Geschäftsfelder, stagnierendem Marktwachstum durch eine höhere Zahl von Produktvarianten und die Bedienung von Nischenkunden entgegenzusteuern. In der Leistungserstellung wird der Eigenfertigung und der damit einhergehenden hohen Wertschöpfungstiefe ein hoher Stellenwert eingeräumt.

Die Aufgabe, den hauptsächlich durch die Diversifikation der Unternehmung verursachten drastischen Anstieg der *Produkt-Varianten*[73,74] zu handhaben, wird kategorisch als *Variantenmanagement* bezeichnet. Variantenmanagement fungiert in diesem Zusammenhang einerseits als Problemlöser und -Absorber einer breiten Produktpalette. Das Produkt bzw. -Sortiment wird im Variantenmanagement in den Mittelpunkt der Betrachtung

---

[71] vgl. Luczak/Fricker (1997) S. 314ff.
[72] vgl. Schulte (1995) S. 758
[73] vgl. Lingnau (1994) S. 24: Varianten sind Gegenstände mit einem in der Regel hohen Anteil identischer Komponenten, die Ähnlichkeiten in Bezug auf mindestens eines der Merkmale Geometrie, Material oder Technologie aufweisen.
[74] vgl. VDI/REFA (1976) S. 179: In DIN 199 sind Varianten definiert als „Gegenstände ähnlicher Form oder Funktion mit einem in der Regel hohen Anteil identischer Gruppen oder Teile". Der VDI dagegen sieht Varianten als „Abart einer Grundausführung" an.

gestellt. Mittels geeigneter Werkzeuge[75] zur Produkt-(Programm-)gestaltung und -strukturierung soll erreicht werden, dass der Markt besser ausgeschöpft und Zielgruppen mit spezifischen Angeboten bedient werden können. Dies steht im klaren Gegensatz zum Komplexitätsmanagement, bei dem nicht die physische Leistung im Zentrum steht, sondern die vom Gesamtsystem (Produkte, Prozesse, Ressourcen)[76] erzeugte Komplexität und ihre Bewältigung.

Variantenmanagement wird demnach wie folgt definiert:

> Variantenmanagement umfasst die Entwicklung, Gestaltung und Strukturierung von Produkten und Dienstleistungen bzw. Produktsortimenten im Unternehmen. Dadurch wird angestrebt, die vom Produkt ausgehende Komplexität (Anzahl Teile, Komponenten, Varianten usw.) wie auch die auf das Produkt einwirkende Komplexität (Marktdiversifikation, Produktionsabläufe usw.) mittels geeigneter Instrumente zu bewältigen.

2.2 Konzeptioneller Bezugsrahmen

Wie die in Kap. 1.1.1 beschriebenen Komplexitätstreiber zeigen, ist der Komplexität mit punktuellen Maßnahmen nicht beizukommen, da sie in unterschiedlicher Stärke auf alle Unternehmensbereiche wirken. „Erst ein durchgängiges Komplexitätsmanagement führt zum Erfolg"[77] und wird immer stärker zu einem entscheidenden Wettbewerbskriterium. Komplexität beherrschen ist somit eine ganzheitliche Managementaufgabe, die sich nur integriert in das allgemeine Management des jeweiligen Unternehmens lösen lässt.[78]

Zweck des vorliegenden Abschnittes ist es, Orientierungshilfen und erste Lösungsansätze im Hinblick auf die bisher skizzierten Fragen und Problemstellungen bereitzustellen. Als Mittel zur Erreichung dieser Zielsetzung dient der Entwurf eines *konzeptionellen Bezugrahmens*[79] zur Integration der durch den Komplexitätsbegriff aufgeworfenen Facetten. Dieser Bezugsrahmen soll dem Manager gestatten, Schlussfolgerungen für die zukünftige

---

[75] ABC-Analyse, Produktkategorisierung, Gleichteilenutzung u.a.
[76] vgl. Benett (1999) S. 11f.
[77] Quelle: Wildemann (1999) S. 32
[78] vgl. Bleicher (1995) S. 36
[79] vgl. Bleicher (1985) S. 80; Bleicher (1995) S. 57: Ein konzeptioneller Bezugsrahmen ist eine terminologisch-deskriptive Grundordnung, in die als relevant erachtete Inhalte zunehmend eingeordnet werden können. Aus unternehmenspraktischer Sicht dient er der Betrachtung, Diagnose und Lösung von Managementproblemen. Methodisch eignet sich ein derartiger Bezugsrahmen zur Moderation oder auch Provokation eines strukturierten Dialoges sowie zur Selbstreflexion.

Richtung seines Handelns vor dem Hintergrund seiner eigenen Situation, Erfahrungen und Einschätzungen zu ziehen. Der Zusammenhang und die Interdependenz aller zu betrachtenden Größen ist ihm zu verdeutlichen, um ihn auf diesem Wege an integrative Denkweisen heranzuführen.[80]

2.2.1 Komplexitätsmanagement im St. Galler Management-Konzept (SGMK)

Aufgrund der genannten vielschichtigen Komplexitätsaspekte muss ein besonderer Wert auf eine *ganzheitliche integrierte Betrachtung* gelegt werden. Daher wird nachfolgend dem systemorientierten Ansatz das *St. Galler Management-Konzept* (SGMK) zugrunde gelegt, da dieser Systemansatz auf das Erkennen von Zusammenhängen vielgliedriger Ursache/Wirkungs-Beziehungen ausgerichtet ist.[81] Dieser Ansatz ist für die Erfassung der komplexen Vorgänge im Rahmen der Komplexitätsproblematik im Unternehmen besonders geeignet.

Das Konzept beinhaltet die *drei Ebenen* des *normativen*, *strategischen* und *operativen* Managements. Das normative und strategische Management beinhaltet die Entwicklung und die grundlegenden Gestaltungsaufgaben. Das operative Management bezieht sich auf die Lenkung der laufenden Tätigkeiten in der Unternehmung.[82] In vertikaler Sicht werden die drei Management-Ebenen von Aktivitäts-, Struktur- und Verhaltensaspekten durchzogen, sodass sich der Bezugsrahmen des SGMK in neun Felder aufteilt (Abb. 2-1).

Aufgrund der systemtheoretischen Ausrichtung des SGMK kann der generelle Management-Ansatz rekursiv auch auf Subsysteme, wie z. B. Unternehmensbereiche oder Unternehmensfunktionen übertragen werden. In diesem Sinne ist das SGMK auch auf das Komplexitätsmanagement anzuwenden (Abb. 2-2).

Wesentliche Aktivitäten, Verhaltensaspekte und Strukturen des Komplexitätsmanagements werden im Rahmen des SGMK dargestellt. Die Querschnittsfunktion des Komplexitätsmanagements macht es noch mehr als bei anderen Managementaufgaben erforderlich, top-down zunächst eine Unternehmensvision zu entwerfen, die eine Positionierung des Komplexitätsmanagements unterstützt. Die Vision sollte daher Aussagen über die angestrebte Schutzfunktion der Komplexität oder die Verzichtsmöglichkeiten durch Komplexitätsreduzierung beinhalten.[83]

---

[80] vgl. Bleicher (1995) S. 56f.
[81] vgl. Ulrich (1970) S. 41
[82] vgl. Bleicher (1995) S. 68f.
[83] vgl. Schuh/Schwenk/Speth (1998b) S. 81

2 Management von Komplexität

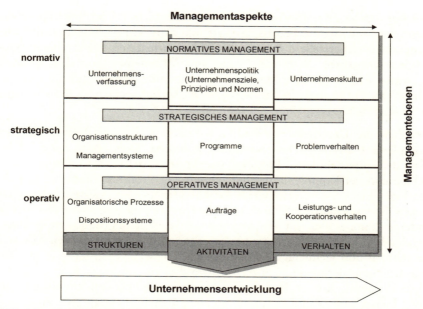

Abb. 2-1: St. Galler Management-Konzept (in Anlehnung an Bleicher [1995] S. 77)

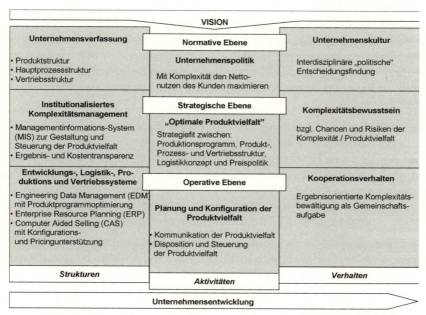

Abb. 2-2: Komplexitätsmanagement im St. Galler Management-Konzept (Quelle: Schuh/Schwenk/Speth [1998b] S. 80)

Auf *normativer Ebene* werden die Unternehmensziele, Prinzipien und Normen festgelegt, die die Lebensfähigkeit und Entwicklungsfähigkeit des Unternehmens sicherstellen. Die sich aus dem normativen Management ergebenden Vorgaben (Missionen) sind im Allgemeinen für das gesamte strategische und operative Management und im Besonderen für die strategische Ausrichtung und die Strategieumsetzung im operativen Management unter Komplexitätsaspekten relevant.

Die Ziele des Unternehmens sind so festzulegen, dass der Nutzen aus der Komplexität die möglichen Nachteile dominiert. Dies umfasst die Festlegung der Unternehmens-, Produkt- und Vertriebsstrukturen unter dem Gesichtspunkt der Komplexitätsbeherrschung. Die Produktstruktur mehrstufiger Erzeugnisse ist beispielsweise extrem veränderungsresistent und muss wegen ihres normativen Charakters sehr sorgfältig bestimmt werden. Unter anderem kann es sinnvoll sein, von der weitverbreiteten (und komplexitätssteigernden) Politik der Umsatzmaximierung durch Produktexoten Abstand zu nehmen und vielmehr die Fokussierung auf wenige, differenzierungsfähige Leistungsmerkmale anzustreben. Um dies zu ermöglichen, ist auch die Unternehmenskultur (z. B. von „Wir erfüllen jeden Kundenwunsch" zu „Wir bieten einer Kundengruppe die bestmögliche Lösung") so zu beeinflussen, dass ein grundlegender Wandel der Verhaltens- und Denkmuster aller Mitarbeiter im Unternehmen erreicht werden kann.

Die auf normativer Ebene gesetzten Ziele lassen sich im Rahmen des *strategischen Komplexitätsmanagements* bewältigen, indem ein durchgängiges Komplexitätsmanagement eingeführt wird. Hierdurch ist der Abgleich und die Optimierung zwischen der extern geforderten Komplexität und der hierdurch induzierten internen Komplexität im Leistungserstellungsprozess möglich.

Die Marktleistungserstellung unterliegt dem Spannungsdreieck zwischen Qualität, Kosten und Zeit. Die Optimierung dieser Parameter ist die Basis einer erfolgreichen Erfüllung der Marktbedürfnisse. Im Rahmen der Missionen sind Prioritäten zwischen Qualität, Kosten und Zeit festzulegen.[84] Je nach Schwerpunkt der Optimierungsrichtung werden entsprechend der Ausgangslage einer Unternehmung zur Umsetzung der normativen Ziele geeignete Strategien für das Komplexitätsmanagement formuliert.[85]

Die Umsetzung der unternehmenspolitisch orientierten Missionen und der daraus abgeleiteten strategischen Programme werden durch Managementsysteme unterstützt, die der Diagnose, Planung und Kontrolle dienen.[86]

---

[84] vgl. Seghezzi (1994) S. 78
[85] vgl. Kaiser (1995) S. 89
[86] vgl. Schwaninger (1994) S. 195ff.

Diese Systeme bedienen sich dabei interner und externer Informationen.[87] Im Zusammenhang mit der Produktvielfalt und -entwicklung sind Kosteninformationen und die auf Kosten übertragenen externen Informationen (Kundenanforderungen) zentrale Steuerungs- und Entscheidungsinformationen (z. B. Target Costing, Ressourcenorientierte Prozesskostenrechnung).

Der durch die Einführung des Komplexitätsmanagements auf strategischer Ebene ausgewiesene Handlungsbedarf ist durch das *operative Management* mittels geeigneter Methoden und Instrumente umzusetzen.[88] Strukturgebende Instrumente wie Engineering Data Management (EDM), Enterprise Resource Planning (ERP) und Computer Aided Selling (CAS) helfen dabei, die Implementierung der Planung und Kommunikation der Produktvielfalt im täglichen Arbeitsablauf zu unterstützen.[89]

Eine ausführliche Besprechung der Komplexitätsmanagement-Aktivitäten erfolgt in den anschließenden Kapiteln B bis F.

2.3 Herausforderung des Komplexitätsmanagements

Unternehmen werden in aller Regel von ihren Lenkern ruiniert. Nicht launische Märkte oder böswillige Konkurrenten treiben Firmen in den Konkurs, sondern Versagen und Übermut von Firmenchefs, die den Wünschen der Kunden nicht nachkommen und die Angriffe der Wettbewerber nicht mit neuen Produkten und neuen Prozessen parieren. In der Strategieumsetzung ist daher das Verhältnis zwischen Produkt und Kunde entscheidend.[90]

Erfahrungen aus Forschung und Praxis zeigen, dass überkomplexe Unternehmen langfristig nicht am Markt erfolgreich sein können, da sie die immer höheren Kundenanforderungen nach preiswerten, qualitativ hochwertigen Produkten bei gleichzeitig kurzen Lieferfristen nicht erfüllen können.[91] Im verschärften Wettbewerb muss es das Ziel des Managements produzierender Unternehmen sein, die Überkomplexität durch geeignetes Komplexitätsmanagement auf das unbedingt notwendige Maß zu reduzieren, damit die verbleibende Komplexität (gegebenenfalls mit neuen Managementmethoden) bewältigt werden kann. Eindimensional ausgerichtete Maßnahmen wie z. B. Kostensenkungs- oder Zeitreduzierungsprogramme werden nicht

---

[87] vgl. Bleicher (1995) 248f.
[88] vgl. Luczak/Fricker (1997) S. 313: Aus Sicht der Praxis verlangt die Auseinandersetzung mit immer komplexeren Strukturen und Problemen nach handlungsleitenden Methoden und Hilfsmitteln zur Komplexitätsbewältigung.
[89] vgl. Schuh/Schwenk/Speth (1998b) S. 81
[90] vgl. o.V. (1999) S. 21
[91] vgl. Eversheim (1994) S. 73

zu einer hinreichenden Komplexitätsreduktion führen. Wie in Kap. 1.2 dargestellt, fungiert das Komplexitätsmanagement als Schnittstelle zwischen der durch die Marktanforderungen definierten exogenen Komplexität und der internen, endogenen Komplexität, die das Unternehmen gestalten muss, wenn es den Kundenanforderungen nachkommen will.[92]

Daraus lassen sich Fragen wie „Gibt es einen optimalen Komplexitätsgrad?" oder „Wie ist dieser unter Kostenoptimierungsaspekten zu erreichen?" ableiten, auf die im Folgenden näher eingegangen wird.

2.3.1 Fit zwischen interner und externer Komplexität

Im Sinne der Systemtheorie liegt das Komplexitätsoptimum nicht in einer geringen Komplexität des Systems Unternehmung.[93] Vielmehr ist die Komplexität des Systems Unternehmung dann zu erhöhen, wenn dies aufgrund des Beziehungsgeflechts zur Umwelt notwendig erscheint. Das bedeutet, dass die Produktvielfalt als Marktvorteil ausgebaut werden muss, wenn es der Markt verlangt und honoriert und das eigene Unternehmen die Komplexität besser beherrschen kann als der Wettbewerb. Wichtig ist dabei, dass sich das eigene Unternehmen noch ausreichend auf seine Kernkompetenzen konzentrieren kann.[94] Dagegen muss die Komplexität gezielt abgebaut werden, wenn diese im Vergleich zur Konkurrenz zu hoch ist.[95]

Kaiser empfiehlt, zur Erreichung des Gesamtoptimums auf die beiden strategischen Stoßrichtungen Vermeidung und Beherrschung der externen und internen Komplexität zu setzen (Abb. 2-3).

Besteht beidseitig ein zu hoher Komplexitätsgrad, ist eine umfassende Vermeidungsstrategie zu wählen. Zentrale Zielsetzung muss dabei die Optimierung der Komplexität und nicht die einseitige Komplexitätsreduktion (Simplifizierung) oder Komplexitätserhöhung sein.

Bei zu geringer Marktkomplexität kann durch eine gleichzeitige Beherrschung der externen und Vermeidung der internen Komplexität versucht werden, Wettbewerbsvorteile zu erzielen. So können bspw. mit anderen Produktstrukturen und zusätzlichen Produktvarianten eine höhere Anzahl unterschiedlicher Bedürfnisse abgedeckt und somit neue Marktsegmente erschlossen werden.

---

[92] vgl. Müller/Kaiser (1995) S. 32
[93] vgl. Bleicher (1971) S. 174
[94] vgl. Cen (1995) S. 56ff.
[95] vgl. Porter (1992) S. 63f.

2 Management von Komplexität

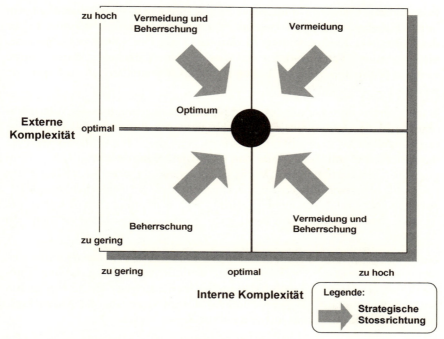

Abb. 2-3: Komplexität reduzieren, beherrschen oder vermeiden (Quelle: Kaiser [1995] S. 102)

2.3.2 Optimaler Komplexitätsgrad

Nicht die Gestaltung einer minimalen, sondern einer der Situation angepassten Unternehmenskomplexität, basierend auf einer differenzierten Maßnahmenauswahl, sollte angestrebt werden. Wird Komplexität bei *interdependenten Systemen*[96] betrachtet, dann leitet sich eine optimale Komplexität zwischen den Systemen aus einem gleichgewichtigen Verhältnis von Komplexitätsbedarf und -angebot ab.[97] Im Optimum hat der Grad der externen Komplexität dem der internen Komplexität zu entsprechen.[98] Ist ein Gleichgewicht nicht gegeben, kann von relativer Über- oder Unterkomplexität gesprochen werden. Maßnahmen zur Herstellung eines Gleichgewichts können dann, je nach Ausgangssituation, eine Verringerung oder auch Anreicherung der strukturellen Komplexität des Systems erfordern.[99]

---

[96] Die Trennung nach interner unternehmenseigener sowie externer marktseitiger Komplexität stellt ein interdependentes System dar.
[97] vgl. Ballwieser (1993) 50ff. u. Reiss (1993a) S. 57
[98] vgl. Reiss (1993b) S. 133f.
[99] vgl. Luczak/Fricker (1997) S. 315

Mit einem effizienten und effektiven Komplexitätsmanagement ist ein höherer Komplexitätsgrad möglich.[100] Ein gegenüber dem minimal geforderten höherer Komplexitätsgrad und somit ein Überschuss an Komplexität gegenüber Wettbewerbern führt zu einem Nutzenüberschuss. Dieser kann als Wettbewerbsvorteil und als Markteintrittsbarriere interpretiert werden.

Nach *Köster* ist es Ziel des Komplexitätsmanagements, die Varietäten (Zustände des Systems) zwischen Absatzmarkt und betrieblichem Leistungserstellungssystem auszubalancieren, um die *Varietätsasymmetrie* zu bewältigen und auf diese Weise den optimalen Komplexitätsgrad zu erlangen. Da eine Erhöhung der Varietät des Systems einem Komplexitätsanstieg und negativen Folgen für die Effizienz und Wirtschaftlichkeit gleichzusetzen ist, sind Instrumente gesucht, die es erlauben, die Varietät des dynamischen Umfeldes auf das Varietätsniveau des Unternehmens zu dämpfen.[101]

Homburg beschreibt dazu den *Zusammenhang zwischen Kundennähe und Effizienz im Leistungserstellungsprozess* und die Auswirkung auf den Komplexitätsgrad. Dabei werden insbesondere die negativen Effekte von zu hoher Kundennähe auf die Komplexität sowie im Gegenzug die Auswirkung von zu hoher Komplexität auf den Faktor Kosten beschrieben.[102]

2.3.3 Kostenoptimierung

Produktvielfalt erbringt zweifellos erheblichen Nutzen für das Unternehmen. Zur Bestimmung der *optimalen Vielfalt*[103] muss jedoch stets berücksichtigt werden, dass die bessere Anpassung an die Kundenbedürfnisse auch ihren Preis hat.[104]

Hierbei ist zwischen *einmaligen direkten Kosten*, die in der Regel im Entstehungszyklus anfallen, *dauerhaften direkten Kosten* und *Opportunitätskosten* zu unterscheiden. Nach *Roever* sind die produktproportionalen Kosten sowie die Opportunitätskosten für den Kostenanstieg infolge einer Produkt-Vielfaltsausweitung verantwortlich (Abb. 2-4).[105]

---

[100] vgl. Kaiser (1995) S. 17
[101] vgl. Köster (1997) S. 34f.
[102] vgl. Homburg (1995) S.14
[103] vgl. Kaiser (1995) S. 111: Die optimale Produktvielfalt deckt die angestrebten Marktsegmente bzw. Kundenanforderungen insoweit ab, wie dadurch die angestrebte Produktrendite erzielt werden kann.
[104] vgl. Rathnow (1993) S. 20
[105] vgl. Roever (1991a) S. 258

2 Management von Komplexität

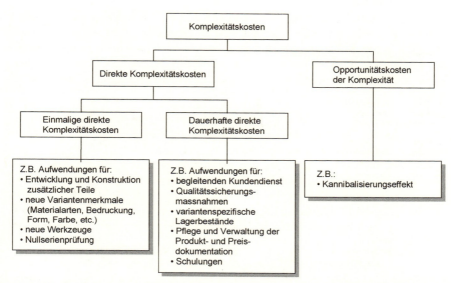

Abb. 2-4: Gliederung der Komplexitätskosten[106] (in Anlehnung an Homburg/Daum [1997] S. 333)

2.3.3.1 Direkte, produktproportionale Komplexitätskosten

Die Einführung zusätzlicher Produkte bzw. Produkt-Varianten ist mit zwei gegensätzlichen Entwicklungen verbunden: Zum einen kann durch die Einführung zusätzlicher Varianten eine *Stückkostendegression* erzielt werden, wenn eine neue Variante die insgesamt abgesetzte Stückzahl deutlich erhöht. Auf der anderen Seite stehen dem varianteninduzierte Mehrkosten vor allem im Bereich der Gemeinkosten entgegen, die sich aus der Einführung zusätzlicher Varianten ergeben. Unabhängig vom Umsatz- und Absatzvolumen fallen für jedes Produkt und jede Variante verschiedenste Kosten innerhalb der Wertschöpfung (z. B. Entwicklung, Einkauf, Produktion) an. Diese direkten Komplexitätskosten erhöhen die Gemeinkosten *produktproportional* (Abb. 2-5).

---

[106] vgl. Homburg/Daum (1997) S. 333f.: Unter Komplexitätskosten versteht man solche Kosten, die im Unternehmen kausal durch die Vielfalt des Produktprogramms, d.h. der am Markt angebotenen Produkte und der Teilevielfalt entstehen.

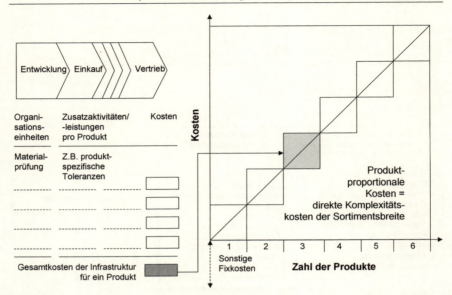

Abb. 2-5: Produktproportionale Komplexitätskosten (in Anlehnung an Roever [1991a] S. 254)

2.3.3.2 Opportunitätskosten der Komplexität

Neben den direkten Komplexitätskosten treten indirekte Komplexitätskosten in Form von *Opportunitätskosten* auf. Darunter versteht man Kosten, die dadurch entstehen, dass eine Ressource im Unternehmen nicht optimal verwendet wird. Es geht hier also im Wesentlichen darum, dass Ressourcen zur Bewältigung der Komplexität benötigt werden, die an anderer Stelle sinnvoller eingesetzt werden könnten. Wenn aufgrund übermäßiger Vielfalt Engpässe in einzelnen Wertschöpfungsstufen auftreten, so kann dies zu extrem hohen Umsatz- und Deckungsbeitragsausfällen führen. Als Opportunitätskosten im weiteren Sinne sind Kannibalisierungseffekte innerhalb des Sortiments zu nennen. Jede Einführung neuer Varianten beeinflusst den Absatz des bereits vorhandenen Sortiments. Bleibt der Gesamtumsatz gleich, so geht die Neueinführung zu Lasten der eigenen Produkte. Das Randsortiment kannibalisiert das Kernsortiment.

Opportunitätskosten wachsen, anders als die produktproportionalen Kosten, nicht linear, sondern exponentiell mit der sie auslösenden Produktvielfalt (Abb. 2-6). Die Opportunitätskosten können so anschwellen, dass sie und nicht die produktproportionalen Kosten die optimale Sortimentsbreite bestimmen.

2 Management von Komplexität

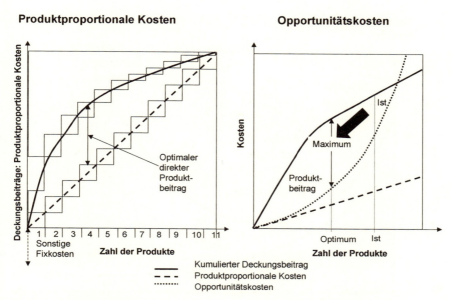

Abb. 2-6: Gegenüberstellung der produktproportionalen Kosten und der Opportunitätskosten der Komplexität (Quelle: Roever [1991a] S. 256)

Im Gegensatz dazu geschieht die Umlage der produktproportionalen Kosten meist nach Umsatz, Tonnage oder Fertigungspersonal. Kleinstmengen werden auf diese Weise subventioniert. Werden die abnehmenden Deckungsbeiträge in einer Reihe graphisch dargestellt, wird erkennbar, wie sehr die Ertragskraft durch ein überbordendes Sortiment leidet. Aus Abb. 2-6 ist direkt ablesbar, um wieviel der maximale direkte Produktbeitrag des Sortiments steigen würde, wenn die deckungsbeitragsschwachen Produkte aus dem Programm genommen würden.

Gemäß *Kaiser* ergibt sich das Kostenoptimum aus der Stückkostendegression, die durch größere Losgrößen bzw. Wiederholhäufigkeiten bei Produkten bzw. Prozessen verursacht wird. Tendenziell gegenläufig entwickeln sich die variantenabhängigen (produktproportionalen) Kosten, die mengenunabhängig die variantenspezifisch anfallenden Kosten beinhalten (Abb. 2-7).[107]

Eine Stückkostendegression kann insbesondere durch die *Verwendung bereits vorhandener Teile* (Wiederholteile) in zusätzlichen Varianten erreicht werden. Durch den damit verbundenen Partizipationseffekt, beispielsweise durch die Verwendung multifunktionaler Bauteile, kann erreicht werden, dass Initialaufwände für „alte Varianten" (z. B. Entwicklungskosten) nun

---
[107] vgl. Kaiser (1995) S. 104

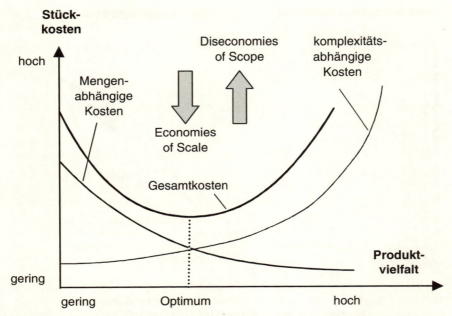

Abb. 2-7: Kostenoptimale Produktvielfalt (in Anlehnung an Kaiser [1995] S. 105)

auch auf die zusätzlichen Varianten verrechenbar sind, sodass die Stückkosten sinken. Diese Einsparungen können variantenduzierte Mehrkosten ganz oder teilweise kompensieren. Voraussetzung hierfür ist jedoch, dass die Einführung einer neuen Variante nicht voll zu Lasten der Absatzzahlen vorhandener Varianten geht und sich auf diese Weise die einzelnen Produkte des Produktprogramms gegenseitig substituieren (Opportunitätskosten). Da in diesem Fall keine bzw. nur eine geringe Erhöhung der Gesamtabsatzmenge erreicht würde, kann keine Stückkostendegression erreicht werden. In der Folge steigen neben den variantenduzierten Mehrkosten vielmehr die Stückkosten aufgrund kleinerer Losgrößen.[108]

---

[108] vgl. Müller/Kaiser (1995) S. 32f.

3 Komplexitätsmanagementstrategien und -typologien

3.1 Wettbewerbsstrategien

Aufgrund der Komplexität und Vielfalt der Umwelt- und der internen Produktivitätsbeziehungen ist es notwendig, anhand einer Auswahl von Beziehungen die gewählte Strategie zur Schaffung von relativen Wettbewerbsvorteilen umzusetzen.[109] Im Rahmen der vorgestellten Problemstellung soll daher besonderer Wert auf die vielfaltsoptimale Erstellung der Unternehmensleistung in technischer und marktorientierter Hinsicht gelegt werden. Aus diesem Grund ist es erforderlich, ausgehend von den bekannten (generischen) Wettbewerbsstrategien, geeignete Komplexitätsmanagementstrategien zu finden, anhand derer die einzelnen Schritte detailliert werden können, die die Gestaltung von Produktstruktur und Leistungsangebot umfassen.[110]

Bei der Suche nach zweckgerechten Strategien werden auf der Ebene der Gesamtunternehmung wie auch der Geschäftseinheiten Normstrategien angeboten, die der Wirtschaft ein strukturiertes Denkschema für ihre spezifische Strategiewahl an die Hand geben.[111]

3.1.1 Generische Wettbewerbsstrategien nach *Porter*

Die Wechselwirkung zwischen Unternehmen, Kunden und Wettbewerb wird in den Wettbewerbsstrategien erfasst, die die zwei Aspekte Produktprogramm und das Verhalten gegenüber dem Wettbewerber abdeckt. Ausgangspunkt dieser Betrachtungen sind die Wettbewerbskräfte, die sich in einer bestimmten Branche befinden.[112] Diese werden durch den Wettbewerb in der Branche, die Bedrohung durch neue Konkurrenten, die Bedrohung durch Ersatzleistungen sowie die Verhandlungsstärken von Lieferanten und Abnehmern gebildet.[113] Diese Kräfte sind jeweils zu analysieren, um herauszufinden, vor welcher Bedrohung sich das Unternehmen am besten schützen kann bzw. welche System-Bedingungen zu eigenen Gunsten beeinflusst werden können. Auf dieser Basis leitet Porter drei generische Wettbewerbsstrategien ab (Abb. 3-1).

---

[109] vgl. Hinterhuber (1992) S. 9
[110] vgl. Bleicher (1995) S. 201
[111] vgl. Bleicher (1995) S. 201
[112] vgl. Porter (1992) S. 25ff.
[113] vgl. Porter (1992) S. 28ff.

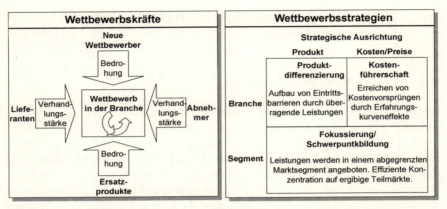

Abb. 3-1: Wettbewerbskräfte und -strategien (Quelle: Porter [1992] S. 55ff.)

Ziel der Strategie der *Kostenführerschaft* ist die Ausnützung des *Erfahrungskurveneffekts*, um einen *kostenmäßigen Wettbewerbsvorsprung* zu erzielen. Diese Strategie birgt jedoch eine Reihe von Risiken: so kann es der Konkurrenz beispielsweise gelingen, mit Hilfe von Innovationen einen erreichten Kostenvorsprung zunichte zu machen, wenn es nicht gleichzeitig gelingt, Änderungen in technologischer und nutzenorientierter Perspektive in das unternehmerische Handeln zu integrieren. Deshalb erweist sich die Kostenführerstrategie auch in erster Linie als erfolgversprechend in Branchen, in denen der Preis weitgehend homogen ist und standardisierte Produkte das wesentliche Kriterium aus Sicht des Kunden bilden. Die *Differenzierungsstrategie* verfolgt in gegensätzlicher Weise das Ziel, nachhaltige Wettbewerbsvorteile am Markt zu erreichen. So geht es hier um *Gestaltung der Produktleistung* in der Weise, dass sich diese von denen der Konkurrenz deutlich abhebt und damit den Kunden langfristig an das Unternehmen bindet. Die Gefahr dieser Strategie liegt zum einen darin, dass die Differenzierung aus Kundensicht das Kostenelement zu stark ausser Acht lassen kann. Zum anderen können die zusätzlichen Leistungselemente in ihrer Nutzenwirkung von der Kundschaft nicht in der erwarteten Form eingeschätzt werden. Das Ergebnis kann ein für das Unternehmen ungünstiges Kosten/Nutzen-Verhältnis sein, das sich nicht als wettbewerbsfähig erweisen kann. Die dritte der generischen Strategien beinhaltet die *Konzentration auf ein bestimmtes Segment* des Gesamtmarktes. Bei diesem Vorgehen wird vorausgesetzt, dass es für ein Unternehmen sinnvoll sein kann, sich nicht auf den gesamten Markt, sondern lediglich auf *Nischen* zu konzentrieren und sich dort entweder mit einer *überlegenen Kostenposition oder mit einer Differenzierung* sich gegenüber dem Wettbewerb zu behaupten. Die Gefahr besteht allerdings darin, dass es einem Konkurrenten gelingen kann, durch Kostenvorteile im Gesamtmarkt auch Kostenführer im Marktsegment zu sein. Es besteht aber auch die Möglichkeit, dass sich Wettbewerber innerhalb der Marktnische besser zu differenzieren verstehen als das eigene Unternehmen.[114]

Hinsichtlich der Produkt-/Marktkombinationen spielt bspw. für die Kostenführerstrategie in erster Linie eine hohe Marktgröße eine Rolle. Für den Einsatz einer Differenzierungsstrategie ist dagegen eine hohe Vielfalt der Produktleistungen und eine hohe Veränderungsrate der Nutzenerwartungen der Kunden entscheidend. Die Konzentrationsstrategie schließlich bedarf eines Teilmarktes, der sich durch eine mittlere Leistungsvielfalt, aber hohe Wachstums- und Veränderungsraten auszeichnet, was der Charakterisierung dynamischer Marktnischen nahe kommt.[115] Diese Betrachtungen zeigen, dass sich der kritische Erfolgsfaktor der Kostenführerstrategie lediglich auf den Kostenaspekt konzentriert, während sich das bei den anderen beiden Strategiealternativen umfassender darstellt.[116]

3.1.2 Outpacing-Strategie nach *Gilbert* und *Strebel*

Die Betrachtung der Strategien nach *Porter* macht deutlich, dass es nicht darum geht, entweder eine Kostenführungs- oder eine Differenzierungsstrategie zu verfolgen, sondern vielmehr um die Frage der Kombination der einzelnen Aspekte, mit dem eindeutigen Focus auf der Produktleistung.[117] Eine Form der modernen Auslegung dieser generischen Strategien ist die Verfolgung des „Outpacing Path", mit dem es gelingen soll, Wettbewerber zu überholen (Abb. 3-2).[118]

Das Ziel wird dabei aus der Kombination von Differenzierungs- und Kostenführerstrategie gebildet, das man auf zwei Wegen erreichen kann. Zum einen kann das Unternehmen zunächst mit hohem Ressourcenaufwand eine Differenzierung gegenüber der Konkurrenz erreichen, die es im Folgenden durch den Einsatz des Erfahrungskurveneffekts zu halten gilt. Diesem innovativen Vorgehen steht als Counterpart der imitative Weg gegenüber.[119] Hier geht es um die Ausnutzung der Skaleneffekte, die die notwendigen Ressourcen generieren, mit denen sich dann eine nachträgliche Differenzierung finanzieren lässt, um den Wettbewerb dann schließlich zu überholen. Diese sequenzielle Form der Darstellung wird allerdings den Unternehmensrealitäten in ähnlicher Weise nicht gerecht. Es stellt sich zwar nicht das Problem, welchen Weg das Unternehmen grundsätzlich zu beschreiben hat, doch die

---

[114] vgl. Spies (1999) S. 74
[115] vgl. Belz (1994) S. 54f.
[116] vgl. Hinterhuber (1992) S. 84
[117] vgl. Spies (1999) S. 74f.
[118] vgl. Gilbert/Strebel (1987) S. 28ff.
[119] vgl. Thomas (1993) S. 12ff.

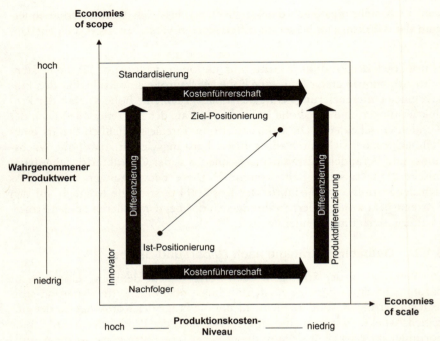

Abb. 3-2: Outpacing-Strategie [Quelle: Kaiser [1995] S. 109 in Anlehnung an Gilbert/Strebel (1987) S. 61ff.]

Frage der zeitlichen Koordination der beiden Vorgehensweisen bleibt bestehen. Eine gleichberechtigte und simultane Betrachtung von Kosten- und Nutzenaspekten bei der Leistungsgestaltung zur Generierung von Wettbewerbsvorteilen ist angesagt.[120]

3.1.3 Idealtypische Strategien nach *Pümpin*

Aus Untersuchungen von *Hall* wird ersichtlich, dass diejenigen Firmen, die sowohl eine günstige Kostenstruktur als auch eine hohe Differenzierung aufweisen, die erfolgreichsten sind.[121] *Pümpin* weist jedoch darauf hin, dass Firmen, die sich primär eine Differenzierung oder auch vollumfänglich auf die Stückkostendegression konzentrieren, durchaus (jedoch in beschränktem Umfang) positive Ergebnisse erzielen. Eindeutig ungenügende Resultate weisen nur diejenigen Firmen auf, die weder kostengünstig produzieren

---

[120] vgl. Spies (1999) S. 76
[121] vgl. Hall (1980) S. 81

noch eine hohe Differenzierung aufweisen. Eine wirkungsvolle Strategie folgt den folgenden drei Gesetzmäßigkeiten:[122]

- sie zeichnet sich durch hohe Differenzierung aus,
- führt zu günstigen Stückkosten und
- ist zeitoptimal.

Pümpin erweiterte die von *Hall* entwickelte Matrix und definiert drei verschiedene idealtypische Strategien (Abb. 3-3).[123]

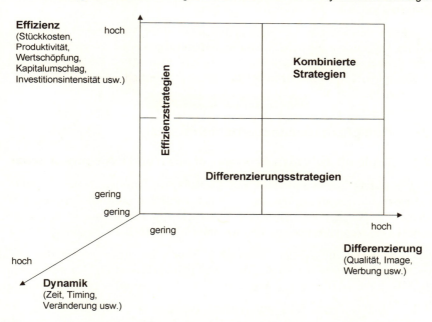

Abb. 3-3: Idealtypische Strategien nach Pümpin (in Anlehnung an Pümpin [1992] S. 67ff.)

Die *Effizienzführerschaft* zielt darauf ab, z. B. mittels geringer Stückkosten bzw. geeigneter Standortwahl kostenseitig eine Spitzenposition einzunehmen. Unternehmen, die ausschließlich diese Strategie verfolgen, sind hauptsächlich in der Fertigung von Produkten tätig, die sich praktisch nicht diffe-

---

[122] vgl. Hass (1970) in Pümpin (1992) S. 74: Er weist im Weiteren darauf hin, dass diese drei Eigenschaften für das Überleben jedes natürlichen Lebewesens entscheidend sind. Ganz offensichtlich gilt dieses Grundgesetz der Natur auch für Unternehmen.
[123] vgl. Pümpin (1992) S. 71

renzieren lassen (Bsp. Aluminium). Wird auf eine *Differenzierungsstrategie* gesetzt, dreht sich die Strategie um Qualität, Image, Exklusivität. Keinesfalls will man jedoch über die Kosten mit Effizienzführern konkurrieren. Die *Kombination* beider Strategien, die eine starke Marktposition als Voraussetzung hat, bildet die dritte Möglichkeit. Derartige Firmen erzielen infolge hoher Produktivität in Kombination mit z. B. intensiver Imagepflege interessante Preise.[124]

Als weitere fundamentale Größe in der strategischen Ausrichtung gilt die *Dimension Zeit*. Aus der Sicht des Faktors Zeit erscheinen jene Strategien als erfolgversprechend, die rasch umgesetzt werden können, aber auch dem richtigen Timing hohes Gewicht beimessen.

Ausgehend von diesen drei Konzepten generischer Wettbewerbsstrategien wird im Folgenden versucht, Komplexitätsmanagementstrategien zu entwickeln. Dabei werden die genannten Dimensionen unter Berücksichtigung der Komplexitätsproblematik beleuchtet und in einen gemeinsamen Rahmen gebracht.

3.2 Komplexitätsmanagementstrategien

3.2.1 Trade off zwischen Economy of scale und Economy of scope

Bleicher unterscheidet innerhalb der Produktprogrammstrategie das Standardisierte Massenprogramm als Ausdruck von Economies of scale und das Indivduelle Nischenprogramm als Ausdruck von Economies of scope als die beiden extremen typologischen Muster.[125]

Warnecke stellt die beiden Extremtypologien einander gegenüber und streicht insbesondere die zu beachtenden Hauptaktivitäten, -Prozesse und Organisationsstrukturen im Hinblick auf eine Komplexitätsbewältigung heraus (Abb. 3-4).

Der *Spezialist* – hauptsächlich im Massengeschäft tätig – konzentriert sich auf Markt-, Produkt- oder Prozess-Know-how. Der Logistikaufwand ist durch die geringe Vielfalt vernachlässigbar gering.

Die konsequente Anwendung des strategischen Prinzips der Kräftekonzentration zielt zusammen mit dem Streben, Economies of scale in der Ferti-

---

[124] vgl. Pümpin (1992) S. 72: Die reine Differenzierung wird der reinen Effizienzorientierung vorgezogen, da Erstere durch angemessene Preisfestlegung bei wirtschaftlichen Rückschlägen eher überlebensfähig ist als der Anbieter von „Commodities", dem die Preise vom Markt diktiert werden.
[125] vgl. Bleicher (1995) S. 214; Gilbert/Strebel (1986) S. 64

Menge (Economy of Scale)	Vielfalt (Economy of Scope)
Spezialist • Mengen-Know-how- — Konzentration • spezialisierte Arbeitsstationen • starre Automatisierung	**Generalist** • Organisations-Informations- — Konzentration • Komplettbearbeitung • flexible Automatisierung
• Fertigungsprozess (Logistik) • stabile Produktion • Qualität durch Inspektion	• (Fertigungsprozess) Logistik • An- und Auslauf • Qualität durch Prozessregelung
• hierarchische bürokratische Strukturen • ein grosser Regelkreis • nacheinander	• Netzwerk- Gruppen- Strukturen • viele kleine Regelkreise • miteinander

Abb. 3-4: Trade off zwischen Economy of scale und Economy of scope – Wirtschaftlichkeit durch Menge oder Vielfalt (Quelle: Warnecke [1993] S. 122)

gung und Distribution von Gütern oder der Bereitstellung von Dienstleistungen zu erreichen, auf ein enges Leistungsangebot der Unternehmung.[126]

Im Gegensatz dazu baut der Generalist vornehmlich auf eine flexible Produktion (kleine Losgrößen, hohe Vielfalt) und konzentriert sich auf die Kommunikation in und außerhalb (Netzwerk) seiner Unternehmung.[127]

3.2.2 Individualisierungs- versus Standardisierungsstrategie

Strategien eines engen oder breiten Leistungsangebots lassen sich danach unterscheiden, ob sie vom Gedanken der Konzentration oder Dispersion in vielfältigen Marktsegmenten getragen sind. In engem Zusammenhang mit der Breite des Leistungsspektrums steht die strategische Entscheidung, inwieweit bei der Leistungserstellung auf individuelle Kundenbedürfnisse oder -probleme eingegangen wird. Im Mittelfeld dieses Kontinuums zwischen Standardisierung und Individualisierung liegen Massenprodukte, die durch spezielle Beratungs- oder andere Dienstleistungsprodukte individualisiert werden.[128]

---

[126] vgl. Bleicher (1995) S. 213
[127] vgl. Warnecke (1993) S. 122f.
[128] vgl. Bleicher (1995) S. 213

Mayer beschreibt die Individualisierung und Standardisierung als Extremformen der Leistungsgestaltung. Dabei ist die Individualisierung dadurch gekennzeichnet, dass ein Unternehmen die angebotene Leistung mehr oder weniger vollständig an den Ansprüchen eines einzelnen Abnehmers oder einer kleinen Gruppe von Abnehmern mit homogenen Ansprüchen ausrichtet. Diese vom selben Unternehmen hergestellte Leistung unterscheidet sich wahrnehmbar für andere Abnehmer bzw. Abnehmergruppen, wobei der bzw. die Abnehmer in den Prozess der Leistungsgestaltung aktiv eingebunden ist bzw. sind.[129]

Definition:

Individualisierung bedeutet die Herstellung von „einzelnen" Erzeugnissen jeweils einmaliger technischer Individualität, die sich in ihrer reinen Form in einem Angebot maßgeschneiderter Erzeugnisse äußert.[130]

Dagegen bietet ein Unternehmen, das die Standardisierungsstrategie verfolgt, für den bearbeiteten Markt idealtypisch genau eine Produktversion an. Der Gegenstand besteht also in der Erstellung eines Produktes oder, prägnanter, einer „Einheitsleistung".[131]

Definition:

Standardisierung bedeutet die Ausrichtung der angebotenen Leistung an den Ansprüchen, die die potenziellen, anonymen Nachfrager erwartungsgemäß gemeinsam aufweisen, und somit für einen Markt nur eine einzige einheitliche Leistung erstellt und unter Umständen auf Vorrat produziert wird.[132]

Der Hersteller kann nur „Durchschnittsansprüche" befriedigen. Grundsätzlich kann der Anbieter einer standardisierten Leistung bei der Bestellung keine speziellen Wünsche mehr anbringen.[133] Dies steht im Gegensatz zur Vermarktung individualisierter Erzeugnisse, bei denen die Einbindung des Nachfragers in den Prozess der Leistungserstellung als ein Charakteristikum herausgestellt wurde. Der Anbieter ist somit nicht mit einzelnen, bekannten Kunden konfrontiert, sondern mit einer anonymen Abnehmerschaft. Um die

---

[129] vgl. Mayer (1993) S. 40f.
[130] vgl. Dichtl (1987) S. 167; Mayer (1993) S. 37; Specht/Zörgiebel (1985) S. 494: Gegenstand des Maßschneiderns bildet die Anpassung der Leistung an die Anforderungen, die der jeweilige Abnehmer an sie stellt.
[131] vgl. Kruse (1960) S. 91; Specht/Zörgiebel (1985) S. 494
[132] vgl. Mayer (1993) S. 53
[133] vgl. Rupp (1980) S. 41ff.

3 Komplexitätsmanagementstrategien und -typologien

angebotene Leistung erstellen zu können, muss daher nicht darauf gewartet werden, bis ein Nachfrager seine Ansprüche artikuliert hat. Eine Standardleistung kann somit auch auf Vorrat produziert und daher unmittelbar nach Eingang einer Bestellung den Kunden zugänglich gemacht werden.[134]

Grundlage des Markterfolges einer standardisierten Leistung ist es, dass sie diejenigen Ansprüche erfüllt, die möglichst vielen Mitgliedern der Zielgruppe gemein sind. Ein Hersteller standardisierter Produkte wird sich demnach nicht wie ein Produzent, der eine Individualisierungsstrategie verfolgt, mit den Ansprüchen einzelner Abnehmer befassen, sondern er muss versuchen, Gemeinsamkeiten in der Anspruchsstruktur festzustellen.[135]

Individualisierung und Standardisierung stellen zwei sehr unterschiedliche Wege zur Erreichung ein und desselben Ziels dar: *Gewinnung und Sicherung von Wettbewerbsvorteilen*[136] *auf der Basis von Kundenwünschen.*[137] Da beide Strategien der gleichen *Grundhaltung „Kundenorientierung"* entspringen, lässt sich auch kein konträres Nutzenpotenzial ableiten. Abb. 3-5 zeigt die konstitutiven Merkmale der beiden Wettbewerbsstrategien.

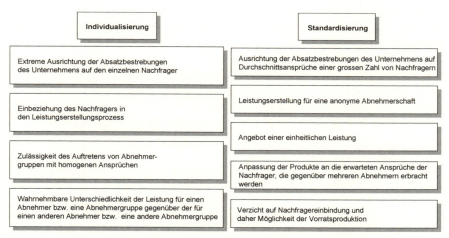

Abb. 3-5: Konstitutive Merkmale der Individualisierung und Standardisierung (in Anlehnung an Mayer [1993] S. 40ff.)

---

[134] vgl. Mayer (1993) S. 43
[135] vgl. Mayer (1993) S. 43
[136] vgl. Meffert (1989) S. 480f.: Wettbewerbsvorteile lassen sich sowohl mit einer Individualisierung als auch mit einer Standardisierung erzielen.
[137] vgl. Plinke (1992) S. 97; Backhaus (1989) S. 704f.

Bei der Beurteilung der Individualisierungsstrategie darf jedoch nicht ausser Acht gelassen werden, dass der monopolistische Spielraum des betreffenden Unternehmens eventuell nur für kurze Zeit existiert. Es besteht grundsätzlich die Gefahr, dass, angelockt von den gegenüber einer normalen Wettbewerbssituation erhöhten Preisen und den dadurch vergrößerten Gewinnerwartungen, weitere Anbieter in den Markt eintreten, die die Leistung des etablierten Herstellers nachzuahmen versuchen.[138]

Ein Unternehmen, das maßgeschneiderte Leistungen erstellt, benötigt in aller Regel ein großes Know-how. Bei der Individualisierung kann der Kunden-Lieferanten-Kontakt als besonders eng bezeichnet werden. Somit sind die Umstellungskosten (Switching Costs) hoch. Der Know-how-Vorteil und die hohe Kundenbindung dienen somit als Markteintrittsbarriere, mit der sich solche potenziellen Anbieter abschrecken lassen, die nicht über ein entsprechendes Know-how verfügen und jenes auch nicht in kurzer Zeit erlangen können.[139]

In der folgenden Abb. 3-6 sind die dargestellten Nutzenaspekte der Individualisierungsstrategie in ihrem Zusammenspiel wiedergegeben. Es wird vor allem deutlich, dass eine Abkopplung vom Wettbewerb über zwei Wege führt, nämlich die durch die hohe Kundenbindung induzierte Teilmarktmonopolisierung zum einen und über den Aufbau einer Markteintrittsbarriere zum anderen.

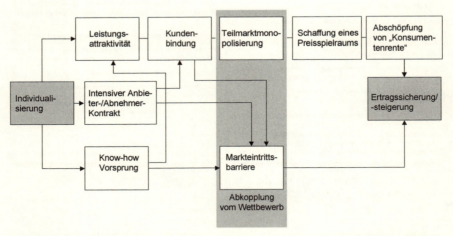

Abb. 3-6: Nutzendimension der Extremstrategie „Individualisierung" (Quelle: Mayer [1993] S. 65)

---

[138] vgl. Kruse (1960) S. 22; Pichler/Clement (1990) S. 494
[139] vgl. Mayer (1993) S. 63f.

Kruse vertritt die Ansicht, das Angebot eines Massenproduktes sei für ein Unternehmen nicht nur erstrebenswert, sondern geradezu ein Idealzustand.[140] Demnach wird sich ein Unternehmen „... niemals damit abfinden, dass der Kunde ein König ist, der selber weiss, was er will."[141] Im folgenden wird zu prüfen sein, ob der Nutzen dieser einseitigen Auffassung tatsächlich besteht und wo sich eventuell Hindernisse aufbauen.

Die wesentliche Nutzendimension der *Standardisierungsstrategie* besteht in der Möglichkeit, eine *günstige Kostenposition* zu erlangen, um auf diese Weise eine *Markteintrittsbarriere*[142] zu schaffen.[143]

Durch die Ausschöpfung von Erfahrungskurven- und Größeneffekten wird das Fundament dazu gelegt, ein standardisiertes Produkt gegenüber einer Individualleistung zu geringeren Kosten anbieten zu können. Die Möglichkeit der Kostensenkung basiert nicht nur auf der zunehmenden Erfahrung, sondern auch auf größenbedingten Ersparnissen (Economies of scale).

Der Erfahrungszuwachs ist gemäss *Mayer* eine Kombination aus Lerneffekt, Nutzung von Rationalisierungspotenzialen, neuen Beschaffungsquellen, Fertigungsverfahren und das breit ausgerichtete Know-how zur Vermarktung der Leistung.[144]

Eine weitere Nutzendimension der Leistungsstandardisierung besteht darin, eine Marktnorm (Standard) zu schaffen. Mit der Schaffung eines Marktstandards kann der Normsetzer nicht nur den Absatz der eigenen Gestaltungslösung sichern, sondern er gewinnt zudem auch mit der Möglichkeit, sich von den Konkurrenten abzukoppeln, einen gewichtigen Wettbewerbsvorteil (Abb. 3-7).[145]

---

[140] vgl. Kruse (1960) S. 91
[141] vgl. Levitt (1984) S. 21
[142] Die Markteintrittsbarriere besteht einerseits darin, dass potenzielle neue Konkurrenten kaum in der Lage wären, innerhalb eines akzeptablen Zeitraums eine Kostenposition zu erlangen, die auch langfristig ein Verbleiben im betreffenden Markt zuließe. Einer solchen bedürfte es aber, um bei mitunter notwendigen Preissenkungen mit den bereits im Markt befindlichen Anbietern mithalten zu können. Allerdings ist bei der Beurteilung der Höhe der Markteintrittsbarriere zu beachten, dass Economies of scale im Gegensatz zu Erfahrungseffekten nicht durch einen zeitlichen Vorlauf schützbar sind. Errichtet etwa ein potenzieller Konkurrent eine neue, effizientere Fabrik, dann kann er womöglich unter Ausschöpfung von Betriebsgrößen-Vorteilen kostengünstiger produzieren als ein bereits am Markt etablierter Anbieter.
[143] vgl. Mayer (1993) S. 89
[144] vgl. Mayer (1993) S. 93
[145] vgl. Mayer (1993) S. 116

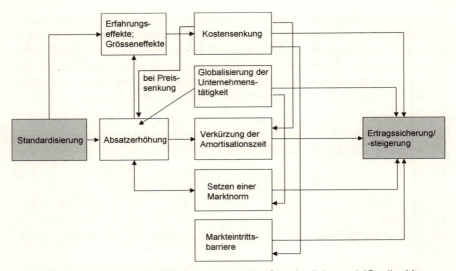

Abb. 3-7: Nutzendimension der Extremstrategie „Standardisierung" (Quelle: Mayer [1993] S. 120)

Der beschriebene Sachverhalt trifft natürlich auch auf einen Anbieter individualisierter Leistungen zu. Jedoch wird nur der Hersteller von Standardleistungen in der Lage sein, sowohl Erfahrungs- als auch Größeneffekte in vollem Umfang zur Beeinflussung seiner Kostenposition zu nutzen.[146]

3.2.3 Kundenindividuelle Massenproduktion

Nur wenn es gelingt, eine Differenzierung hinsichtlich der angebotenen Leistung zu erreichen, die sich in einer überlegenen Kostensituation realisieren lässt, ist ein Vorsprung gegenüber dem Wettbewerb zu realisieren.[147] Diese Auffassung zeigt, dass zusätzlich zu den bisher betrachteten beiden Strategiedimensionen eine dritte vorhanden sein muss, die die entsprechende Verbindung zwischen beiden bildet.

Eine weitere interessante und momentan häufig diskutierte Strategie ist jene der *Kundenindividuellen Massenproduktion* (engl. Mass Customization). Es handelt sich dabei gemäß *Pine* um ein Managementsystem, das weg von den *Porter*schen Strategien – der Kostenoptimierung sowie der Differenzierung, die an dem Glauben festhält, dass Unternehmen nur die eine oder andere Strategie verfolgen könnten, aber niemals beide gleichzeitig – hin zu einer Strategie strebt, welche die Vorteile aus beiden Extremen kombiniert.

---

[146] vgl. Mayer (1993) S. 107
[147] vgl. Rathnow (1993) S. 45; Thomas (1993) S. 33ff.

Unternehmen, die auf diese Strategie setzen, „... erreichen sowohl eine kundenindividuelle Erstellung von Gütern und Leistungen als auch ein niedriges Kostenniveau. In diesem Geschäftsmodell ist die primäre Aufgabe, die spezifischen Wünsche und Bedürfnisse jedes einzelnen Kunden zu identifizieren und zu erfüllen". Idealerweise dauert der Produktlebenszyklus „ein Stück": „Jedes Produkt ist verschieden von den anderen und genau auf einen Kunden zugeschnitten."[148]

Pine und *Piller* reagieren somit auf die sture Ausrichtung von Unternehmen, die versuchen, sich auf *Massenmärkte*[149] oder *Effizienzstrategien*[150] festzusetzen. Massenproduktion zielt auf die Standardisierung und Stabilisierung aller Leistungen und Leistungselemente eines Unternehmens. Ihre Effizienz beruht auf der Stabilität und Kontrolle der Umweltbedingungen und Unternehmensprozesse. Häufige Nachfrageschwankungen, schrumpfende Märkte und kürzere Lebenszyklen für Produkte lassen nicht mehr die Zeit, Größendegressionseffekte zu verwirklichen. In der Folge werden viele Varianten vorab auf Lager produziert.

Mass Customization reagiert aber auch nicht auf die Notwendigkeit zur Individualisierung durch schnellste Einzelfertigung um jeden Preis, sondern versucht, die Vorteile einer Massenfertigung (Verstetigung und Beherrschung der Prozesse) mit denen der Einzelfertigung (individuelle Beziehung zu jedem einzelnen Kunden) zu kombinieren und so einen Ausweg aus dem Flexibilitätsdilemma der Massenproduktion zu finden.[151]

Um den Status eines Mass Customizer zu erreichen, sind drei notwendige Bedingungen zu erfüllen:[152]

- „... Mass Customization verlangt, dass Produkte und Leistungen *modularisiert* werden, um individuelle Kombinationen effizient für jeden Kunden bereitzustellen." „Modularität ist der Schlüssel für die kundenindividuelle Massenproduktion von Produkten und Leistungen."

---

[148] vgl. Pine II. S. 6f. in Piller (1998)
[149] vgl. Piller (1998) S. 35: Massenproduktion galt lange als Vorbildfunktion des Managements (Arbeitsteilung, Spezialisierung, Standardisierung), mit der die Ziele Größen- und Mengendegression (Economies of scale) erreicht werden können.
[150] vgl. Piller (1998) S. 35: Die sture Ausrichtung auf Effizienz wird spätestens dann gestraft, wenn sich der homogene Markt spaltet und sich viele kleine Marktsegmente ergeben (Produkt-Variantenfertigung).
[151] vgl. Piller (1998) S. 39 u. 72: Mass Customization könnte als Bestandteil eines agilen Unternehmens gesehen werden. Mass Customization stellt durch die gleichzeitige Verwirklichung von Wettbewerbsvorteilen auf der Basis von Differenzierungsvorteilen durch größtmögliche Varietät und einer relativ (im Vergleich zu den Wettbewerbern) guten Kostenposition eine hybride Wettbewerbsstrategie dar, d.h., die Differenzierung durch zusätzliche Varietät wird gleichzeitig mit einer günstigen Kostenposition verbunden.
[152] vgl. Pine II. S. 8f. in Piller (1998)

- Zur Erreichung des Optimums sind die Informationen, die im Zuge des Individualisierungsprozesses erhoben werden, dem Aufbau einer dauerhaften, individuellen Beziehung zu jedem Abnehmer zu verwenden.[153]
- Um die Potenziale der Modularisierung zu erlangen, ist der Einsatz von Produktkonfiguratoren (Designerwerkzeug) notwendig, die die Kundenbedürfnisse mit den Fähigkeiten des Unternehmens in Einklang bringen. „Konfiguratoren sorgen dafür, dass die Komplexität der Modularisierung genutzt wird ..."

Zu einem ähnlichen Schluss kommen *Schuh/Schwenk/Speth*, die zur Überwindung des Trade-offs von hoher Kundennähe sowie ausreichendem Differenzierungspotenzial zu Wettbewerbern (Economies of scope) und der wirtschaftlichen Leistungserstellung (Economies of scale) die optimale Produktstrukturierung des Leistungsangebots und dessen konsequente Umsetzung bei der Gestaltung des Leistungserstellungsprozesses postulieren. Darunter verstehen sie insbesondere die Modularisierung der Leistung (Produkte und Dienstleistungen), unterstützt durch eine möglichst hohe Anzahl standardisierter Teilleistungen. Auf diese Weise soll es dem Unternehmen gelingen, „... ein breites Spektrum heterogener Kundenbedürfnisse zu befriedigen, ohne an der internen Komplexität zu ersticken".[154]

Daraus ergibt sich folgende Definition:

> *Mass Customization* ist eine Wettbewerbsstrategie, die eine höchstmögliche Individualisierung der Produkte anstrebt, unabhängig davon, ob sie einzelgefertigt, modulgefertigt oder nur eine nachträgliche Variation eines Standardprodukts darstellen.[155]

Aus den Erläuterungen geht hervor, dass es sich bei der Kundenindividuellen Massenproduktion um eine Strategie der Mitte handelt, die vielfältige Ausrichtungen zulässt. Zwei Extremen sind bereits durch die Strategien der Individualisierung und Standardisierung gesetzt. Dazwischen gibt es jedoch noch eine Anzahl weiterer Stoßrichtungen, die hinsichtlich der Berücksichtigung dieser drei Grundstrategien erheblichen Spielraum offen lassen:

Variantenfertigung ist gemäß *Pine* zu stark auf der Seite der Massenfertigung und keinesfalls mit Mass Customization bzw. Individualisierung[156]

---

[153] vgl. Piller (1998) S. 21 u. 65: „Im Individualisierungstrend liegt die Existenzberechtigung der Mass Customization."
[154] vgl. Schuh/Schwenk/Speth (1998a) S. 134f.
[155] vgl. Pine II. (1994) S. 7f.
[156] vgl. Pine II. in Piller (1998) S. 3: Im Gegensatz dazu heißt individuelle Fertigung bzw. Individualisierung, dass ein Produkt als Antwort auf einen konkreten Kundenwunsch produziert wird.

3 Komplexitätsmanagementstrategien und -typologien

gleichzusetzen. Variantenfertigung bedeutet die Auswahl aus einem bestehenden Sortiment von Produkten bzw. Komponenten und entspricht somit in den meisten Fällen nur den ungefähren Kundenwünschen.

Auf der anderen Seite des Kontinuums ist der Begriff der *Produktdifferenzierung* anzusiedeln. Mayer geht bei der Produktdifferenzierung davon aus, dass die angebotene Leistung z. T. vereinheitlicht, aber keinesfalls eine individualisierte Leistung erzeugt wird. Individualisierung geht somit wesentlich weiter und stellt die Extremform der Produktdifferenzierung dar.[157]

Weitere Möglichkeiten, die Strategie der reinen Kundenindividuellen Massenproduktion zu verlassen, ist in Abb. 3-8 dargestellt. Die *Adaption* verfolgt eine geringe Differenzierung der Leistung, sei es durch eine minimale Auswahl von Varianten, ergänzende Dienstleistungen oder kosmetische Veränderungen wie die Wahl der Verpackung o. ä.

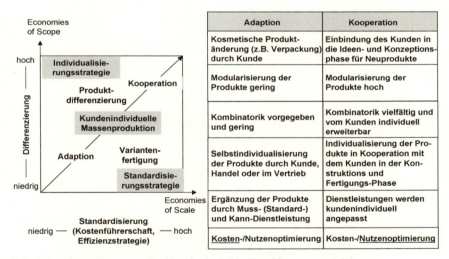

Abb. 3-8: Ausprägungen der Kundenindividuellen Massenproduktion

Im Gegensatz dazu beinhaltet die *Kooperation* eine verstärkte Einbindung des Kunden in den Herstellungs- wie in den Verkaufsprozess. Damit ist insbesondere eine höchstmögliche Auswahl und Kombination von bestehenden Teilleistungen zur Gesamtleistung wie auch die Erstellung von kundenindividuellen Produkten gemeint (Losgröße „1").

---

[157] vgl. Mayer (1993) S. 37

Wichtig erscheint, dass keine der genannten „strategischen" Ausrichtungen vom Prinzip der Kundenorientierung abweicht. Hingegen lässt sich unter Optimierungsaspekten nicht vermeiden, dass eher auf die Kosten- oder die Nutzenoptimierung gesetzt wird. Eine gleichberechtigte Betrachtung, die zu einem Ge-samtoptimum von Kosten- und Nutzenaspekten unter der analysierten Vielfaltsproblematik[158] führt, kann nicht stattfinden.[159]

Aufgrund dieser Ausführungen wird im Folgenden an den drei ausführlich beschriebenen Komplexitätsmanagementstrategien *Standardisierung, Individualisierung* und *Kundenindividuelle Massenproduktion* im Spannungsfeld zwischen Differenzierung (Economies of scope) und Standardisierung (Economies of scale) festgehalten (Abb. 3-9). Die übrigen oben beschriebenen Ausrichtungen lassen zuviel Interpretationsspielraum offen, um einen wesentlichen Beitrag zum „Management der Vielfalt" im Unternehmen zu stiften.

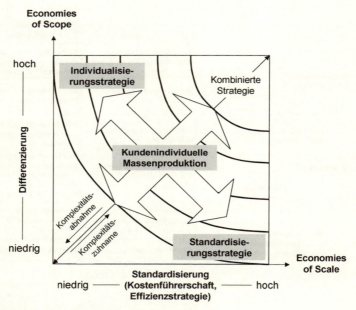

Abb. 3-9: Komplexitätsmanagementstrategien

---

[158] vgl. Rathnow (1993) S. 177ff.
[159] vgl. Kaiser (1995) S. 110: Das Kostenmanagement spielt bei allen Strategietypen eine wichtige Rolle. Bei einer Kostenführerschaftsstrategie sind der Preis und somit die Kosten der strategische Erfolgsfaktor. Somit ist die genaue Kenntnis der betrieblichen Kosten der entscheidende Schlüsselfaktor für das Verteidigen des Kostenvorsprungs gegenüber der Konkurrenz. Ein Differenzierer kann spezielle Kundenwünsche nur so lange erfüllen, wie die hieraus erzielbaren Preise über den zusätzlichen Kosten der Differenzierung liegen.

Bei den gezeigten Komplexitätsmanagementstrategien handelt es sich um Idealtypen, die zum Zweck der Verdeutlichung hervorgehoben werden: zum einen um das Spannungsfeld aufzuzeigen, zum anderen, um das vorhandene Nutzenpotenzial untersuchen zu können.

In der Realität finden sich dagegen vor allem Mischformen, die durch Abstufungen gekennzeichnet sind, also Leistungen, die sowohl standardisierte als auch individualisierte Elemente beinhalten.[160]

Grundsätzlich wird sich das Unternehmen zu jedem Zeitpunkt auf einer der Kurven zwischen den beiden Extremstrategien aufhalten. Je nach Umfeld (Kunden, Lieferanten, Wettbewerber), den eigenen Fähigkeiten sowie der gegenwärtigen Phase im Produkt-Lebenszyklus wird es möglich sein, durch bewussten Komplexitäts-Aufbau bzw. -Abbau eine günstigere Position (Komplexitätsstufe) einzunehmen. Auf diese Weise soll es dem Unternehmen möglich sein, Wettbewerbsvorteile und Barrieren gezielt aufzubauen und zu verteidigen. Im Vergleich zur Erreichung einer Individualisierung bzw. Standardisierung in Reinkultur scheint es aufgrund der ansteigenden Komplexität jedoch äußerst schwierig, eine Kombination beider Strategien anzustreben.

Um Kosten- wie auch Nutzenaspekte in der Strategieentwicklung zu berücksichtigen, ist das umfassende Leistungsverständnis in die Strategieentwicklung einzubeziehen.[161] Auf der Basis der vorangegangenen Betrachtungen ist die Harmonisierung beider Aspekte in den Komplexitätsmanagementstrategien notwendig (Abb. 3-10). Auf diese Weise soll es gelingen, trotz eines umfassenden Leistungsverständnisses mit den sich dadurch ergebenden komplexitätstreibenden Kräften übereinstimmend die „richtige" Komplexitätsstrategie zu wählen.

Den Ausgangspunkt bildet die Nutzenerwartung der Kunden und Märkte, die sich in der Auswahl und Fragmentierung der Zielmärkte ergibt. Unter Ausschluss irrelevanter Produktmerkmale, Anpassung der Produkte und Prozesse an die Nutzenerwartung wird der Kostenaspekt stärker hervorgehoben. Dabei geht es insbesondere um die kundengerechte Realisierung der Produkt-Vielfalt und die Anwendung von Produktgestaltungsmaßnahmen (Modularisierung, Plattformen u. a.). Dieser Pfad, ausgehend von den Nutzenerwartungen über Optimierung der Kosten, führt so folgerichtig in die Standardisierung. Der Regelkreis schliesst sich bei zunehmender Markt-(Kunden-)Orientierung durch den Einbezug des Kunden in die Leistungserstellung und das „Feintuning" des Leistungsangebotes.

---
[160] vgl. Specht/Zörgiebel (1985) S. 494; Rupp (1980) S. 44
[161] vgl. Spies (1999) S. 77

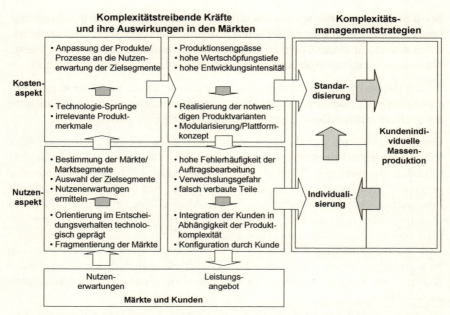

Abb. 3-10: Die Komplexitätsmanagementstrategien in der Komplexitätsbetrachtung der Märkte

Diese Erläuterungen zeigen, dass sich ein Unternehmen bei der Wahl der Strategie nicht auf die eine oder andere beschränken kann, sondern sich auf einem Regelkreis befindend den „äußeren" wie den „inneren" komplexitätstreibenden Kräften anzupassen hat.[162]

3.3 Variantenmanagementtypologien

3.3.1 Branchen- und Geschäftstypologische Einordnung

Wildemann unterscheidet innerhalb des Komplexitätsmanagements zwischen den Aktivitäten: *Komplexitätsreduzierung, -Vermeidung* und *-Beherrschung*.[163] Je nach Produktlebenszyklusphase tritt die eine oder andere Strategie in Kraft. Die zu verfolgende Strategie wird unabhängig vom Unternehmen bzw. der zugehörigen Branche getroffen. Diese rein phasenbedingte Zuordnung von bestimmten Aktivitäten schließt jedoch eine grund-

---

[162] vgl. Warnecke (1993) S. 122: „Es ist falsch, über einen Betrieb oder gar über einen Konzern eine Methode oder ein System in Führung, Organisation oder technischen Lösungen stülpen zu wollen. Dies führt im jeweiligen Einzelfall zu Zwängen und keiner optimalen Lösung."
[163] vgl. Wildemann (1996) S. 20ff.; Wildemann (1999) S. 41

sätzliche Strategiefindung zur Vielfaltsbeherrschung aus. Die Beschreibung verschiedener Vorgehensweisen zum Umgang mit der Unternehmenskomplexität und die Zuweisung von operativen Gestaltungsmaßnahmen bleibt damit generisch und steht in keinem direkten Bezug zu den Unternehmens-Spezifikas.[164]

Zur branchen- und geschäftstypologischen Einordnung dienen die folgenden beiden Unternehmenstypen, die auch in Kombination auftreten können:[165]

- Variantenoptimierer und
- Variantenkonfigurierer.

Sie sollen einen Beitrag zur Fokussierung innerhalb der Komplexitätsbewältigung leisten, indem ihre Anwendung hilft, die richtigen Akzente in der Bearbeitung der Komplexitätsthematik zu setzen. Ausgehend von der Zuordnung des jeweiligen Unternehmens zum einen oder anderen Typ, soll auf diese Weise der Ressourceneinsatz gezielt auf die notwendigen Aktivitäten gelenkt werden.

3.3.1.1 Variantenkonfigurierer

Der *Variantenkonfigurierer* agiert in einem Markt, in dem die kundenspezifischen Lösungen gefordert sind, die zu einer großen, nicht planbaren Endproduktvariantenzahl führen. Die Fähigkeit zur individuellen Konfiguration des Produkts bei gleichzeitiger Nutzung von Wiederholhäufigkeiten sind wesentliche Wettbewerbsfaktoren. Eine geeignete Vorgehensweise, auf technischer Produktebene größtmögliche Kundennähe zu ermöglichen und gleichzeitig die interne Komplexität zu beherrschen, stellt der modulare Aufbau der Leistung dar. Hierbei wird die kundenindividuelle Gesamtleistung aus möglichst vielen standardisierten Einzelleistungen zusammengesetzt. Der Rückgriff auf kundenanonym vorgefertigte Module erlaubt hierbei die Konfiguration einer Vielzahl kundenauftragsspezifischer Endproduktvarianten bei gleichzeitiger Beschränkung der Anzahl von Varianten auf Modulebene. Eine für den Kunden wahrnehmbare hohe Leistungsdifferenzierung wird mit einer vergleichsweise geringen internen Komplexität realisiert.[166]

---

[164] vgl. Benett (1999) S. 43
[165] Die folgenden Erläuterungen entstammen aus einer Studie zum Variantenmanagement, die 1997/98 vom Institut für Technologiemanagement der Universität St. Gallen in Zusammenarbeit mit dem Technologie Transferzentrum (Tectem) der Universität St. Gallen und 15 Unternehmen des Elektronikbereichs, des Maschinen-, Anlagen- und Automobilbaus durchgeführt wurde.
[166] vgl. Schuh/Schwenk/Speth (1998b) S. 82

3.3.1.2 Variantenoptimierer

Der *Variantenoptimierer* produziert Produkte mit Seriencharakter. Er plant die Variantenvielfalt seiner Endprodukte und optimiert die Produktionssequenz (Modellmix) auf allen Produktstrukturstufen. Der Anteil an Variantenspezifikationen, die nach der Auftragserteilung erfolgen, ist gering und Abweichungen von angebotenen Varianten sind nicht oder nur mit hohem Aufwand möglich.[167]

Bei der unternehmenstypologischen Zuordnung fällt die stark produktbezogene Klassifizierung auf. Wie folgend dargestellt, ist dies äußerst sinnvoll, da schließlich die Gestalt und Struktur der Produkte durch ihren normativen Charakter die Strategiewahl einschränkt bzw. umgekehrt.[168] Diese Darstellung berechtigt ihrerseits zur Wahl der Typologie-Begriffe.

Abb. 3-11 zeigt die Einbindung der Variantenmanagement-Typologien in den Kontext der Komplexitätsmanagementstrategien. Dabei ist zu beachten,

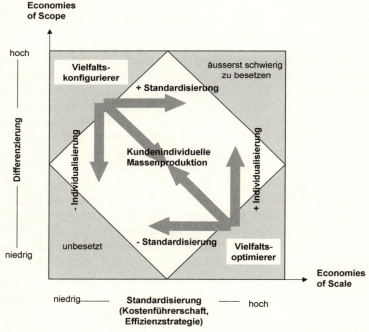

Abb. 3-11: Einbindung der Unternehmenstypologien Variantenkonfigurierer und -optimierer in den Kontext der Komplexitätsmanagementstrategien

---

[167] vgl. Schuh/Schwenk/Speth (1998b) S. 81
[168] vgl. Kap. B

das wie bei der strategischen Ausrichtung schon festgestellt, auch die aufgezeigten Typologien in ihrer Reinheit selten vorkommen. Vielmehr wird versucht, durch ab- bzw. zunehmende Standardisierung bzw. Individualisierung das Optimum zu erreichen.

3.3.2 Typologische Zuordnung der Komplexitätsmanagementaktivitäten

Ziel der Strategieentwicklung ist es, Klarheit über die zukünftige Marschrichtung des Unternehmens zu schaffen.[169] Die auf strategischer Ebene gefällte Ausrichtung ist auf die operative Ebene runterzubrechen, wo sie sich in einer Anzahl von Aktivitäten wiederfindet.[170]

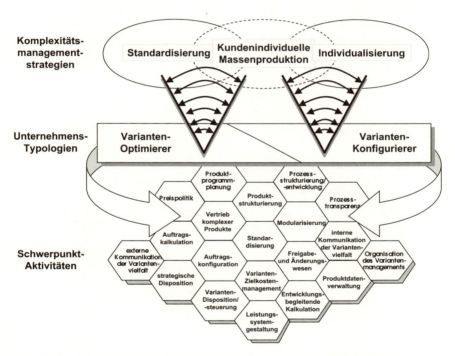

Abb. 3-12: Die strategische Ausrichtung bestimmt die operativen Aktivitäten

---

[169] vgl. Pümpin (1992) S. 119ff., der die Formulierung der Grundstrategie in sieben Schritten beschreibt und insbesondere auf die Klarheit der Zielsetzung, Harmonisierung der Unternehmensaktivitäten und die Konzentration auf die zu erschließenden Nutzenpotenziale verweist.

[170] vgl. Kap. 2.3.1

Wie in Abb. 3-12 ersichtlich, ist, ausgehend von der gewählten Strategie, die typologische Zuordnung gegeben, welche wiederum die Schwerpunkt-Aktivitäten bestimmt. Diese Abfolge ist jedoch nur in neuen Geschäftsfeldern bzw. zu Beginn einer Produktlebensphase durchführbar. Bei bestehendem Produktprogramm stehen, ausgehend von der unternehmenstypologischen Zuordnung, die dargestellten Komplexitätsmanagementstrategien meist nur noch in einer bestimmten Bandbreite zur Verfügung. Hinzu kommt, dass die Zuordnung zu einem bestimmten Unternehmenstyp stark durch die Branchen- bzw. Industriezugehörigkeit vorgegeben ist.

Diese, durch die Bestimmung der Aktivitäten, wettbewerbs- bzw. komplexitätsorientierte Konzentration der Kräfte führt zur Entwicklung bestimmter Kernfähigkeiten einer Unternehmung. Auf höherer Ebene lassen sich aus verschiedenen Kernfähigkeiten einer Unternehmung Potenziale entwickeln, die über eine längere zeitliche Strecke hinweg zum eigenen wirtschaftlichen Vorteil genutzt werden können.[171]

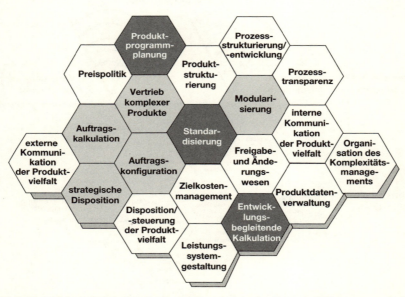

Abb. 3-13: Unternehmenstypologische Zuordnung der Komplexitätsmanagement-Aktivitäten

Bei den auszuführenden Aktivitäten zur Komplexitätsbewältigung handelt es sich um Kombinationen von Kernfähigkeiten, *Strategischen Erfolgs-*

---

[171] vgl. Bleicher (1995) S. 208

potenziale[172]. Sie sind maßgeblich für den nachhaltigen Erfolg im Komplexitätsmanagement und der Differenzierung im Wettbewerb verantwortlich.

Abb. 3-13 zeigt eine Übersicht über die Aktivitäten, die von „Best Practice"-Unternehmen des Komplexitätsmanagements besonders beherrscht werden. Die Aktivitäten sind danach unterschieden, ob sie von typischen Variantenoptimierern, Variantenkonfigurierern oder beiden zu beherrschen sind.

In den nachfolgenden Kapiteln wird auf diese operativen Tätigkeiten näher eingegangen. Dazu werden verschiedene Instrumente, die bei der Umsetzung und Implementierung helfen, vorgestellt und diskutiert.

---

[172] vgl. Pümpin (1992) S. 28: Strategische Erfolgspositionen bilden die Menge der Fähigkeiten, die zur erfolgreichen Erschließung eines Nutzenpotenzials erforderlich sind. Zu diesem Zweck dürfen diese strategischen Erfolgspositionen vom Wettbewerb nicht ohne weiteres kopierbar sein. Sie müssen für die zukünftige Umwelt- und Marktsituation bedeutsam sein, um den langfristigen Erfolg zu sichern.

Kapitel B
Produktvielfalt entwickeln

4 Produktstrukturierung

4.1 Was ist die Produktstruktur?

Setzt man voraus, das um einen komplexen Gegenstand zu verstehen, zu verändern oder zu gestalten, dieser zunächst einmal bekannt sein muss, so ist Transparenz über das Objekt ein elementarer erster Schritt im gesamten Komplexitätsmanagement. Dies gilt auch – oder gerade – bei der vorhandenen oder scheinbaren Komplexität an einem beliebigen Produkt. Die Abbildung dieser Komplexität erfolgt im Allgemeinen in der *Produktstruktur*.[1]

Der transparente Aufbau oder die Abbildung dieser Produktstruktur ist der erste notwendige Schritt, um die Komplexität zu verstehen und auf Basis dieses Verständnisses zu verändern bzw. zu gestalten.

Definition:[2]

> Unter einer *Produktstruktur* versteht man die strukturierte Zusammensetzung des Produktes aus seinen Komponenten. Baugruppen und Einzelteile führen dabei zu Strukturstufen, indem sie Komponenten auf tieferer Ebene in der Produktstruktur zusammenfassen.

Eine Produktstruktur spiegelt somit die Zusammensetzung eines Erzeugnisses, bestehend aus Komponenten und Baugruppen[3] und deren Strukturbeziehungen[4], wider.

Mit dem Aufbau einer Produktstruktur werden folgende Ziele verfolgt:

- strukturelle Gliederung der in einem Erzeugnis enthaltenen Bauteile
- Strukturierung des Konstruktionsprozesses
- einheitlicher Zeichnungs- und Stücklistenaufbau
- Steigerung der Mehrfachverwendung von Baugruppen und Einzelteilen
- Reduzierung der Produktionsdaten und Unterstützung des Informationsflusses
- Vereinfachung der Informationsverarbeitung und Optimierung der Materialdisposition

---
[1] Synonym zum Terminus Produktstruktur werden auch in den Ausdrücken „Erzeugnisgliederung" und „Erzeugnisstruktur" verwendet.
[2] vgl. Schönsleben (1998) S. 79
[3] Komponenten sind Einzelteile oder Baugruppen. Baugruppen können wiederum aus Einzelteilen oder untergeordneten Baugruppen bestehen.
[4] Strukturbeziehungen sind Beziehungen der Elemente untereinander.

- Schaffung von Wettbewerbsvorteilen durch die geeignete Wahl der Strukturierung

Ein idealerweise strukturiertes Produkt entspricht allen möglichen Sichten eines Unternehmens (Fertigungs-, Vertriebs-, Ersatzteil- und Montagesicht) und ist auf die im Unternehmen vorhandenen Informationssysteme (CAD, ERP, CAS) abgestimmt. Hierdurch unterstützt die Struktur des Produktes einen effizienten Entstehungs- und Abwicklungsprozess des Unternehmens und ermöglicht, Mengen- und Zeiteffekte im Unternehmen zu realisieren.

Die *Produktstrukturierung*[5] hat in Zusammenarbeit zwischen Konstruktion, Produktion und Vetrieb/Marketing systematisch zu geschehen. In der Realität findet man jedoch historisch gewachsene und unabgestimmte Produktstrukturen vor.

Bevor ein Produkt strukturiert wird, sind die Zielmärkte festzulegen und das Produkt ist innerhalb dieser Märkte leistungs- und preismäßig zu positionieren. Dazu gehören insbesondere Technologieentscheide, die Planung des Lebenszyklus der Produktstruktur sowie die Bestimmung des Zusatznutzens, welcher durch die Produktstrukturierung erreicht werden soll.[6] In vielen Fällen ist jedoch die geringe Kostenverursachung in der Produkterstellung sowie der möglichst positive Einfluss auf andere Kostenblöcke (Materialdisposition, Stücklistenverwaltung u. a.), die einzige Anforderung an die Produktstruktur.

Hinsichtlich einer Gesamtoptimierung der herrschenden Vielfalt nimmt die Produktstruktur eine wichtige, wenn nicht sogar zentrale Rolle ein. Sie ist nicht nur strukturbestimmend, sondern auch einer der Schlüsselfaktoren der auf Kosten-/Nutzen ausgerichteten Leistungsoptimierung.

Neben den reinen Kostenaspekten sollte berücksichtigt werden, dass die Produktstruktur auch Zusatznutzen für den Kunden stiftet (Abb. 4-1). Basierend auf dieser Erkenntnis werden oft auch weitere Anforderungen an die Produktstruktur gestellt (bspw. Wartbarkeit, Rekonfigurierbarkeit, Robustheit).

Durch die Produktstrukturierung in z. B. Baugruppen oder Module lassen sich zudem auf verschiedenen Ebenen Nutzeneffekte erzielen. Die Gliederung in vormontierbare, vorprüfbare Einheiten reduziert die Kosten der Endmontage und Inbetriebsetzung, und die Austauschbarkeit von defekten

---

[5] vgl. Rapp (1999) S. 9ff. u. Eversheim (1996) S. 45f.: Unter Produktstrukturierung versteht man die Anordnung von funktionalen Elementen, deren Zuordnung zu physischen Komponenten (Bauteile, Komponenten, Baugruppen) sowie die Spezifikation der Schnittstellen zwischen den Komponenten.

[6] vgl. Rapp (1999) S. 99

Teilen ist in der Regel besser. Zudem wird die kundenspezifische Konfiguration von Produktvarianten durch die Gliederung in Verkaufseinheiten erleichtert.

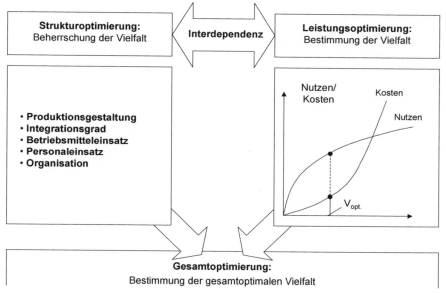

Abb. 4-1: Gesamtoptimierung der Vielfalt unter Struktur- und Leistungsansätzen (Quelle: Rathnow [1993] S. 42)

Dabei gilt es zu berücksichtigen, dass trotz der Wichtigkeit einer geeigneten Produktstruktur eine Produktstrukturierung nicht immer sinnvoll ist.[7] Dies ist bspw. dann der Fall, wenn die durch eine Produktstrukturierung erzielbaren Effekte so klein sind, dass sie die für eine Strukturierung nötigen Aufwendungen nicht zu decken vermögen.

4.1.1 Produktstruktur als normatives Element

Ein erfolgreiches Unternehmen ist dadurch gekennzeichnet, dass es eine Übereinstimmung von Umwelt, Strategie und interner Konfiguration erreicht hat.[8]

Gemäß *Rapp* haben sich in den verschiedenen Industriezweigen dominante Produktstrukturen etabliert, die besonders geeignet sind, um überdurchschnittliche Erfolge zu erzielen. Solche Faktoren sind vor der Strukturierung

---
[7] vgl. Boothroyd/Dewhurst/Knight (1994) S. 12ff.
[8] vgl. Zich (1996) S. 153

eines Produktes gebührend zu berücksichtigen. Werden diese *normativen Aspekte* vernachlässigt, können unter Umständen auch sehr gute Produktideen und -konzepte zu Misserfolgen führen.[9]

Wie oben erwähnt, darf die Produktstruktur nicht als isoliertes System mit weitgehender Entscheidungsfreiheit betrachtet werden, sondern ist in eine Vielzahl von gegenseitigen Abhängigkeiten im Unternehmen einzubetten.

Die Produktstruktur hat den Möglichkeiten der Unternehmung zu entsprechen. In den meisten Fällen wird deshalb die Produktstruktur an die Unternehmensstrukturen angepasst. Ein Unternehmen mit hochflexiblem Maschinenpark kann ein Massenprodukt mit größter Wahrscheinlichkeit nicht zu denselben tiefen Kosten produzieren wie ein Hersteller, dessen Produktion zwar inflexibel, aber genau auf dieses Massenprodukt abgestimmt ist. Umgekehrt kann der Hersteller eines Massenproduktes mit seiner Infrastruktur nicht plötzlich Produkte herstellen, die eine grosse Vielfalt aufweisen, ohne kostenmäßig ins Abseits zu laufen.[10]

Abb. 4-2 zeigt den Einfluss der gewählten Produktstruktur auf das Gesamtunternehmen bzw. die Kräfte, welche die Wahl und Augestaltung der Produktstruktur beeinflussen.

Zich stellt in seiner Arbeit die Verbindung von der *Unternehmensstrategie* zur operativen Produktgestaltung her. Diesem Ansatz liegt die Einsicht zugrunde, dass die Vielfalt niemals Selbstzweck ist, sondern die Reaktion des Unternehmens auf die marktseitigen Anforderungen. Eine Vielfaltsstrategie leitet sich demnach aus der Unternehmensstrategie ab und kann nicht für sich alleine betrachtet werden.[11]

Wie in Kap. 3 dargestellt, hat die Strategie einen direkten Einfluss auf die Wahl der Grundstrategie Standardisierung, Individualisierung oder Kundenindividuelle Massenproduktion.[12] *Robertson/Ulrich* unterstellen dabei den möglichen Produktszenarien je nach gewählter Unternehmensstrategie unterschiedliche Strukturierungsansätze (Abb. 4-3).

Eine durchdachte Produktstruktur ermöglicht nach *Rapp* auch die Verfolgung einer *Kombination von Grundstrategien*.[13] So kann z. B. der Markt

---

[9] vgl. Rapp (1999) S. 93: Unter diesem Blickwinkel scheint es nicht erstaunlich, dass sich ein überlegenes Produkt wie z. B. der Apple Macintosh nicht gegen die Konkurrenz der IBM-kompatiblen Rechner durchsetzen konnte.
[10] vgl. Rapp (1999) S. 96: Eine Anpassung der Strukturen des Unternehmens auf die gewünschte Produktstruktur ist nur mittel- bis langfristig möglich, sollte aber im Sinne einer Langfristplanung angestrebt werden. vgl. Kap. 3.3 u. 13.1-3
[11] vgl. Zich (1996) S. 48–56 u. 148–154
[12] vgl. Porter (1997) S. 62ff.
[13] vgl. Rapp (1999) S. 94: Aufgrund der rasanten technischen Entwicklungen wird vermehrt auch eine Kombination der Grundstrategien eingesetzt.

4 Produktstrukturierung 77

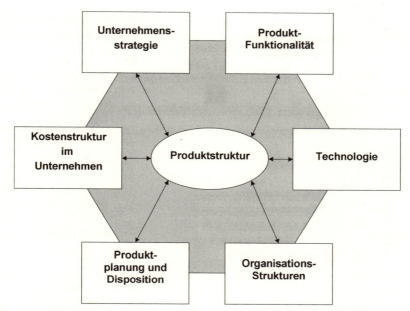

Abb. 4-2: Die Produktstruktur als Teil des Gesamtunternehmens (in Anlehnung an Rapp [1999] S. 92)

für Geräte des absoluten Standards ohne negativen Kostenfolgen mit demselben Produkt versorgt werden, das auch als Basis für den Kunden mit Sonderwünschen dient. Sämtliche Zusatzfunktionen können durch Bestückungsvarianten und Ergänzungsmodule realisiert werden, ohne dass die Grundausführung dadurch kostspieliger wird. Durch diese weitgehende Standardisierung kann das Unternehmen auch differenzierte Produkte mit kleineren Stückzahlen zu günstigen Kosten herstellen.

Neben dieser unterstützenden Funktion der Produktstruktur bei der Umsetzung der Strategie wird ein Unternehmen entsprechend der verfolgten Strategie die *Organisationsstrukturen* in Abstimmung mit der Produktstruktur anpassen. Dies betrifft insbesondere die organisatorischen Abläufe in Entwicklung, Produktion und Marketing/Vetrieb. Die Abstimmung der Produktstruktur mit den Unternehmensprozessen hat eine möglichst effektive Nutzung der Ressourcen zu gewährleisten. Um jedoch nicht nur evolutionäre, sondern revolutionäre Verbesserungen erreichen zu können, ist basierend auf der marktgerechten Produktstruktur die Produktionsstruktur strategisch zu planen.[14]

---

[14] vgl. Rapp (1999) S. 96ff.

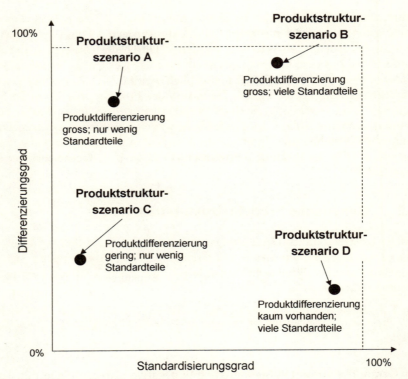

Abb. 4-3: Einfluss der Unternehmensstrategie auf die Wahl der Produktstruktur (in Anlehnung an Robertson/Ulrich [1998] S. 22)

Der Entscheid, mit welcher *Technologie* ein Produkt realisiert werden soll, hat einen bedeutenden Einfluss auf die Produktstruktur. Einerseits kann die Produktstruktur erst nach dem Bekanntsein der Technologie festgelegt werden, andererseits müssen je nach vorgegebener Produktstruktur gewisse Technologien ausgeschlossen werden. Die Wahl der Technologie hat natürlich auch direkte Auswirkungen auf den Lebenszyklus einer Komponente oder das Gesamtprodukt. Dies ist insbesondere dann zu beachten, wenn mehrere Technologien in einem Produkt verwendet werden.[15]

Die *Kostenstruktur* im Unternehmen zur Herstellung der Produkte setzt eine sorgfältige Abstimmung der Produktstruktur auf die Rahmenbedingungen ab. Eine schlecht angepasste Produktstruktur kann leicht zu einer inakzeptablen Kostenposition und zum Verlust einer eventuell angestrebten Kosten-

---

[15] vgl. Rapp (1999) S. 102f.: Ein Computerbildschirm kann mittels Bildröhren- oder Flüssigkristalltechnologie hergestellt werden. Obwohl er die gleiche Grundfunktion erfüllt, besteht er aus anderen Komponenten.

führerschaft führen.[16] Dabei ist jedoch immer im Auge zu halten, dass die wichtigsten kostenbestimmenden Entscheidungen in der Phase der Entwicklung und Konstruktion getroffen werden.[17] Durch die Umsetzung der Anforderungen aus dem Pflichtenheft in ein Produkt werden die *Produkteigenschaften bzw. -Funktionalitäten* maßgeblich geprägt.[18] Darunter fallen auch Modeerscheinungen, die bei der Definition der Produktstruktur zu berücksichtigen sind, sodass wechselnde Kundenbedürfnisse (z. B. Farbe beim Handy) auch vor Ablauf des Produktlebenszyklus einfließen können. Dazu kommt ein zunehmendes Interesse der Kunden an den Lebenszykluskosten, die sich z. B. in der Produkt-Wartbarkeit[19], -Verfügbarkeit und -Entsorgung manifestieren.

4.2 Generische Produktstrukturstrategien

Unter Kosten-/Nutzenoptimierungsansätzen ist die Produktstruktur ein komplexes Gebilde. Vor diesem Hintergrund stellt sich die Frage, ob sich geeignete Produktstrukturtypen finden lassen, die einen positiven Beitrag zur Komplexitätsbewältigung leisten.

Im Folgenden werden die gängigsten Strukturtypen vorgestellt, untereinander verglichen und auf ihre Tauglichkeit gemäß den in Kap. 1.1 erwähnten Anforderungen untersucht.

4.2.1 Differenzial- versus Integralbauweise

Die *Differenzialbauweise* von Teilen basiert auf der Zerlegung von Funktionsträgern in mehrere Anbauteile (Abb. 4-4). Mit dieser Maßnahme können verschiedene Ziele verfolgt werden. Prinzipiell wird versucht, innerhalb der Variante eines Funktionsträgers einen Gleichteileumfang zu schaffen.

Dadurch wird einerseits die Entstehung der Varianz in die Montage verlegt, andererseits kann für den Gleichteileumfang eine größere Wiederholhäufigkeit erzeugt werden, was die Kostenposition[20] günstig beeinflusst. Ein weite-

---

[16] vgl. Rapp (1999) S. 94ff.
[17] Die Konstruktion setzt die zur Erfüllung der Kundenwünsche notwendigen Funktionen in Baugruppen und Einzelteile um und legt damit den Aufbau des Produktes (Produktstruktur) fest. Dies geschieht meist in Form von Zeichnungs- und Stücklisten.
[18] vgl. Dilling (1978) S. 102ff.
[19] vgl. Ulrich (1995) S. 437 u. Ulrich/Eppinger (1995) S. 134: Gestaltung von einfach auflösbaren Schnittstellen zwischen den Baugruppen bewirkt kürzere Stillstandszeiten und Reparaturzeiten (einfachere Fehlersuche). Gute Zugänglichkeiten und einfache Demontierbarkeit sind hier besonders wichtig.
[20] vgl. Rapp (1999) S. 63: Differenzial- und Integralbauweise bilden konstruktive Maßnahmen, um durch einen optimalen Integrationsgrad die Kostenposition zu verbessern.

rer Grund für den Einsatz der Differenzialbauweise kann die leichtere Handhabung der Teile sein, wenn deren Abmessungen oder Masse bei Integralbauweise behindernd wirken.[21]

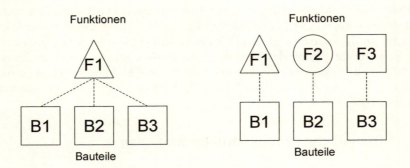

1. Differentialbauweise mit einer und mehreren Funktionen

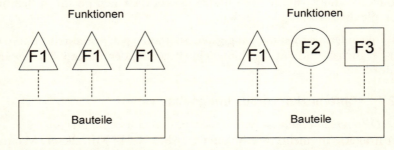

2. Integralbauweise mit gleichen und verschiedenen Funktionen

Abb. 4-4: Differenzial versus Integralbauweise (Quelle: Rapp [1999] S. 63)

Die *Integralbauweise* entspricht dem Gegenteil der Differenzialbauweise. Die Teilevielfalt wird reduziert, indem mehrere Funktionen in einem Bauteil zusammengefasst werden. Auch hier wird versucht, die Wiederholhäufigkeit zu erhöhen. Zudem lassen sich durch die Integralbauweise Fertigungsschritte einsparen, indem z. B. mehrere Einzelteile mit zugehöriger Montage durch einen einzigen Spritzgussteil aus Kunststoff ersetzt werden. Der Einsatz von Differenzial- und Integralbauweise muss jedoch fallweise geprüft werden, da ein Anwendungsrezept fehlt.

---

[21] vgl. Schuh (1989) S. 60, Andreasen/Kähler/Lund (1985) S. 105f. u. Koller (1985) S. 100ff.

4.2.2 Baureihen, Module, Baukasten und Pakete

Die Produktstrukturtypen von *Schuh*[22] stellen die am weitesten verbreitete Kategorisierung von Produktstrukturen dar (Abb. 4-5).

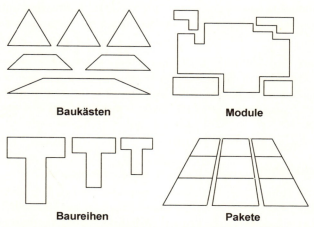

Abb. 4-5: Produktstrukturierungsprinzipien (Quelle: Schuh [1989] S. 58)

Die unterschiedliche Herkunft und die Entstehungsgeschichte der einzelnen Produktstrukturtypen führt jedoch dazu, dass eine Zuordnung eines Produktes zu einem der Strukturtypen oft nicht eindeutig möglich ist.[23]

4.2.2.1 Baureihen

Baureihen zeichnen sich durch gleiche Baumuster von Anbauteilen unterschiedlicher Größen aus. Baureihen werden besonders bei konstruktiv und planerisch aufwendigen Produkten, wie z. B. Motoren, Turbinen und Aggregaten eingesetzt.[24]

Da sich das Baureihenkonzept nur auf einen Teilaspekt der Produktstruktur bezieht, ist es als Produktstrukturtyp nicht geeignet. So wird zwar eine Aussage gemacht, welche Eigenschaften das Produkt haben soll, aber nicht, aus welchen Elementen es besteht bzw. wie deren Zuordnung untereinander ist.[25]

---

[22] vgl. Schuh (1989) S. 58ff.
[23] vgl. Rapp (1999) S. 53
[24] vgl. Schuh (1989) S. 59
[25] Die Definition lässt zu, dass die Produkte innerhalb einer Baureihe keinerlei konstruktive Gemeinsamkeiten aufweisen müssen und nur über gemeinsame Eigenschaften, bspw. die Leistung, verfügen.

4.2.2.2 Module

Module sind Anbauteile, die mit unterschiedlichen Funktionen, aber einheitlichen Schnittstellen eine vielfältige Kombinierbarkeit der Komponenten und effiziente Vielfaltserzeugung ermöglichen.[26] Das Modularprinzip ist in besonderem Maße geeignet, durch Nutzung des Kombinatorik-Effekts eine außerordentliche Vielfalt bei nur begrenzten Innenwirkungen darzustellen.[27]

Im Gegensatz dazu definiert *Koller* die Modular-Bauweise als eine Bauart, bei der die Produkte in Bausteine mit bestimmten Funktionen und Schnittstellen gegliedert werden, und somit von einer begrenzten Kombinierbarkeit ausgeht. Den Nutzen einer solchen Struktur sieht *Koller* insbesondere in der Wartbarkeit. Negativ wirken sich die höheren Materialeinzelkosten aufgrund zusätzlicher Schnittstellen aus.[28]

4.2.2.3 Baukasten

Baukasten sind charakterisiert durch einen oder wenige Grundkörper in die über verschiedene Montagestufen unterschiedlich variantenreiche Anbauteile montiert werden. Dieses Prinzip ist häufig Grundlage von Stücklistenstrukturen im Anlagenbau. Der Unterschied zur Modulbauweise besteht darin, dass die Schnittstelle vor allem zwischen den Anbauteilen und dem Grundelement, nicht aber zwischen den verschiedenen Anbauelementen liegen.[29]

Es sind aber auch gegenteilige Meinungen vorhanden, die im Baukastensystem eine Erweiterung des Modul-Prinzips hin zu einer höheren Kombinierbarkeit sehen.[30]

Dementsprechend kommt *Wüpping* zum Schluss, dass sich das Strukturkonzept des Baukastens sich nicht sauber vom Modulprinzip trennen lässt und somit ungeeignet zur eindeutigen Strukturfestlegung ist.[31]

4.2.2.4 Pakete

Pakete setzen sich aus Anbauteilen für verschiedene Ausstattungen und Funktionen zusammen, die jeweils nur gemeinsam, nicht aber in einem anderen Paket auftreten. Pakete werden u. a. in der Automobilindustrie ge-

---

[26] vgl. Schuh (1989) S. 59 u. Rathnow (1993) S. 109
[27] vgl. Rathnow (1993) S. 109
[28] vgl. Koller (1985) S. 111f.
[29] vgl. Rapp (1999) S. 52
[30] vgl. Koller (1985) S. 112ff. u. Kühborth (1986) S. 16
[31] vgl. Wüpping (1993) S. 13

schaffen, um die Kombinationsmöglichkeiten von Ausstattungen und Anbauteilen einzuschränken. Der Aufwand in Entwicklung und Disposition soll dadurch reduziert werden.[32]

Die Paketbildung entspricht einer bewussten Einschränkung der vom Produkt gebotenen Konfigurationsmöglichkeiten.

Die Paketbildung ist bei jedem der drei zuvor genannten Produktstrukturtypen möglich und stellt mehr einen Ansatz zur Produktstrukturierung als eine Produktstruktur dar.[33]

Rapp vertritt den Standpunkt, dass von den aufgeführten traditionellen Produktstrukturtypen nur Baukästen und Module alle Charakteristika einer Produktstruktur beschreiben. Wie gezeigt wurde, sind diese beiden Typen jedoch relativ eng verwandt. Es ist daher nicht erstaunlich, dass andere Autoren den Produktstrukturbegriff mit *Modularität* gleichsetzen und darauf aufbauend Modularitätstypen beschreiben.[34]

4.2.3 Modularisierung

Die beste Methode, die Kosten in der Produktherstellung zu minimieren und gleichzeitig die Maximierung der individuellen Kundenbedürfnisse zu erreichen, ist die Schaffung von modularen Produkten. Der Grund liegt darin, dass Economies of scale eher aus den Bestandteilen von Produkten als aus den Produkten selbst zu generieren sind und die Kundennähe durch die Vielzahl von konfigurierbaren Produkten erzielt wird.[35]

„Anpassung an Kundenbedürfnisse mit Hilfe von Standardisierung der Bestandteile steigert nicht nur die Vielfalt bei gleichzeitiger Senkung der Kosten in der Herstellung, sondern ermöglicht auch der Produktentwicklung, neue Designs hervorzubringen und viel rascher noch größere Vielfalt zu verbreiten."[36]

Die Gefahr besteht allerdings darin, die Modularisierung als Wunderwaffe zu verstehen, die alle Vielfaltsprobleme lösen kann. „Dem Nutzen der größeren Modularität stehen erhöhte Kosten in der Produktentwicklung und höhere Einzelkosten durch Überdimensionierungen gegenüber."[37]

---

[32] vgl. Schuh (1989) S. 59
[33] vgl. Rapp (1999) S. 53
[34] vgl. Rapp (1999) S. 54
[35] vgl. Pine II. (1994) S. 267
[36] vgl. Pine II. (1994) S. 270
[37] vgl. Rapp (1999) S. 60

Definition:

> Unter *Modularisierung* versteht man die geeignete Gliederung eines Produktes, indem die Abhängigkeiten zwischen den Elementen (Modulen) verringert bzw. die Schnittstellenvarianten reduziert werden.

Mit der Modularisierung werden folgende Ziele verfolgt:[38]

- hohe Endproduktevielfalt mit begrenzten Störungen im Fertigungsprozess,
- Trennung von kundenspezifischen Teilen (Modulen) und Standard-Modulen,
- aus einer gegebenen Anzahl Elementvarianten nach der Modularisierung eine größere Anzahl von Produktvarianten zu erzeugen und
- Realisierung variantengerechter Produktstrukturen (geringe Anzahl von Teilen und Baugruppen und hohe Variantenschöpfung).

Ein Vorteil in der Modularisierung liegt darin, dass eine *hohe Endproduktvielfalt* mit begrenzter Innenwirkung realisiert werden kann. Dies bedeutet, dass eine Vielzahl von Varianten desselben Moduls mit derselben Prozessvariante in der Herstellung abgefahren und somit die Anzahl der Störungen im Fertigungsprozess (z. B. Umrüstungen) tief gehalten werden kann.[39]

Es ist jedoch gerade die *Standardisierung von Schnittstellen*, die zu einer hohen Kombinierbarkeit von Modulvarianten führt und damit zu einer relativ großen Produktvielfalt bei beschränkter Anzahl von Modulvarianten.[40] Die Kosten können dadurch reduziert werden, da Moduländerungen keine Auswirkungen auf andere Module haben. Dieser Grundsatz kann auch zur Entkopplung der Lebenszyklen von verschiedenen Modulen verwendet werden.

Unter der Perspektive der kundenindividuellen Massenfertigung sind verschiedene Arten der Modularität zu unterscheiden (Abb. 4-6). Die Typologisierung fängt bei der einfachsten Form der Modularität („Modularität durch Gemeinsamkeit von Bestandteilen"), die große Vielfalt ohne wesentliche Veränderungen erlaubt, an und führt bis zu absolut kundenindividuellen Produkten („Teil-Modularität"), bei denen die Struktur grundlegend geändert wird.[41]

Die *Modularität durch Gemeinsamkeit von Bauteilen* wird erreicht, indem derselbe Bestandteil in vielen Produkten eingesetzt wird. Durch den Einsatz

---
[38] vgl. Rapp (1999) S. 59
[39] vgl. Rathnow (1993) S. 109f.
[40] vgl. Sanchez (1996) S. 125ff.
[41] vgl. Pine II. (1994) S. 272ff.

4 Produktstrukturierung   85

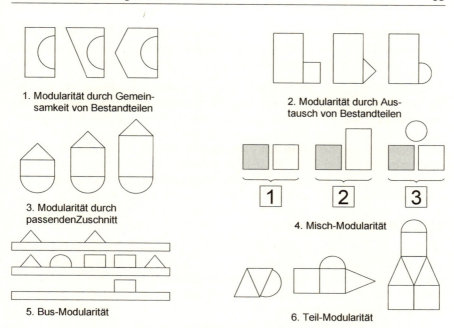

Abb. 4-6:   Sechs Arten der Modularität (Quelle: Pine II. [1994] S. 273)

von Gleichteilen werden Skaleneffekte erschlossen und somit Kosten gesenkt.

Im Falle der *Modularität durch Austausch von Bestandteilen* liegt der Unterschied zum vorhergehenden Typ im Umfang des Gleichteils. Je nach Betrachtung wird das Gleichteil zum Anbauteil bzw. zum Grundprodukt, sodass die Trennlinie zwischen diesen beiden Typen verschwindet.

Modularität durch Zuschnitt bedeutet, dass die Struktur sowie die Anzahl der Komponenten wie auch die Schnittstellen unabhängig von der gewählten Variante sind. Die einzige Änderung passiert in der Dimensionierung der Bestandteile.

Misch-Modularität ist eine Form, die nur auf Produkte anwendbar ist, die aus einem Gemenge von verschiedenen Komponenten bestehen, die unabhängig von Schnittstellen (sofern überhaupt vorhanden) zusammengeführt werden können (z. B. chemische Substanzen, Flüssigkeiten).

Die *Bus-Modularität* nutzt eine Grundstruktur (Bus), an die über eine standardisierte Schnittstelle eine Anzahl Bestandteile angebaut werden können. Sie ist i.e.S. eine Erweiterung der Modularität durch Austausch von Bestandteilen.

Die *Teil-Modularität* ermöglicht die Kombination von Komponenten standardisierter Schnittstellen zu einem von vornherein bzgl. Umfang nicht definierten Produkt (z. B. Legosteine).

Wie dargestellt, zielt die Modularisierung hauptsächlich darauf ab, die Vielfalt durch Standardisierung von Komponenten und Schnittstellen zu maximieren. Dadurch sollen einerseits durch einen erhöhten Wiederverwendungsgrad Mengeneffekte erschlossen, und andererseits eine hohe Austauschbarkeit von Bestandteilen erreicht werden. Diese Art der Standardisierungsbestrebungen bezieht sich hauptsächlich auf einzelne Produkte innerhalb einer Produktfamilie. Erfolgt hingegen die Standardisierung produktfamilienübergreifend, ist vom *Plattformkonzept* die Rede.[42]

4.2.3.1 Plattformkonzept

Die Beständigkeit einer Produktstruktur wird maßgeblich durch den Lebenszyklus des Produktes beeinflusst. Unter dem herrschenden Kostendruck wird jedoch vermehrt versucht, den Produktstrukturlebenszyklus vom Produktlebenszyklus zu entkoppeln. Dazu wird auf das im Folgenden erläuterte Plattformkonzept[43] zurückgegriffen.

Das Plattformkonzept kann als ein Spezialfall der Modularisierung aufgefasst werden. Vorraussetzung zur Einführung von Produktplattformen bilden dabei modular aufgebaute Produkte innerhalb einer Produktfamilie.[44]

Die Idee besteht darin, das Gleichteilekonzept über mehrere Produktlebenszyklen, Produktreihen und Firmengrenzen hinweg einzusetzen.[45] Dies bedingt, dass nicht erst bei einer Neuentwicklung Gleichteile gesucht werden, sondern bereits über größere Zeithorizonte vorgeplant werden.[46]

Robertson/Ulrich definieren eine Plattform als eine Ansammlung von Werten, die durch einen Satz von Produkten gemeinsam genutzt werden. Diese Werte werden in die Kategorien *Komponenten, Prozesse, Wissen*, sowie *Menschen und Beziehungen* eingeteilt.[47]

---

[42] vgl. Rapp (1999) S. 73
[43] vgl. Robertson/Ulrich (1998), Meyer/Lehnerd (1997), McGrath (1995) u. Weelright/Clark (1994)
[44] vgl. Ley/Hofer (1999) S. 57
[45] vgl. Mayer (1993) S. 152 u. Beck (1998) S. 7: So setzen Automobilhersteller seit längerem auf Plattformkonzepte, um Wiederholeffekte einerseits durch Einsatz von Gleichteilen in den verschiedenen Marken und Modellen, andererseits durch Entkopplung der Lebenszyklen verschiedener Baugruppen zu erreichen.
[46] vgl. Rapp (1999) S. 101f.
[47] vgl. Robertson/Ulrich (1998) S. 20

4 Produktstrukturierung

Etwas enger definieren *Meyer/Lehnerd* die Plattform als einen Satz von Subsystemen und Schnittstellen, die eine gemeinsame Struktur bilden, von der ausgehend Produkte abgeleitet werden.[48]

Boutellier/Dinger/Lee lösen sich bei der Definition von Plattformen vom Gedanken, dass es sich um ein Grundgerüst handeln muss. Eine Plattform kann dementsprechend nur aus einem oder mehreren Modulen bestehen (Abb. 4-7). Zudem existieren auch auf der Ebene Prozesse, Methoden oder Fertigungstechnologien Plattformen.[49]

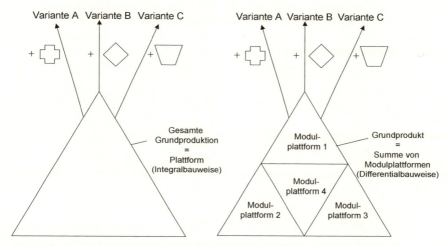

Abb. 4-7: Plattformen als Grundprodukt oder Modul (Quelle: Boutellier/Dinger/Lee [1997] S. 59)

Definition:[50]

> Eine Produktplattform besteht aus der Zusammenfassung derjenigen Komponenten, Schnittstellen und Funktionen, die über eine ganze Produktfamilie vereinheitlichbar, d. h. zeitlich stabil sind.

Die Nutzung von Plattformen ermöglicht das Angebot einer hohen Produktvarianz auf der Marktseite unter optimaler Nutzung von Skaleneffekten über die gesamte Wertschöpfungskette. „Darüber hinaus lassen sich auf der

---

[48] vgl. Meyer/Lehnerd (1997) S. 7 und 39
[49] vgl. Boutellier/Dinger/Lee (1997) S. 61
[50] vgl. Ley/Hofer (1999) S. 57: Die Plattform bildet den gemeinsamen Nenner einer Produktfamilie und dient als Basis für die Differenzierung der daraus aufgebauten Produkte aus einer Palette von Funktions- und Komponentenvarianten.

Basis von Plattformen schneller neue Produkte realisieren und damit Wettbewerbsvorteile erzielen."[51]

Ziel aller Bemühungen muss die technische Beherrschung der Plattform sein, damit schnell und marktgerecht Variantenentwicklungen ablaufen können. Unklare Marktkenntnisse über massive Änderungen bei Standards oder Normen können bei Plattformentwicklungen böse Überraschungen bereiten.[52]

Boutellier/Dinger/Lee nennen vier *Erfolgsfaktoren*, die bei der Realisierung von Plattformen entscheidend sind:[53]

- Marktorientierung; Kenntnisse des Marktes, der Kundenbedürfnisse und der Konkurrenz und Wettbewerbsfähigkeit;
- Identifikation und Nutzung von unternehmensinternen Kompetenzen;
- strategischer Entscheid; Plattformen sind klare, bewusste Managemententscheide, welche die strategische Absicht des Topmanagements widerspiegeln.
- Entwicklung von Plattformen muss organisatorisch getrennt vom Tagesgeschäft verlaufen.

Neben den eigentlichen Vorteilen, die Plattformentwicklungen zu bieten haben, sind auch folgende Problembereiche/Nachteile zu nennen:[54]

- Festlegung der Anzahl von Plattformen und der darauf basierenden Varianten;
- erhöhtes Marktrisiko durch lange Entwicklungszeiten bei Plattformen;
- Plattformprojekte binden hohe Ressourcen.

Diese Nachteile werden jedoch durch die Kostendegression bei den Komponenten sowie die deutlich kürzeren Entwicklungszeiten bei den Produkten wettgemacht.[55]

Nach *Mayer* stellt das Prinzip der Modularisierung die Mischform zwischen Individualisierung und Standardisierung dar.[56] Eine optimal durchgeführte Modularisierung des Leistungsangebots sollte daher dem Unternehmen die Chance geben, die Nutzen der Individualisierungsstrategie, die in erster Linie in der starken Kundenbindung und Schaffung hoher Markteintritts-

---

[51] vgl. Meyer/Lehnerd (1997), Boutellier/Dinger/Lee (1997) S. 58 u. Ley/Hofer (1999) S. 56ff.: Einen entscheidenden Beitrag dazu leistet die bei der Modularisierung angesprochene Entkopplung von Produkt- und Modullebenszyklus.
[52] vgl. Boutellier/Dinger/Lee (1997) S. 58
[53] vgl. Boutellier/Dinger/Lee (1997) S. 58f.: Die Resultate stammen aus einer Arbeitskreisstudie mit acht Unternehmen des Maschinen- und Anlagenbaus. Daraus geht hervor, dass Plattformen besonders erfolgreich sind, wenn sie auf bestehenden Kernkompetenzen aufbauen.
[54] vgl. Boutellier/Dinger/Lee (1997) S. 60f. u. Ley/Hofer (1999) S. 59f.
[55] vgl. Ley/Hofer (1999) S. 57
[56] vgl. Mayer (1993) S. 152

barrieren liegen, mit denen der Standardisierungsstrategie, d. h. in erster Linie kostenreduzierenden Effekten, zu verbinden.

Unter diesem Aspekt wurden Formen der Modularisierung als Derivate von Individualisierung bzw. Standardisierung entwickelt. Das Spektrum der Modularisierung reicht von einer Plattformstrategie (ein Modul) mit wenig Varianten bis zur freien Konfiguration von Modulen (Abb. 4-8).

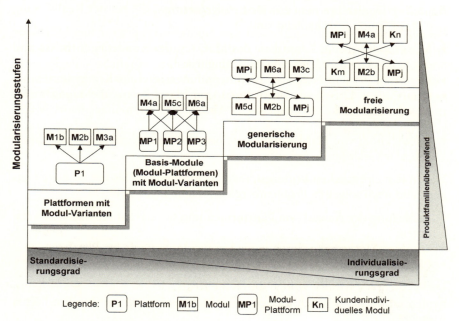

Abb. 4-8: Stufen der Modularisierung

Bei den *Plattformen mit Modul-Varianten* wird das Basisprodukt (Plattform) mit Modulen unterschiedlicher Leistungsmerkmale bestückt. Der Kunde hat innerhalb der vorgegebenen Konfiguration die Auswahl unter wenigen Varianten.

Im Unterschied dazu besteht bei den *Basis-Modulen mit Modul-Varianten* das Basisprodukt aus Modulen, die ihrerseits unterschiedliche Leistungsmerkmale beinhalten. Durch die standardisierten Schnittstellen ist somit eine Konfiguration auf der Ebene Plattform möglich.

Bei der *generischen Modularisierung* wird die Notwendigkeit eines Basisproduktes weggelassen. Der Kunde hat die Möglichkeit, innerhalb einer Auswahl von Modulen „sein Produkt" zu konfigurieren. Dieses Konzept baut auf der Standardisierung der Schnittstellen auf.

Beim vierten Typ, der *freien Modularisierung*, kommt die Möglichkeit hinzu, innerhalb eines Modul-Baukastens zusätzlich kundenindividuelle Module hinzuzunehmen. Dem Kunden wird so einerseits praktisch die volle Freiheit gewährt und andererseits eine Produktkonfiguration unter ökonomischen Gesichtspunkten mit maximaler Wiederverwendbarkeit von „Standardmodulen" zur Verfügung gestellt.

4.2.3.2 Vorgehensweise zur Modularisierung

Bei der Modularisierung geht es darum, ein neues Produkt in einer Struktur zu entwickeln, die dem idealen Zustand, Optimum zwischen maximaler Standardisierung und minimaler Individualisierung, möglichst nahe kommt. Dabei ist die Überführung der Markt- und Wettbewerbs-Kenntnisse in eine konkrete Produktstruktur mit nachhaltigem Markterfolg die zentrale Herausforderung.

Die schrittweise Erreichung dieses Idealzustandes wird nachfolgend im Detail erklärt (Abb. 4-9).

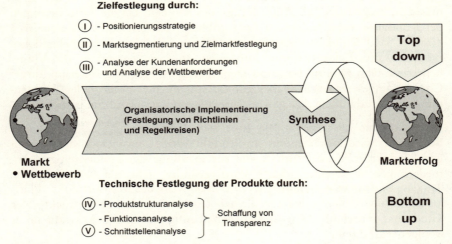

Abb. 4-9: Durchführung der Modularisierung

Zur Erreichung eines Wettbewerbsvorteils muss das Unternehmen eine *Positionierungsstrategie* entwickeln.[57] Im Vordergrund steht die Unterscheidung der Leistung von der Konkurrenz mittels Stiftung eines erkennbaren Zusatz-

---

[57] vgl. Meyer/Lehnerd (1998) S. 235ff. u. Mayer (1993) S. 39: Dabei ist die bei der Leistunggestaltung notwendige Festlegung auf eine der beiden Extrempositionen – Individualisierung oder Standardisierung – gemeint.

nutzens für den Kunden, der von den Wettbewerbern schwer nachzuahmen ist. Entscheidend werden zudem die eigenen Unternehmensfähigkeiten bzgl. Technologie-, Prozess- und Kundenkenntnissen sein.

Im *zweiten Schritt* werden innerhalb der *Marktsegmentierung* die Segmentierungskriterien festgelegt und für die Segmente Profile erstellt. Hierbei werden die Größe des Segments, die Einstellungen und Verhaltensweisen der entsprechenden Kunden ermittelt. Die Marktsegmente sollen messbar, für das Unternehmen erreichbar, voneinander trennbar und durch Methoden des Marketing ansprechbar sein sowie eine ausreichende Größe aufweisen.[58]

Anschließend werden in der *Zielmarktfestlegung* die Marktsegmente nach ihrer Attraktivität bewertet. Mögliche Kriterien hierfür sind die Größe und das Wachstum, Eintritts- und Austrittsbarrieren, Gefahren durch die fünf Wettbewerbskräfte[59] sowie die Zielsetzungen und Möglichkeiten des Unternehmens.[60] Ausgehend von der Bewertung werden die Zielsegmente ausgewertet.[61]

Ausgangspunkt für den *dritten Schritt* ist der Kundenwunsch in den Zielmärkten, ausgedrückt als Anforderung des Kunden. Da die Anforderungen der Kunden – insbesondere im Anlagenbau – teilweise stark differenzieren können, sind Kundensegmente zu definieren, die eine weitestgehend homogene Anforderungsstruktur aufweisen. Insofern entspricht die Vorgehensweise dem Quality Function Deployment (QFD), was auch im Target Costing eingesetzt wird. Dabei gilt es, sowohl den potenziellen Verwendungszweck als auch das gewünschte Eigenschaftsprofil zu berücksichtigen.[62]

Bottom up wird anschließend ein Produktkonzept entwickelt, das diejenigen Produktfunktionen enthält, die zur Erfüllung der kundenseitigen Anforderungen notwendig sind.[63] Vordergründig steht die Schaffung von Transparenz im Mittelpunkt.[64]

---

[58] vgl. Kotler/Biemel (1995) S. 422ff.
[59] vgl. Porter (1996) S. 22ff.
[60] vgl. Kotler/Bliemel (1995) S. 448ff.
[61] vgl. Kotler/Bliemel (1995) S. 487ff.
[62] vgl. Mayer (1993) S. 125 u. 159; bzgl. QFD und Target Costing vgl. Seidenschwarz (1993) u. Schuh/Gross/Hermann/Spreitzer (1995)
[63] vgl. Mayer (1993) S. 159f.
[64] vgl. Schuh/Jonas (1996): Zur Lösung wird die VMEA-Methodik (Variant Mode and Effects Analysis) sowie das IT-Tool (Informationstechnik) Complexity Manager, Modul V verwendet. Einerseits erlaubt diese Methodik den systematischen Aufbau sowie die Darstellung und Kommunikation der Produktstruktur, andererseits wird mittels Planspiel die Findung der optimalen Modulabgrenzung ermöglicht. vgl. Kap. 6.2.

Mittels *Produktstruktur- und Funktionsanalyse* werden im *vierten Schritt* die Komponenten (Module) festgelegt, die zur Funktionserfüllung benötigt werden. Als Module gelten hierbei nur solche Komponenten, die auftragsunabhängig eingesetzt werden können. Sie bedürfen also in der Regel keiner nachträglich kundenspezifischen Anpassungen.[65]

Dabei wird zwischen *Grund- oder Muss-Bausteinen* und *Kann-Bausteinen* unterschieden: Während Grund- und Muss-Bausteine Funktionen tragen, die in jedem Produkt vorhanden sein müssen, werden Kann-Bausteine nur bei Bedarf verbaut. Die Abhängigkeit zwischen den Elementen ist dabei zu verringern. Dies wird entweder durch geeignete Gliederung des Produktes oder die Reduktion der Anzahl bzw. Standardisierung der Schnittstellen ermöglicht.[66]

Im nachfolgenden *fünften Schritt* ist mittels einer *Schnittstellenanalyse* dafür zu sorgen, dass die angestrebte Modulierungsstufe technisch wie auch organisatorisch realisierbar ist. Wie oben erwähnt, ist bei der Festlegung der Anzahl und Standardisierung der Schnittstellen zu beachten, dass dem Nutzen von standardisierten Schnittstellen erhöhte Materialeinzelkosten durch tendenziell überdimensionierte Schnittstellen gegenüberstehen.

Einerseits sind die vorgedachten, zur Erfüllung der Kundenbedürfnisse notwendigen Konfigurationen schnittstellentechnisch zu prüfen. Andererseits erlauben nur sauber abgegrenzte Module parallele Entwicklungen von Modulen (Simultaneous Engineering) mit minimalem Absprachebedarf nach dem Einfrieren des Produktdesign. Dasselbe gilt natürlich auch unter Einbeziehung von Zulieferern.

Robertson/Ulrich haben für den speziellen Fall der Plattformstrategie diese Vorgehensweise um die Instrumente *Produkt-, Differenzierungs-* und *Gemeinsamkeitsplan* erweitert. Der Produktplan gibt Aufschluss darüber, welche Modellkonzepte und Varianten zu welcher Zeit am Markt angeboten werden sollen. Der Differenzierungsplan enthält im Gegensatz zum Gemeinsamkeitsplan die hauptsächlichen Unterscheidungsmerkmale zwischen den Varianten. Dabei wird besonderes Augenmerk darauf gelegt, wie die ausgewählten Kundengruppen angesprochen werden sollen.[67]

---

[65] vgl. Pine II. (1994) S. 275f.: Es ist darauf zu achten, dass die Produktbestandteile ausfindig gemacht werden, die sich am ehesten auf den Kundenbedarf zuschneiden lassen und diese dann so verändert, dass man sie leicht an die übrigen Produktkomponenten anbauen kann. Diese separierten Bestandteile sollten zwecks grösstmöglicher Wirkung drei Merkmale aufweisen: Hoher Kundennutzen, einfacher Ein- und Ausbau sowie hohe Vielfalt um die Kundenbedürfnisse zu befriedigen.
[66] vgl. Wüpping (1998b) S. 78
[67] vgl. Robertson/Ulrich (1998) S. 23

4 Produktstrukturierung

Die Definition der Modulstruktur nach den geforderten Kriterien verlangt eine enge Koordination und Konsensfindung zwischen Marketing, Entwicklung und Produktion um die bereichsübergreifenden Trade-Off-Entscheidungen bezüglich Vereinheitlichungspotenzialen zu meistern (organisatorische Implementierung).[68]

Im Anschluss an die Vorgehensweise sind die fünf zentralen Elemente zur Einführung eines erfolgreichen Modulkonzeptes zusammengefasst dargestellt (Abb. 4-10).

Abb. 4-10: Wesentliche Elemente des Modulkonzeptes (Quelle: VDI Seminar [1997])

Die beschriebene Vorgehensweise zur Modularisierung, wie auch die einmal festgelegte Produktstruktur, verlangt nach Hilfsmitteln zur strukturierten Darstellung der geforderten Kombinations- und Wahlmöglichkeiten. Einerseits sind die Zusammenhänge zwischen den Baugruppen und -teilen darzustellen, andererseits sind die vorhandenen Optimierungspotenziale und Auswirkungen von Umstrukturierungen sichtbar zu machen.

---
[68] vgl. Rapp (1999) S. 78 u. Ley/Hofer (1999) S. 60: Der Einfluss der Organisationsstruktur bei der Produktstrukturierung ist nicht zu unterschätzen, da die Strukturierung des Produktes vielfach die bestehende Struktur der Wertschöpfungskette reflektiert.

4.3 Hilfsmittel zur Strukturierung

In den meisten Unternehmen findet sich die Produktstruktur in Form unterschiedlich strukturierter Stücklisten wieder. Die Anforderungen an die Produktstruktur sind bereichs- wie auch unternehmensspezifisch. Verlangt die Konstruktion Hilfsmittel zur Herstellung der systematisch-funktionalen Strukturbeziehungen, konzentriert sich die Montage auf eine Darstellung von vormontierbaren und vorprüfbaren Baugruppen und der Vertrieb auf die Ansicht verkaufsrelevanter Produktfunktionen. Da sich die Forderungen an die Produktstruktur teilweise widersprechen, ist unternehmensspezifisch jeweils zu entscheiden, welche „Sichtweise" nun erforderlich bzw. ob ein Kompromiss zwischen den verschiedenen Forderungen möglich ist.[69]

Die *Produktstruktur* wird häufig als Stammbaum dargestellt (Abb. 4-11). Die oberste Ebene repräsentiert das Produkt.[70] In einer Produktstruktur wird jedem Artikel ein Strukturstufencode zugeordnet, der sich umgekehrt zur relativen Tiefe der Komponente in der Produktstruktur verhält. Ein Endprodukt hat so im Allgemeinen den Strukturstufencode 0. Die direkten Komponenten eines Endprodukts haben den Strukturstufencode 1. Eine Komponente einer Baugruppe oder eines Einzelteils hat einen um 1 höheren Strukturstufencode als die Baugruppe oder als ein Einzelteil.[71]

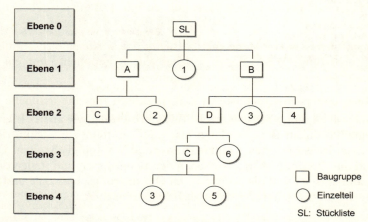

Abb. 4-11: Mehrstufige Produktstruktur (Quelle: Eversheim [1996] S. 7-47)

---

[69] vgl. Eversheim (1996) S. 7-46
[70] vgl. Eversheim (1996) S. 7-46
[71] vgl. Schönsleben (1998) S. 80

In Abhängigkeit der Produktkomplexität streut die Anzahl der Ebenen (Produktstrukturtiefe) sehr stark. Untersuchungen zeigen, dass etwa 7 Ebenen für komplexe Produkte (Werkzeugmaschinen, Textilmaschinen) das Optimum darstellen.[72]

Um die Produktstruktur in eine „maschinenlesbare Form" zu bringen, bedient man sich *Stücklisten* (Datenstruktur der Produkte).[73] Dies sind formalisierte Verzeichnisse der in einer Baugruppe bzw. in einem Erzeugnis enthaltenen Elemente und deren Mengen. Sie ermöglichen eine einfache Datenverarbeitung der Produktstrukturinformationen und kommen im Rahmen der Auftragsbearbeitung zur Anwendung.[74]

Eversheim unterscheidet drei verschiedene Stücklistenarten: Mengenstückliste, Strukturstückliste und Baukastenstückliste, die im Folgenden beschrieben werden.[75]

4.3.1 Einzelstücklisten (Mengen-, Struktur- und Baukastenstückliste)

In der *Mengenstückliste* (Abb. 4-12) sind für ein Erzeugnis alle Bauteile nur einmal mit der Angabe der erforderlichen Gesamtmenge enthalten. Es ist nicht dargestellt, wie viele Gliederungsebenen die Produktstruktur enthält und welchen Baugruppen die Elemente zugeordnet sind. Mengenstücklisten finden daher nur bei einfachen Erzeugnissen mit 1–2 Strukturebenen Anwendung.[76]

Nach *Schönsleben* ist die *Mengen-(Übersichts-)Stückliste* eine zusammengezogene, mehrstufige Stückliste, in welcher jede Komponente nur ein Mal vorkommt, doch mit der gesamten Einbaumenge.[77]

Eine Mengenübersichtsstückliste ist z. B. praktisch für eine manuelle Vorkalkulation oder zur schnellen Berechnung des Bedarfs an zuzukaufenden Komponenten.[78]

---

[72] vgl. Schönsleben (1998) S. 110: Die Tiefe der Produktstruktur ist vom Produkt abhängig. Eine tiefe Produktstruktur ist erfahrungsgemäs auch „breit": In jeder Strukturstufe gelangen viele Komponenten zum Einbau. Solche komplexen Produkte ziehen dabei im Allgemeinen auch ein großes Maß an Komplexität zur Planung&Steuerung nach sich. Die Tiefe der Produktstruktur ist damit ein Maß für die Komplexität der Planung&Steuerung innerhalb eines jeden am Logistiknetzwerk beteiligten Unternehmen.
[73] vgl. Herstatt (1996) S. 71
[74] vgl. Eversheim (1996) S. 7–47
[75] vgl. Eversheim (1996) S. 7–47
[76] vgl. Eversheim (1996) S. 7–47
[77] vgl. Schönsleben (1998) S. 664
[78] vgl. Schönsleben (1998) S. 665

Mengenstückliste				Strukturstückliste			
Erzeugnis Stückliste				**Erzeugnis Stückliste**			
Pos.	Ident-Nr.	Menge		Pos.	Ebene	Ident-Nr.	Menge
1	1	8		1	1	A	1
2	2	1		2	.2	C	2
3	3	11		3	..3	3	2
4	4	5		4	..3	5	1
5	5	3		5	.2	2	1
6	6	1		6	1	1	8
				7	1	B	
				8	.2		

Abb. 4-12: Mengen- und Strukturstückliste (Quelle: Eversheim [1996] S. 7-48)

Die *Strukturstückliste* zeigt die strukturierte Zusammensetzung eines Produktes über alle Strukturstufen.[79] Sie führt alle Baugruppen und Einzelteile des Erzeugnisses in strukturierter Form auf, wobei jede Baugruppe jeweils bis zur untersten Strukturebene aufgelöst ist. Zusätzlich zu den in der Mengenstückliste enthaltenen Angaben wird hier in einer besonderen Spalte die Ebenenzugehörigkeit jedes Elements dargestellt. Strukturstücklisten werden bei komplexeren Erzeugnissen verwendet. Ihr Nachteil liegt in der wiederholten Auflistung ganzer Baugruppen mit allen untergeordneten Elementen. Der Vorteil der erhöhten Übersichtlichkeit geht bei zunehmendem Umfang der Strukturstückliste rasch verloren.[80]

Dieser Nachteil wird bei der *Baukastenstückliste* (Abb. 4-13) vermieden. Diese enthält nur die Elemente einer Baugruppe, die sich in der nächsttieferen Strukturebene befinden. Die Mengenangaben beziehen sich jeweils auf die im Stücklistenkopf mit der Menge 1 angegebene Baugruppe bzw. das Erzeugnis. Wenn ein aufgelistetes Element eine Baugruppe darstellt, so wird dies durch einen Auflösungsverweis angezeigt. Bereits im einfachen oben dargestellten Beispiel entstehen viele einzelne Stücklisten. Allerdings werden wiederholt auftretende Baugruppen nur durch eine Stückliste dargestellt, auf die mehrfach verwiesen wird. Der Vorteil der Baukastenstückliste liegt darin, dass der Erstellungs-, Speicher- und auch Änderungsaufwand z. T. entfällt, da eine Änderung einer Baugruppe zur Änderung nur einer Stückliste führt. Daher hat sich die Baukastenstückliste für industrielle Erzeugnisse weitgehend durchgesetzt. Die Möglichkeit, Mengen- und Strukturstücklisten aus der Baukastenstückliste abzuleiten, begründet deren weite Verbreitung.[81]

---

[79] vgl. Schönsleben (1998) S. 663
[80] vgl. Eversheim (1996) S. 7–47
[81] vgl. Eversheim (1996) S. 7–47f.

4 Produktstrukturierung

Erzeugnis Stückliste			
Pos.	Ident-Nr.	Menge	AV
1	A	1	*
2	1	8	
3	B	1	*

Baugruppe A			
Pos.	Ident-Nr.	Menge	AV
1	C	2	*
2	2	1	

Baugruppe B			
Pos.	Ident-Nr.	Menge	AV
1	D	1	*
2	3	5	
3	4	5	

Baugruppe C			
Pos.	Ident-Nr.	Menge	AV
1	3	2	
2	5	1	

Baugruppe D			
Pos.	Ident-Nr.	Menge	AV
1	C	1	*
2	6	1	

Pos.: Position
Ident-Nr.: Ident-Nummer
AV: Auflösungsverweis

Abb. 4-13: Baukastenstückliste (Quelle: Eversheim [1996] S. 7-48)

4.3.2 Variantenstücklisten (Gleichteile- und Plus/Minus-Stückliste)

Die in allen Branchen zunehmende Produktvielfalt hat auch vor der Stücklistenthematik nicht Halt gemacht. Die lange Zeit auf nur wenige Produkttypen ausgelegten Stücklisten sind aufgrund der zunehmenden Tendenz der Kundenorientierung und maßgeschneiderten Lösungen dementsprechend umzugestalten.[82] Variantenerzeugnisse zeichnen sich insbesondere dadurch aus, dass sie einerseits unterschiedliche Ausführungsmöglichkeiten von Teilbereichen beinhalten und andererseits ein erheblicher Erzeugnisanteil identisch ist.[83] Da es nicht sinnvoll wäre, für jede Variante eine eigene Stückliste zu erstellen, sind spezielle *Variantenstücklisten* entwickelt worden.[84]

Um die Datenredundanz zu verringern, wird die *Gleichteilestückliste* eingeführt. In der Gleichteilestückliste wird das Produkt in eine kundenanonyme Gleichteilegruppe und in varianten-(kunden-)spezifische Variantengruppen unterteilt. Die Gleichteilegruppe beinhaltet den höchstmöglichen Komplet-

---
[82] vgl. Eversheim (1996) S. 7–48 u. Herstatt (1996) S. 71
[83] vgl. Herstatt (1996) S. 71 u. Schönsleben (1998) S. 257: Eine Variantenstückliste ist die Stückliste einer Produktfamilie mit den notwendigen Spezifikationen, wie aus ihr die Stückliste einer Variante der Produktfamilie hergeleitet wird.
[84] vgl. Eversheim (1996) 7–48f.

tierungsgrad, der ohne die genauen Kenntnisse der Kundenvarianten möglich ist. Die Gleichteilestückliste ist besonders dann sinnvoll, wenn die Gleichteile über eine längere Zeit konstant bleiben, da bei ihrer Änderung alle Stücklisten betroffen sind. Gemäß *Herstatt* ist für einen effizienten Einsatz die Voraussetzung, dass der Anteil und die Wertschöpfung der Gleichteilegruppe am Produkt möglichst hoch sind.[85]

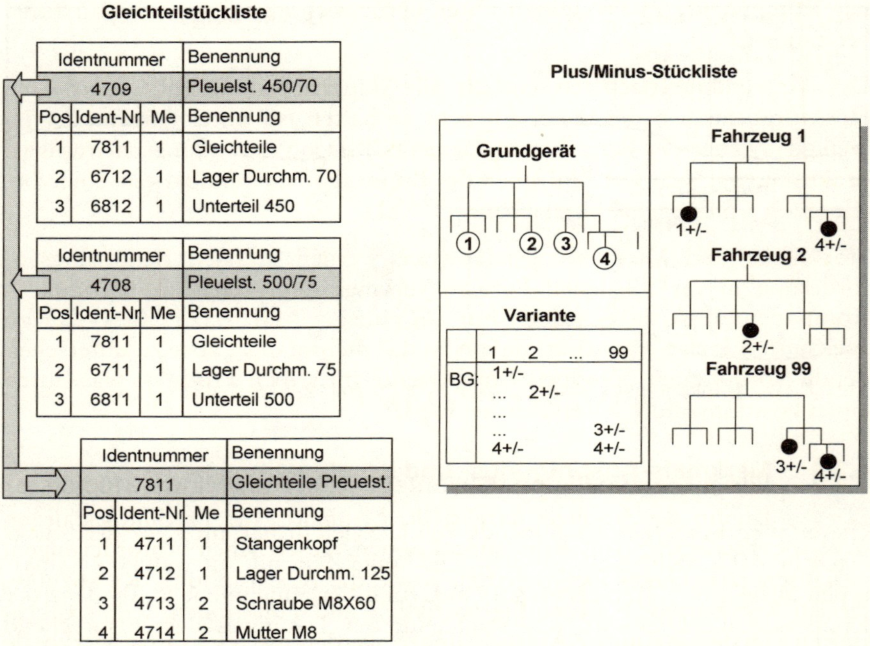

Abb. 4-14: Gleichteilestückliste (Quelle: Warnecke [1984] S. 231) und Plus/Minus-Stückliste (Herstatt [1996] S. 73)

Variabler dagegen sind *Plus/Minus-Stücklisten*. Sie sind von allen Systemen die flexibelste Methodik, aber auch die kostenintensivste. Eine „Variante" wird als Grunderzeugnis definiert. Die Unterschiede zu den anderen Varianten werden durch Plus- bzw. Minusteile ausgedrückt.[86] In den Strukturansätzen gibt jeweils das Vorzeichen an, ob das Teil zum Grunderzeugnis hinzukommt (+) oder abgezogen (−) werden muss. Die Plus/Minus-Methodik eignet sich für Produkte mit hochkomplexen Variantenstrukturen. Je mehr

---

[85] vgl. Herstatt (1996) S. 72
[86] vgl. Schönsleben (1998) S. 259: Eine Plus/Minus-Stückliste ist eine Variantenstückliste mit hinzuzufügenden und wegzulassenden Positionen.

Baugruppen durch Kundenvarianten geändert werden müssen, desto eher bietet sie sich an. In diesen Fällen wäre der Verwaltungsaufwand für eine Gleichteilestückliste infolge reduziertem Gleichteileumfang ungemein höher.[87]

4.3.3 Verwendungsnachweis

Unter einem *Verwendungsnachweis* wird das Aufzeigen der Verwendung einer Komponente in Produkten unter Berücksichtigung der Strukturstufen verstanden.[88]

Der Verwendungsnachweis enthält alle Baugruppen der übergeordneten Strukturebenen, in denen ein Element enthalten ist, unter Angabe der jeweiligen Menge des betrachteten Elements.[89] Der Verwendungsnachweis ist praktisch, um sich ein Bild über die Breite der Verwendbarkeit einer bestimmten Komponente zu machen.

Stücklisten und Verwendungsnachweise werden je nach Benützungsanforderung in verschiedenen Formen verlangt. Jede Relation „Produkt – Komponente" ist dabei jedoch nur ein einziges Mal festzuhalten oder zu speichern. Einzige Ausnahme davon ist das mehrmalige, aber zu unterscheidende Vorkommen derselben Komponente im selben Produkt, was durch einen Positionszähler unterschieden wird.[90]

4.3.4 Merkmals-Ausprägungs- und Kombinationsmatrix

Wie zu Beginn des Kapitels dargestellt, beinhaltet die Produktgestaltung u. a. die Festlegung von Kundenfunktionen, gesetzlichen Anforderungen, variantenerzeugenden Eigenschaften sowie die Ausgestaltung der anzubietenden Kombinatorik dieser Eigenschaften und Funktionen. Zur strukturierten Darstellung dieser Anforderungen werden die relevanten Merkmale (variantenerzeugende Produktfunktionen und -Eigenschaften) mit ihren dazugehörenden Ausprägungen ermittelt und in einer *Merkmals-Ausprägungsmatrix* dargestellt (Abb. 4-15). Mit Hilfe dieser Matrix sind die Produktfunktionen eindeutig beschrieben.

Selbstverständlich sind die Ausprägungen in der Regel nicht frei kombinierbar. Aus technischen und marktseitigen Gründen sind zur Einschränkung der Kombinationsmöglichkeiten *Kombinationszwänge* und *Kombinationsverbote* zu definieren.[91] Mittels der *Kombinationsmatrix* ist sodann die

---
[87] vgl. Herstatt (1996) S. 72
[88] vgl. Schönsleben (1998) S. 662
[89] vgl. Eversheim (1996) S. 7–49
[90] vgl. Schönsleben (1998) S. 662
[91] vgl. Schuh/Jonas (1997) S. 20

effektive Variantenzahl voraussagbar. Auf Basis dieser Information lässt sich die *Variantenbaumstruktur* erstellen, die die verwendeten Komponenten und deren Zuordnung zu den Produkt-Varianten grafisch wiedergibt.

Merkmals-Ausprägungsmatrix

Merkmale	Ausprägung 1	Ausprägung 2	Ausprägung 3
Lenkungsanordnung	LL	RL	
Hubvolumen	1.7	2.0	3.2
Getriebe	4-H	5-H	Automat
Abgasnorm	ECE	US	
Katalysator	ohne Kat.	Kat.	

Kombinationsmatrix

Ausprägung	Nur erlaubt mit	Wenn Bedingung
US	LL Automat Kat	
Katalysator	3.2	
4-H	ECE / RL / ohne Kat	Falls Land: GB

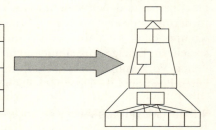

Variantenbaumstruktur

Abb. 4-15: Erstellung der Merkmals-Ausprägungs- und Kombinationsmatrix (in Anlehnung an Schuh/Jonas [1997] S. 19ff.)

4.3.5 Variantenbaumstruktur

Die wesentliche Voraussetzung zur vielfaltsorientierten Darstellung von Produktstrukturen ist die übersichtliche und vollständige Dokumentation der Varianteninformation. Dazu ist eine angepasste Darstellung der Erzeugnisgliederung notwendig, die die Mengen-, Zeit- und Artvarianz sowie die Entwicklung der Variantenvielfalt innerhalb der Montagereihenfolge beschreibt.[92] *Schuh* hat dazu die vertikale Erzeugnisgliederung und eine geeignete Beschreibung der Produktvarianz in der *Variantenbaumstruktur* kombiniert (Abb. 4-16).[93]

---

[92] vgl. Caesar (1991) S. 48
[93] vgl. Schuh (1988) S. 47; ähnliche Instrumente wurden von Martin/Hausmann/Ishii (1998) S. 113ff. u. Piller (1998) S. 227f. entwickelt.

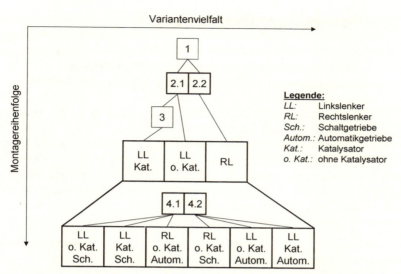

Abb. 4-16: Variantenbaumstruktur am Beispiel einer Auspuffanlage (Quelle: Schuh [1988] S. 47)

Basis bildet ein Grund- oder Trägerbauteil, an welches alle weiteren Anbauteile mit diesem durch Linien verbunden sind. Ordnet man nun noch die Anbauteile entsprechend ihrer Montagereihenfolge und stellt nach jedem Teilvorgang die bisher erreichte Baugruppenvielfalt dar, so gelangt man zu einer Baumstruktur, die im Weiteren *Variantenbaum*® genannt wird.

Die vorgestellten Instrumente Merkmals- und Kombinationsmatrix zusammen mit der Variantenbaumstruktur eignen sich bestens zur Durchführung von Planspielen um den einmal erfassten Ist-Zustand einer gegebenen Produktstruktur sukzessiv in einen optimierten Soll-Zustand zu überführen.[94]

---

[94] vgl. Kap. 6

5 Produktprogrammplanung

5.1 Interdependenzen zwischen Produktstruktur, Sortimentsbreite, Produktlebenszyklus und Preis

„Ist das Unternehmen nicht in der Lage, unternehmensexterne Ansprüche und unternehmensinterne Leistungserstellungsfähigkeiten (...) zu harmonisieren, so tritt es in einen sich selbst verstärkenden Teufelskreis, der mit dem Verlust der Wettbewerbsfähigkeit des Unternehmens endet."[95] Um jedoch genaue Handlungsanweisungen zu geben, ist eine genauere Betrachtung der Ursachen, Wirkungen und Folgen unzureichenden Komplexitätsmanagements zu betrachten (Abb. 5-1).

Abb. 5-1: Ursachen, Wirkungen und Folgen unzureichenden Komplexitätmanagements (Quelle: Spies [1999] S. 11)

Ausgehend von außeninduzierten Ursachen, besteht die Gefahr der übereilten, kurzfristigen Produktprogrammausweitung und somit der meist ziellosen Erfüllung der Kundenwünsche, die in einer hoffnungslosen Zersplitterung des Angebots endet. Die Folge ist eine unübersichtliche Angebotspalette, die sich auf die Produktstruktur niederschlägt, Ausbreitung

---

[95] vgl. Spies (1999) S. 10

der Sortimentsbreite und ein damit verbundener Kostenanstieg. Kürzere Produktlebenszyklen und kleinere Marktsegmente verstärken diese Tendenz zunehmend. Der Zusammenhang zwischen Ausweitung des Produktprogramms, der Produktstruktur(-Tiefe) und Produktfolge ist in Abb. 5-2 anhand der Variantenbaumstruktur dargestellt.

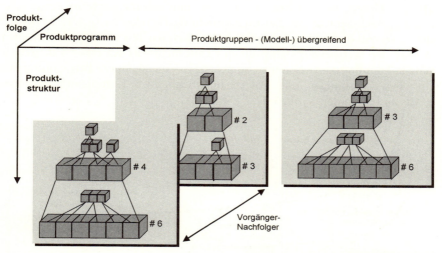

Abb. 5-2: Zusammenhang zwischen Produktstruktur, Sortimentsbreite und Produktlebenszyklus (Quelle: Schuh/Schwenk/Speth [1998b] S. 79)

Aus Unternehmenssicht muss die Produktstruktur- und Produktprogrammplanung als eines der zentralen Elemente im Komplexitätsmanagement hervorgehen.[96]

Rathnow geht noch einen Schritt weiter, indem er die Definition des Leistungsangebots als den äußeren Rahmen für die Produktgestaltung beschreibt. Das Leistungsangebot bildet demnach den eigentlichen „Spielraum" zur Vermeidung von unnötigen Produkt-Varianten, indem durch die geeignete Bestimmung von Marktsegmenten bzw. deren Vernachlässigung Vielfalt von vornherein vermieden wird.[97]

Den Gesamtzusammenhängen entsprechend führen die Forderungen des Marktes nach mehr Vielfalt direkt zu einem Anstieg der Gesamtkosten bzw. zu einer Erlösminderung. Spies führt dies insbesondere auf die Verunsicherung der Kunden zurück, die infolge intransparenter Leistungsvielfalt

---

[96] vgl. Spies (1999) S. 28f.
[97] vgl. Rathnow (1993) S. 114

von einem Produktkauf absehen.[98] Geht man bei der Planung des Leistungsprogramms von einer gewinnorientierten Zielsetzung aus, ist dies bei der Ausgestaltung des Produktionsprogramms sowie der Produktstruktur zwingenderweise zu berücksichtigen.[99] Dabei ist zu berücksichtigen, dass die anvisierte Komplexitätsmanagementstrategie auf die Kosten bzw. vom Markt akzeptierten Preise eine direkte Auswirkung haben (Abb. 5-3).

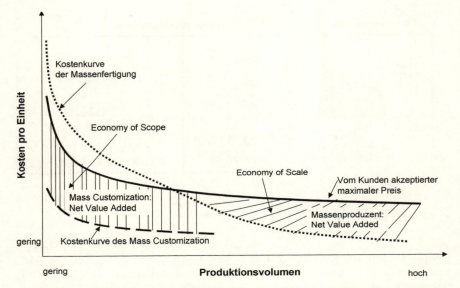

Abb. 5-3: Komplexitätsmanagementstrategie und die Auswirkung auf die Kosten-/Preisstruktur (Quelle: Tseng/Jiao [1998] S. 11)

5.2 Strukturierung und Differenzierung des Produktprogramms

Eine Möglichkeit, die kurzfristige Ausweitung des Produktangebots zu stoppen, ist die konsequente Strukturierung und Differenzierung des Leistungsprogramms und somit die Schaffung von mehr Transparenz. Köster schlägt dazu die Einteilung des extern angebotenen Produktprogramms in die Gruppen „Aktiver Standard", „Altlasten" und „kundenspezifische Einzellösung" vor (Abb. 5-4):[100]

---

[98] vgl. Spies (1999) S. 13
[99] vgl. Adam (1993) S. 54
[100] vgl. Köster (1998) S. 73ff.

5 Produktprogrammplanung

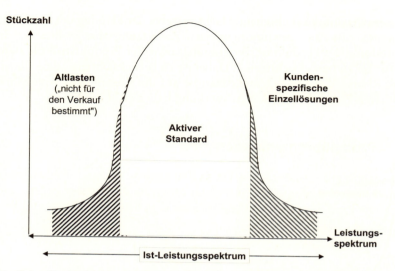

Abb. 5-4: Strukturierung und Differenzierung des Leistungsangebots (Quelle: Köster [1998] S126)

- Aktiver Standard

Der Aktive Standard umfasst Module und Enderzeugnisse, die im Verkaufsprogramm und der Preisliste geführt werden. Er ist der aktive Teil des Baukastens und die Basis zur Konfiguration der vom Kunden gewünschten Produkte. Für den Aktiven Standard werden alle zugehörigen Produktdaten, Dokumente und Prozessdaten gepflegt.

- Altlasten

Altlasten sind nicht mehr für den Verkauf bestimmt. Die Altlasten werden weiter unterteilt in reaktivierbare, gepflegte Altlasten und inaktive Altlasten.

Die reaktivierbaren Altlasten werden weder im Verkaufsprogramm noch auf den Preislisten mitgeführt. Ihre Wiederverwendung bedingt eine Freigabe durch eine zentrale Stelle. Ihre Erzeugnisdokumente (Stücklisten, Lieferantenunterlagen u. a.) werden bis zum endgültigen Entscheid, diese Produkte nicht mehr zu fertigen, gepflegt.

Die Erzeugnisdaten von inaktiven Altlasten werden nicht mehr gepflegt. Ihre Reaktivierung bedingt für die Entwicklung einen Aufwand.

Die Freigabe von Altlasten hat unter allen Umständen kontrolliert abzulaufen. Die Preisfestlegung basiert auf der Losgröße 1.

- Kundenspezifische Einzellösung

Kundenspezifische Lösungen werden nur nach Kundenwunsch gefertigt. Freigabe und Preisfestlegung hat wie bei den Altlasten abzulaufen. Die Aufnahme von bewährten Einzellösungen in den Aktiven Standard ist im Innovationsprozess der Produkte zu sehen, stellt jedoch keine zwingende Vorgabe dar.

5.3 Produktprogrammszenarien

In Ergänzung zur strukturierten Darstellung des Leistungsangebots, sollen die im Folgenden vorgestellten Produktprogrammszenarien helfen, eine nachhaltige Produktpolitik im Unternehmen durchzusetzen (Abb. 5-5).[101]

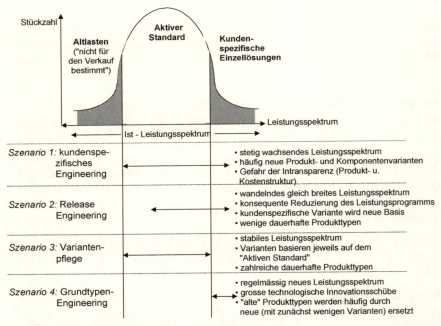

Abb. 5-5: Produktprogramm-Szenarien (a) (in Anlehnung an Köster [1998] S. 126)

Die Szenarien zeigen zudem auf, wie sich je nach Dynamik des Marktes, interner Innovationskraft, Produktstruktur und Möglichkeiten des Unternehmens die Entwicklung des Leistungsprogramms steuern lässt. Dem ist anzu-

---

[101] vgl. Köster (1998) S. 125ff.

merken, dass je nach Produktvielfalt, unterschiedlichen Produktstrukturen und momentanen Produkt- bzw. Technologiezyklen verschiedene Szenarien im Unternehmen parallel umgesetzt werden.

- Szenario 1: Kundenspezifisches Engineering:

Das Angebot der Unternehmung basiert auf einem kontinuierlich wachsenden Leistungsprogramm. Kundenspezifische Einzelanfertigungen werden umgehend ins Produktprogramm aufgenommen. Eine Reduzierung der Produkte- und Variantenvielfalt wird nicht zwingend vorgenommen.

Die Produktstruktur wird auch bei einfachen Produkten und geringer Vielfalt bei dieser Programmstrategie schnell unübersichtlich und nicht mehr manövrierbar.

- Szenario 2: Release-Engineering:

Das Marktleistungsangebot der Unternehmung basiert auf einem wandelnden und gleich breiten Leistungsprogramm. Die konsequente Strukturierung und Pflege des Produkteprogram führt zu einem „konstanten" Angebot optimaler Erfüllung der Kundenbedürfnisse. Die vom Markt verlangte stetige Neuausrichtung zwingt das Unternehmen, entsprechende Vorkehrungen bei der Neueinführung von Produktvarianten (Organisation der Produktfreigabe) sowie der Eliminierung von nicht mehr bzw. schwach nachgefragten Produkten durchzuführen (Reduzierung des Angbots).

- Szenario 3: Variantenpflege:

Das Produktionsprogramm der Unternehmung basiert auf einem stabilen Leistungsprogramm, auf dem *Aktiven Standard*. Dieser entspricht beim „Variantenpfleger" dem Produktionsprogramm. Das Programm beinhaltet zahlreiche dauerhafte Produkttypen. Diese Strategie trifft man insbesondere in Märkten mit geringer Technologieentwicklung und klar abgegrenzten stabilen Märkten an.

- Szenario 4: Grundtypen-Engineering:

Das Unternehmen fertigt regelmäßig neue Produkte. Das Leistungsprogramm wird durch Produktinnovationen geprägt, d. h. „alte" Produkte werden nicht mehr nachgefragt. Diese Unternehmen befinden sich in jungen, nicht reifen Märkten mit ungewissen Technologien. Die Komplexität wird weniger von der Produktevielfalt als vielmehr von der Marktdynamik geprägt.

Davon ausgehend, dass je nach Produktstrukturtyp die Gestaltung des Leistungsprogramms vorzunehmen ist,[102] verspricht insbesondere das „Release-

Engineering" in Kombination mit einer durchgehenden Produktmodularisierung den höchsten Nutzen.[103] Diese Aussage ist insofern zu erweitern, als dies auch für das „Grundtypen- und kundenspezifische Engineering" zutrifft, wohingegen die reine „Variantenpflege" am ehesten von einer konsequenten Standardisierung profitiert.

Nebst dem Komplexitätstreiber „Masse" ist bei der Produktprogrammgestaltung der zeitliche Faktor, d. h. die „Dynamik" der Vielfaltsentwicklung zu berücksichtigen (Abb. 5-6).

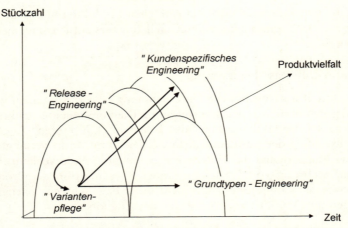

Abb. 5-6: Produktprogramm- Szenarien (b) (Quelle: Köster [1998] S. 127)

5.3.1 Vorgehensweise zur vielfaltsorientierten Produktprogrammplanung

Innerhalb der vielfaltsorientierten Produktprogrammgestaltung ist es das Ziel, die Produktvielfalt je Fertigungs- und Montagefortschritt dahingehend zu beeinflussen, dass ein möglichst kontinuierlicher Material- und Informationsfluss realisiert werden kann.[104] Dies bedingt die Erstellung eines unternehmensübergreifenden Konzepts zur Beherrschung der Vielfalt (Abb. 5-7). Verschiedene Ansätze, Methoden und Hilfsmittel der „vielfaltsorientierten Produktgestaltung", „organisatorischen Integration der Vielfaltsplanung" und der „vielfaltsadäquaten Planung der Produktion" sind daher zu integrieren.

---

[102] vgl. Zich (1996) S. 33
[103] vgl. Köster (1998) S. 127
[104] vgl. Eversheim/Schuh/Caesar (1989b) S. 42

5 Produktprogrammplanung

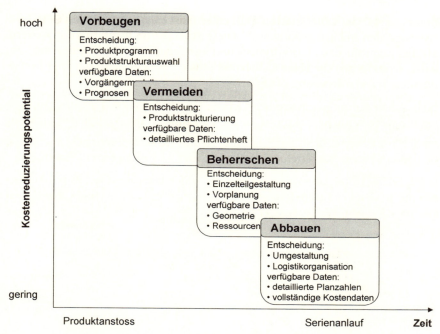

Abb. 5-7: Phasen der Planung von Produktvarianten (Quelle: Schuh/Caesar [1989] S. 43)

Zu Beginn der Produktneuentwicklung ist das Kostenreduzierungspotenzial durch eine vielfaltsorientierte Produktgestaltung am größten. Dieses nimmt dann während der Produktentwicklungszeit kontinuierlich ab. Dementsprechend unterteilt sich die Entwicklungsphase aus Sicht des Komplexitätsmanagements in die entsprechenden vier Phasen. Kann noch während der Ideenfindung und Marktanalysen vorbeugend auf die Produktprogrammbreite und die Struktur des Produktes Einfluss genommen werden, kann zu einem späteren Zeitpunkt, wenn die Strukturierung und Detail-Konstruktion angelaufen ist, nur noch Feinkorrektur an der „Vielfaltsproblematik" betrieben werden. Änderungen zu diesem Zeitpunkt sind nicht nur zeit- und kostenintensiv, sondern beschneiden auch maßgeblich den Start-Erfolg des Produktes im Markt (Time to Market).

6 Produktvielfalt analysieren und optimieren

6.1 Wieviel Vielfalt ist notwendig?

Ist die überbordende Produkt- und Sortimentsvielfalt auch nur eine der Ursachen der Überkomplexität und die hohen Kosten nur eine der negativen Folgen, stellt sie trotzdem einen wichtigen Stellhebel der Komplexitätsbeherrschung im Unternehmen dar.[105] Hohe Vielfalt ist denn auch nicht nur teuer, sie bedeutet auch Verzettelung der Kräfte und Ablenkung von Wichtigem.

Erfolgreiche Unternehmen zeichnen sich in der Überlegenheit durch Fokussierung in der Produktpalette aus. Sie kommen mit viel weniger Produkten aus als schwache Wettbewerber (Abb. 6-1).[106]

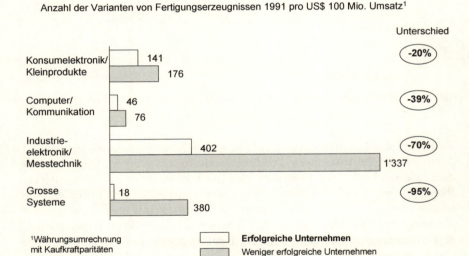

Abb. 6-1: Erfolgreiche Unternehmen haben weitaus weniger Produktvarianten (Quelle: Kluge/Stein/Krubasik/Beyer/Düsedau/Huhn/Schmidt/Deger [1994] S. 41)

Technologiebegeisterung und falsch verstandene Kundenorientierung führen meist in die Komplexitätsfalle. Entweder werden teure Produktmerkmale bereitgestellt, die beim Kunden keinen Zusatznutzen erzeugen, oder neue

---

[105] vgl. Kluge/Stein/Krubasik/Beyer/Düsedau/Huhn/Schmidt/Deger (1994) S. 59: „Im Produktentwicklungsprozess wird der Grundstein für die Komplexität gelegt, die in der Produktion verkraftet werden muss."
[106] vgl. Kluge/Stein/Krubasik/Beyer/Düsedau/Huhn/Schmidt/Deger (1994) S. 40

Produkte werden technologiegetrieben mit hohem Aufwand für kleinste Nischenmärkte entwickelt. Im Gegenzug schliessen erfolgreiche Firmen teure, verzichtbare Produktmerkmale, richten sich an den Kernkundensegmenten aus und überlassen die „kostenintensiven" Nischen der Konkurrenz. Dies bedingt im Nachhinein häufig die radikale Streichung von Produktvarianten. Proaktiv wird dies durch eine durchdachte Produktstrukturierung von Neuprodukten sowie ein restriktives Produktportfoliomanagement gemeistert. Erfolgreiche Unternehmen brauchen sodann auch weit weniger Teile und Baugruppen („interne Vielfalt") um die Bedürfnisse („externe Vielfalt"), der Kunden zu decken (Abb. 6-2).

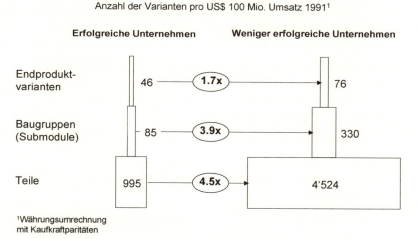

Abb. 6-2: Dramatisch geringere Komplexität durch bessere Produktstruktur (Quelle: Kluge/Stein/Krubasik/Beyer/Düsedau/Huhn/Schmidt/Deger [1994] S. 54)

6.2 Vorgehensweise zur Vielfaltsanalyse und -Optimierung

Um die Frage „Wieviel Produkt-Vielfalt ist notwendig?" beantworten zu können, sind geeignete Analyseinstrumente notwendig. Wichtige Voraussetzung für die Analyse und systematische Gestaltung des Produktespektrums ist die übersichtliche Darstellung der Vielfaltsinformationen in Form einer angepassten Erzeugnisgliederung.

Im Folgenden wird mit der Anwendung des Variantenbaums® als Instrument innerhalb der Methodik „Variant Mode and Effects Analysis" eine Vorgehensweise dargestellt, die sich in zahlreichen Industrieprojekten in der Investitions- wie in der Konsumgüterindustrie bewährt hat.

6.2.1 Methodik

6.2.1.1 Variantenbaum®

Wie in Kap. 4.3.5 dargestellt, ist der Variantenbaum eine grafische Aufbereitung der Produktinformationen. Er stellt die Teile- und Variantenvielfalt über der Montagereihenfolge dar (Abb. 6-3). Kleine Kästen symbolisieren Anbauteile und nebeneinanderstehende Kästen mit dicker Umrandung kennzeichnen sich ersetzende Variantenteile. Große Kästen symbolisieren Varianten, die durch Kurzzeichen in den Variantenkästen eindeutig definiert werden. Den Zusammenbau zweier oder mehrerer Anbauteile zeigen Verbindungslinien an. Verbindungslinien stellen ebenfalls dar, welche Anbauteile in welchen Varianten verwendet werden. Die Anbauteile werden in ihrer Montagereihenfolge untereinander dargestellt. Die laufende Nummer der Anbauteile verdeutlicht die Montagereihenfolge. Mit Hilfe von Grundarbeitsplan-, Stücklistendaten und Sonderausstattungsplänen sowie der Kombinationszwänge und -verbote ist der Variantenbaum® erstellbar.

Der Aufbau eines Variantenbaums® erfordert zu Beginn eine systematische Beschreibung der variantenerzeugenden Produktfunktionen und -eigenschaften und der zugehörigen Bauteile.

Folgende Schritte sind dazu notwendig:[107]

- Erfassen der Merkmale und Ausprägungen,
- Festlegen der Kombinationsverbote und Kombinationszwänge zwischen den Ausprägungen,
- Generieren der Typen und Ermitteln der Variantenzahl,
- Eingeben der Teiledaten und Zuordnen der Teilverwendung,
- Festlegen der Montagereihenfolge und
- Berechnen der Variantenbaumgrafik.[108]

Die Varianten können für beliebige Montageschritte ermittelt und dargestellt werden. In der Variantenleiste werden die Varianten, die aufgrund der Anbauteile und deren Verwendung entstehen, nach Art und Anzahl (#) bestimmt. Die Variantenleisten kennzeichnen einen Vormontageabschnitt oder einen Teilvorgang bzw. können zur Verbesserung der Übersichtlichkeit zu beliebigen Montagezeitpunkten dargestellt werden.

Der Vorteil einer solchen Darstellung besteht in der Prognose der Variantenvielfalt unabhängig vom Konstruktionsfortschritt. Für einen neuen Umfang können die Variantenbaumdaten entweder aus dem aktuell produzierten Ist-

---

[107] vgl. Herf (1995) S. 2
[108] Das Modul V des Complexity Manager" (vgl. Kap. 16) unterstützt den Durchführenden bei der Berechnung, da bereits bei einer kleinen Anzahl von Baugruppen eine manuelle Erfassung nicht mehr zu bewältigen ist.

Zustand abgeleitet oder auch ohne Kenntnisse konstruktiver Details planspielerisch angenommen werden. Mit zunehmendem Planungs- und Entwicklungsfortschritt sowie entsprechender Detaillierung der Produkt- und Produktionsdaten lässt sich der Variantenbaum weiter konkretisieren und verändern.

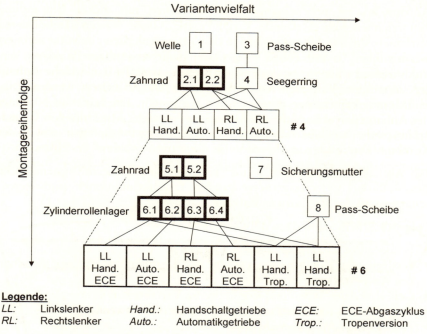

Abb. 6-3: Strukturierungsunterstützung auf der Basis der Variantenbaum-Struktur (Quelle: Schuh/Jonas [1997] S. 27)

Der Variantenbaum® ist somit das ideale Werkzeug zur Gestaltung von neu zu konstruierenden Produkten und Optimierung bestehender Produktstrukturen.

Bei der eigentlichen Gestaltung werden ausgehend von einer auftragsneutralen Produktstruktur (ev. auf Basis des Vorgängermodells) Planspiele durchgeführt, mit dem Ziel, die geeignete Produktstruktur zu finden. Dabei steht im Vordergrund, die Anzahl der Teile-, Baugruppen und Endprodukt-Varianten auf ein vom Markt gewünschtes Spektrum zu reduzieren.

Die systematische Ableitung von geeigneten Produktstrukturen mittels Planspielen wird anschließend in der Methodik der *VMEA* (Variant Mode and Effects Analysis) beschrieben.

6.2.1.2 Variant Mode and Effects Analysis (VMEA)

Methoden und Werkzeuge zur Analyse, Gestaltung und Bewertung eines Produktesortiments müssen während des gesamten Produktlebenszyklus die Produktvielfalt kontrollieren und regeln helfen. D. h., sie müssen den verschiedenen Phasen und Organisationsbereichen angepasst sein, sodass sowohl dem jeweils unterschiedlichen Kostenreduzierungspotenzial als auch dem unterschiedlichen Detaillierungsgrad der verfügbaren Informationen entsprochen wird.[109]

In Anlehnung an die FMEA[110] (Failure Mode and Effects Analysis) zur frühzeitigen Fehlererkennung und -ermeidung wurde für die Beherrschung der Variantenvielfalt die VMEA (Variant Mode and Effects Analysis) zur frühzeitigen Variantenerkennung und -ermeidung entwickelt.[111] Die VMEA ist eine systematische Vorgehensweise, die sowohl die technische als auch die kostenmäßige Beherrschung der Variantenvielfalt sicherstellt (Abb. 6-4). Zu ihrer Durchführung werden die Unternehmensbereiche Produktprogrammplanung, Produktentwicklung, Produktion und Vertrieb frühzeitig mit einbezogen.

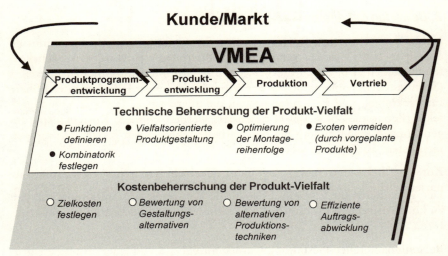

Abb. 6-4: Variant Mode und Effects Analysis (VMEA) zur Beherrschung der Produkt-Vielfalt (in Anlehnung an Schuh/Jonas [1997] S. 14)

---

[109] vgl. Eversheim/Schuh/Caesar (1989b) S. 43
[110] vgl. Seghezzi (1996) S. 266ff. Die FMEA wurde in den siebziger Jahren von der NASA als Methode zur frühzeitigen Fehlererkennung und -vermeidung entwickelt. Sie ist heute fester Bestandteil von Qualitätssicherungssystemen.
[111] vgl. Caesar (1991)

1. Die VMEA umfasst folgende vier Arbeitsschritte:[112]

Marktorientierte Ermittlung und Gestaltung der Produktfunktionen

In der Produktprogrammplanung werden zunächst in Zusammenarbeit mit Marketing und Vertrieb die geforderten Produktfunktionen in Abhängigkeit des vom Markt akzeptierten Preises definiert. Relevant ist hierbei nicht mehr die Frage, was ein Produkt kosten wird, sondern was es kosten darf. Im Rahmen des *Zielkostenmanagements*[113] (Target Costing) werden die Darfkosten ermittelt.

2. Ableiten von Gestaltungsalternativen

Die Kombinierbarkeit der Produktfunktionen muss bereits im Planungsstadium optimiert und festgelegt werden (Komplexitätskosten). Die Kombination der Funktionen und die konstruktive Realisierung der Funktionen wird mittels der in Kap. 4.3.4 beschriebenen Strukturierungshilfen „Merkmals- und Kombinationsmatrix" abgebildet und mit dem Variantenbaum® simuliert. Auf diese Weise lassen sich die Variantentreiber auf Baugruppen- und Bauteileebene ermitteln.

3. Bewerten der alternativen Lösungen

Neben der technischen Realisierbarkeit von Gestaltungsalternativen müssen die Mehr- bzw. Minderkosten gegeneinander abgewogen werden. Mehrkosten entstehen z. B. durch die Verwendung von multifunktionalen Bauteilen (Schnittstellenproblematik bei der Modularisierung). Dies bedeutet höhere Entwicklungs- und Fertigungskosten, die allerdings z. T. durch Volumeneffekte (Economies of scale) kompensiert werden können. Kosteneinsparungen können insbesondere bei den variantenabhängigen Kosten (Komplexitätskosten) ausgemacht werden.[114]

Zur vergleichenden Bewertung planspielerisch ermittelter Gestaltungsszenarien wird die *Ressourcenorientierte Prozesskostenrechnung*[115] (RPK) eingesetzt. Dies ermöglicht es, den variantenabhängigen Wertverzehr aller Unternehmensressourcen zu berücksichtigen.

4. Schlanker Vertrieb für komplexe Produkte

Der Vertrieb als direkte Schnittstelle zum Kunden hat aufgrund der hohen Variantenvielfalt das Problem, dass die Auftragsklärung, d. h. der Konfigu-

---

[112] vgl. Schuh/Jonas (1997) S. 14ff. u. vgl. Caesar (1991) S. 29
[113] vgl. Kap. 8
[114] vgl. Kap. 2.2.3
[115] vgl. Kap. 9

rationsvorgang komplexer Produkte, zu lange dauert oder die Qualität der Konfiguration von der Erfahrung der durchführenden Person stark abhängig ist. Die Folge: Der Vertriebsmitarbeiter berücksichtigt nicht mehr alle möglichen Lösungen, da er das Angebot nicht mehr versteht, und der Kundennutzen nimmt dementsprechend ab.

Ein zweites, häufig zu beobachtendes Problem stellt die mangelnde Kommunikation zwischen Vertrieb, Technik und Produktion dar. Was dazu führen kann, dass der Vertrieb Kundenlösungen verkauft, die entweder technisch (noch) nicht realisierbar sind oder nicht Bestandteil des momentanen Produktionsprogramms sind.

Im Folgenden wird auf die ersten beiden Schritte „Ermittlung und Gestaltung der Produktfunktionen" sowie die „Ableitung von Gestaltungsalternativen mittels Planspielen" näher darauf eingegangen. Die restlichen beiden Schritte werden intensiv in den nachfolgenden Kapiteln behandelt, sodass an dieser Stelle darauf verzichtet werden kann.

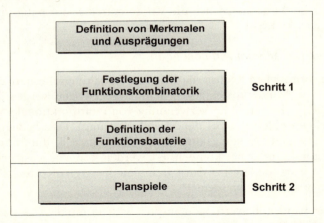

Abb. 6-5: Arbeitsschritte: Ermittlung und Gestaltung der Produktfunktionen und Ableitung von Gestaltungsalternativen (in Anlehnung an Schuh/Jonas [1997] S. 18)

Schritt 1: Marktorientierte Ermittlung und Gestaltung der Produktfunktionen

a) Definition von Merkmalen und Ausprägungen[116]

Die Produktplanung oder Produktprogrammplanung beinhaltet die Festlegung von Kundenfunktionen, gesetzlichen Anforderungen und variantenerzeugenden Eigenschaften einer Baureihe sowie die angebotene Kombina-

---

[116] vgl. Schuh/Jonas (1997) S. 18f.

torik dieser Funktionen und Eigenschaften. Hier müssen alle Funktionen berücksichtigt werden, die im Laufe der gesamten Produktlebensdauer angeboten werden sollen, d. h. auch die Funktionen, die möglicherweise erst einige Zeit nach Serienanlauf verfügbar sein werden.

Zunächst werden für den Betrachtungsumfang alle Merkmale, wie Lenkseite (rechts oder links), Karosserieform, Farbe usw. erfasst. Jedes Merkmal ist der Oberbegriff für zwei oder mehrere Ausprägungen. Die Merkmale und Ausprägungen werden sodann in der Merkmals-/Ausprägungsmatrix aufgenommen, anhand derer die Produktfunktionen eindeutig beschrieben werden.

b) Festlegung der Funktionskombinatorik[117]

Da die Ausprägungen in der Regel nicht, wie oben dargestellt, frei kombinierbar sind, müssen aus technischen und marktseitigen Gründen zur Einschränkung der Kombinationsmöglichkeiten Kombinationszwänge und -verbote (z. B. Linkslenker in Großbritannien) definiert werden. Da diese Zwänge und Verbote häufig nicht informationstechnisch vorhanden sind, ist an dieser Stelle der Input des Konstrukteurs entscheidend. Die Kombinationszwänge werden sodann in der Kombinationsmatrix dargestellt.

c) Definition der Funktionsbauteile[118]

In der Produktentwicklung werden die Funktionen des Lastenheftes durch geeignete Bauteile konstruktiv realisiert. Die Bauteile werden sodann klassifiziert und hinsichtlich ihrer Teileverwendung beschrieben. Die Klassifizierung beschreibt die Art der Verwendung im Zusammenbau. Es werden Standardteile, Zusatzteile, Ersatzvariantenteile und Zusatzersatzvariantenteile unterschieden. Bei den letzteren drei Teiltypen handelt es sich um so genannte Anbauteile.

- Standardteile gibt es jeweils nur in einer Ausführung. Standardteile werden in jeder Variante des Zusammenbaus verwendet (z. B. Frontscheibe).
- *Zusatzteile* gibt es ebenfalls nur in einer Ausführung. Zusatzteile werden für optionale Produktfunktionen verbaut (z. B. Antenne für Autotelefon).
- *Ersatzvariantenteile* schließen sich gegenseitig aus, d. h. es wird entweder das eine oder andere Variantenteil montiert (z. B. Heckklappen bei Karosserievarianten).
- *Zusatzvariantenteile* werden nur bei bestimmten Ausstattungen eingebaut, ansonsten wird an der entsprechenden Stelle kein Anbauteil montiert. Zusatzersatzvariantenteile bilden die Kombination der oben ge-

---

[117] vgl. Schuh/Jonas (1997) S. 20
[118] vgl. Schuh/Jonas (1997) S. 21ff.

nannten Variantenteile (z. B. Autoradio in unterschiedlichen Ausführungen).

Die Teileverwendung wird mit Hilfe der Ausprägungen aus der Produktplanung eindeutig beschrieben. Dadurch wird eine unverwechselbare Verknüpfung von Bauteilen und Funktionen hergestellt.

Die Montagereihenfolge wird in Abstimmung mit der Produktion festgelegt und durch die Reihenfolge der Bauteile dokumentiert. Durch die Ablage der Funktionsbauteile gemäß dem Montageablauf wird zudem die Variantenzahl pro Montagestufe ausgewiesen.

Schritt 2: Planspiele – Ableiten von Gestaltungsalternativen

Durch Planspiele wird der ermittelte Plan-Zustand in einen optimierten Soll-Zustand überführt. Der Soll-Zustand beschreibt den tatsächlich zu produzierenden Umfang an Varianten und enthält somit die Zielgrößen für die Varianten- und Teilevielfalt. Es wird grundsätzlich zwischen Planspielen auf Funktions- und Bauteileebene unterschieden:

- *Planspiele auf Funktionsebene* dienen dazu, die Kundenrelevanz jeder Ausprägung hinsichtlich des Kundennutzens und der Verkaufszahlen zu prüfen. Ziel ist es, die Anzahl der Ausprägungen zu reduzieren, und zwar durch Eliminieren oder Integrieren in den Standardumfang. Auf der Funktionsebene kann durch die Bildung geeigneter Pakete, d. h. durch die Definition von Kombinationsverboten oder -zwängen, die Vielfalt reduziert werden.
- Auf *Bauteileebene* besteht die Möglichkeit, mittels Planspielen die Änderung der Teileverwendung, das Einfügen oder Eliminieren von Bauteilen wie auch die Bildung von Standard- oder Integralbauteilen sowie die Optimierung der Montagereihenfolge durchzuführen (Abb. 6-6).

Ziel der Maßnahme zur variantenorientierten Produktgestaltung ist, einen möglichst schmalen Variantenbaum zu erreichen. Innerhalb der Montage muss somit das Ziel bestehen, möglichst bis zu einem späten Zeitpunkt auftragsneutral zu montieren und dadurch insgesamt die Durchlaufzeit in der Endmontage zu verkürzen.[119] Weiter ist aufgrund von Kosten- und Zeitaspekten die Produktstruktur konstruktions-, fertigungs- und montagefreundlich zu gestalten. Zudem ist auf eine Erhöhung der Automatisierung zu achten, um das Kostenreduzierungspotenzial voll auszuschöpfen.[120]

Rathnow erwähnt in diesem Zusammenhang, dass „Das primäre Wirkungsprinzip einer produktgestaltungsorientierten Vielfaltsbeherrschung ist, dass

---

[119] vgl. Eversheim/Schuh/Caesar (1989b) S. 44 u. Schuh/Jonas (1997) 24f.; vgl. Kap. 13
[120] vgl. Caesar (1993) S. 3ff.

6 Produktvielfalt analysieren und optimieren

zumindest teilweise die Bedingungen einer (wechselfreien) Massenproduktion geschaffen werden und damit eine Annäherung an das minimal-realisierbare Kostenniveau erreicht wird."[121]

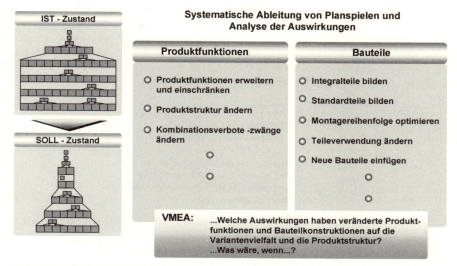

Abb. 6-6: Systematische Ableitung der geeigneten Produktstruktur (Quelle: VDI Seminar [1997])

In Abhängigkeit von der Ausprägung der Merkmale für ein Teile- und Baugruppenspektrum sind geeignete Produktstrukturen auszuwählen. Dabei liegt die Problematik der vielfaltsorientierten Produktstrukturierung nicht darin begründet, dass keine geeigneten Strukturtypen[122] bekannt sind. Vielmehr bestehen die Schwierigkeiten in der systematischen Auswahl der jeweils geeigneten Struktur, da eine Vielzahl von produkt- und produktionsseitigen Einflüssen zu berücksichtigen sind.[123]

Wie in Kap. 4.1 beschrieben, hat die Unternehmensstruktur einen direkten Einfluss auf die Produktstruktur. Dementsprechend hat die Produktgestaltung sich an der anvisierten Komplexitätsmanagementstrategie auszurichten.

---

[121] vgl. Rathnow (1993) S. 113
[122] vgl. Kap. 4.2
[123] vgl. Schuh (1988) S. 58 u. Eversheim/Schuh/Caesar (1989b) S. 45: Herleitung einer Methodik zur Auswahl der optimalen Produktstruktur. Die Basis bildet eine Matrix von Variantenmerkmalen mit entsprechenden Ausprägungen. Über Referenzmuster der einzelnen Strukturtypen und Ähnlichkeitsanalysen lassen sich auf diese Weise geeignete Gestaltungstypen finden.

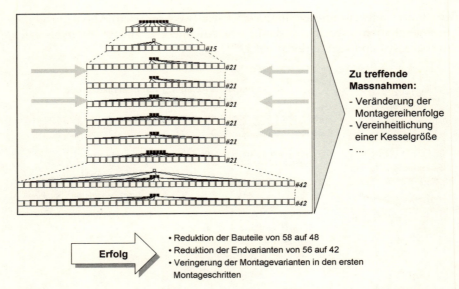

Abb. 6-7: Auszug der Planspiele bei einem Anlagenbauer (Quelle: VDI Seminar [1997])

Dabei werden grundsätzlich drei Maßnahmen unterschieden (Abb. 6-8):

- Innerhalb der *Standardisierung* wird das Ziel verfolgt, die Anzahl der Funktionsträger und Variantenteile zu reduzieren bzw. variantenarme Baugruppen zu schaffen. Eine hohe Wiederverwendbarkeit der Teile und Baugruppen steht dabei im Vordergrund.
- Demgegenüber wird mit der *Modularisierung* des Produktspektrums die Abgrenzung von variantenarmen und variantenreichen Baugruppen sowie die Standardisierung der dabei auftretenden Schnittstellen angestrebt. Damit soll eine rasche kundenindividuelle Produktkonfiguration bei gleichzeitig hohem Verbrauch von Standardkomponenten erzielt werden (Mass Customization).
- Die Maßnahmen der *Individualisierung* zielen darauf ab, die Wahlmöglichkeit des Kunden zu erhöhen, ohne durch eine überbordende Produktvielfalt unter die Gewinnschwelle zu fallen. Dazu ist es notwendig, Zulieferer und Kunden schon zu einem frühen Zeitpunkt in die Produktentwicklung mit einzubeziehen. Dies soll, noch konsequenter als bei den anderen beiden Maßnahmen, bewirken, dass einerseits kaufsentscheidende Module erst zu einem sehr späten Montage-Zeitpunkt montiert werden und andererseits die vorgängigen zu verbauenden Komponenten „frei" von Kundenwünschen sind.

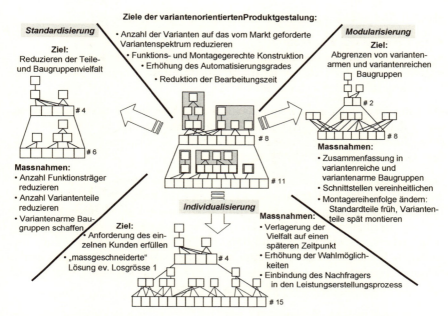

Abb. 6-8: Vielfaltsorientierte Produktgestaltung (in Anlehnung an Schuh/Caesar [1989] S. 210)

Unterstützt werden alle drei Maßnahmen von *Steuerungs- oder Dispositionsmaßnahmen* sowie der *Fertigungstiefenoptimierung*:[124]

Steuerungs- oder Dispositionsmaßnahmen (od. Segmentierung) eines Produkt- oder Baugruppenprogramms dienen der Reduzierung der Zeit- und Mengenungleichheit, indem gleiche oder ähnliche Produkte zu Losen oder Segmenten zusammengefasst werden. Unter der Fertigungstiefenoptimierung ist die Dezentralisierung der Produktvielfalt zu verstehen. Durch Auslagerung von nicht strategisch wichtigen, einfachen Teilen, die aber meist in hoher Stückzahl gebraucht werden, lässt sich der Gesamtlogistikaufwand reduzieren.

Das Festlegen der geeigneten Produktvarianten(-vielfalt) sowie Reduzierung der Produktvielfalt kann häufig erst durch eine Kombination von Maßnahmen erreicht werden. Dabei ist es notwendig, dass die Reduzierungspotenziale hinsichtlich des Unternehmennutzens in bereichsübergreifenden Gruppen diskutiert werden.

---

[124] vgl. Eversheim/Schuh/Caesar (1989b) S. 45f.: Diese beiden unterstützenden Maßnahmen sind mehr den organisatorischen und weniger den direkt produktgestalterischen Maßnahmen zuzurechnen.

Hierbei sind insbesondere folgende Punkte zu berücksichtigen:[125]

- Einfluss auf das Kaufverhalten,
- Aufwandsreduzierung in den direkten und indirekten Bereichen,
- Reduzierung der Teile- und Variantenvielfalt und
- Optimierung der Montagereihenfolge.

Die Einzelplanspiele sind weiter zu sinnvollen Szenarien zusammenzufassen und anhand des zu erwartenden Konstruktionsaufwands zu bewerten. Anschließend sind zur Umsetzung des gewählten Szenariums Maßnahmenpakete zu definieren.

Der hauptsächliche *Nutzen der VMEA* liegt darin, dass die systematische Aufbereitung der Vielfaltsinformationen und die grafische Darstellung der Variantenentwicklung die notwendige Kommunikation zwischen den VMEA beteiligten Bereichen (Marketing/Vertrieb, Entwicklung/Konstruktion, Arbeitsvorbereitung/Produktion und Kostenplanung/Conrolling) unterstützt. Dadurch ist die Variantenvielfalt für zukünftige Produkte genau bekannt und bspw. unnötige Sicherheitsreserven hinsichtlich Leistung und Flexibilität der Anlagen können vermieden werden.

---

[125] vgl. Schuh/Jonas (1997) S. 29

Kapitel C
Produktvielfalt bewerten

7 Produktbewertung von Gestaltungsalternativen

Wie in Kap. 2.2 dargestellt, schlägt sich die zunehmende Kundenfokussierung nicht nur in der Produktprogrammbreite nieder, sondern auch in der Produktstruktur und der Produktfolge. Einerseits werden die Änderungen häufig in die bestehenden Produktstrukturen aufgenommen, andererseits bewirkt die Anpassung an die Marktbedürfnisse und den technologischen Wandel eine Zunahme der Produktvielfalt über den Lebenszyklus.

Die Ursache liegt häufig darin, dass nebst einer festzustellenden Kostenignoranz in den Unternehmen behauptet wird, mit neuen Produkten würde in jedem Falle Geld verdient und die Ergebnislage verbessert.[1]

Gerade in Märkten, die einem internationalen Verdrängungswettbewerb unterliegen, neigen Unternehmen dazu, sich der Illusion der Wirtschaftlichkeitssteigerung durch zusätzliche Varianten hinzugeben. Dabei wird unterstellt, dass eine zusätzliche Produktvariante, sofern sie zumindest einen positiven Deckungsbeitrag einfährt, bereits positiv zum Betriebsergebnis beiträgt. Dass eine zusätzliche Variante allerdings häufig einen nicht erfassten Fixkosten- (und Gemeinkosten-)aufwand verursacht – nicht zuletzt weil dieser Aufwand nicht adäquat verrechnet wird -, lässt die Variante vorteilhafter erscheinen, als sie ist.

Dabei ist festzustellen, dass die Zunahme der Produktvielfalt, neben der für das Unternehmen notwendigen Agilität im Markt, zunehmend auch die Chance, die *Kostenführerschaft* zu übernehmen, verhindert. Im Sinne einer Verbesserung der Marktsituation für das Unternehmen und Beherrschung der Vielfaltsproblematik sind aus diesen Gründen die vielfaltsabhängigen Kosten (Komplexitätskosten) drastisch zu senken.[2]

Das Dilemma wirtschaftlicher Vielfaltsproduktion besteht darin, dass einerseits die Produktvarianten eines neuen Produktes in einem frühen Planungsstadium noch nicht feststehen und daher nicht bewertet werden können. Andererseits führt eine Straffung des Sortiments zu einem späteren Zeitpunkt nicht mehr zu nachweisbaren Einsparungen, da die notwendigen Ressourcen für das gesamte Produktespektrum bereits geschaffen oder bereitgestellt wurden.

Notwendig ist ein nachhaltiges Kostenrechnungssystem, mit dem Variantenkosten schon im frühen Planungsstadium unterschieden werden können.[3]

---
[1] vgl. Wüpping (1998a) S. 221
[2] vgl. Westkämper/Bartuschat (1993) S. 26
[3] vgl. Schuh (1986) S. 36

Für das Produktcontrolling bedeutet dies, dass zu jedem Zeitpunkt des Produktlebenszyklus Informationen über die „Kostenverursacher" abgerufen und die verursachungsgerechten Kosten eruiert werden müssen.[4] Zudem muss das Kostenrechnungssystem in der Lage sein, innerbetriebliche Abläufe zu bewerten und die tatsächlich verursachten Kosten verursachungsgerecht zuzuordnen sowie die Bewertung von Zusatznutzen zu -aufwand vornehmen zu können.[5]

Im Rahmen dieses Kapitels werden dazu die *Zielkostenrechnung* (engl.: Target Costing) sowie die *Ressourcenorientierte Prozesskostenrechnung (RPK)* und ihr Einsatz in den Bereichen Entwicklung, Konstruktion und Planung dargestellt.

Wird mit dem Target Costing das Ziel verfolgt, marktgerechte Produktpreise zu erreichen, unterstützt die RPK die verursachungsgerechte Kostenermittlung entlang der Prozesse der Auftragsabwicklung.

Die beiden Instrumente ergeben eine sinnvolle Ergänzung zur *VMEA-Methodik*[6] und ermöglichen die Bewertung von Gestaltungsalternativen hinsichtlich einer wirtschaftlichen Herstellung marktorientierter Produktvielfalt.

---

[4] vgl. Westkämper/Bartuschat (1993) S. 26
[5] vgl. Wüpping (1998a) S. 221
[6] vgl. Kap. 6.2

8 Zielkostenmanagement

8.1 Grundprinzip des Zielkostenmanagements

Die richtige Balance zwischen Preis und der optimalen Zusammensetzung und Gestaltung der Produktfunktionen ist in den meisten Fällen eine schwierige Angelegenheit. Zudem fällt es vielen Unternehmen zunehmend schwer, sich durch alleinige Ausrichtung auf den niedrigsten Preis (Kostenführerschaft) oder technologische Differenzierung in attraktiven Marktsegmenten zu etablieren. Die Herausforderung liegt heute darin, eine Mischstrategie zu verfolgen indem, nicht nur preisgünstige Produkte, sondern auch ein hoher technischer Standard geboten wird.[7]

In diesem Zusammenhang geht es hauptsächlich um die Fragen: Was ist der Kunde bereit zu bezahlen? Mit welchen Produktkomponenten sind seine persönlichen Nutzenpräferenzen abzudecken? Nicht mehr die Frage „Was wird ein Produkt kosten?", sondern „Was darf ein Produkt bzw. die Produktkomponenten kosten?" steht im Vordergrund (Abb. 8-1).[8]

Aus diesem Grunde darf die Kostenplanung bzw. die Bewertung und Festlegung der Produkte nicht erst in der Produktionsphase einsetzen, sondern hat bereits in den frühen Phasen der Produktentstehung zu erfolgen.

Der Fokus der Entwicklungs- und Konstruktionsaktivitäten wird zu diesem Zweck auf Markt- und Kundenwünsche gelegt, um bereits zu sehr frühen Zeitpunkten Kosteninformationen als Wegweiser für das Entwicklungsteam zu generieren. So unterstützt das Zielkostenmanagement die für den Markterfolg von Produkten äußerst relevante Phase der Produktentwicklung. Auf diese Weise führt die Produktentwicklung zu kostengünstigeren und, vom angebotenen Leistungsspektrum her gesehen, kundengerechten und somit erfolgreichen Produkten.[9]

Grundsätzlich wurde das Zielkostenmanagement entwickelt, um[10]

- die Gestaltung und Herstellung der einzelnen Produkte auf den Markt auszurichten und
- Produktrentabilitäten auch bei steigender Wettbewerbsintensität zu erhalten bzw. zu steigern.

---

[7] vgl. Schuh/Groos/Hermann/Spreitzer (1995) S. 26
[8] vgl. Horváth (1996) S. 518
[9] vgl. Schuh/Schwenk (1999) S. 204
[10] vgl. Horváth (1996) S. 519

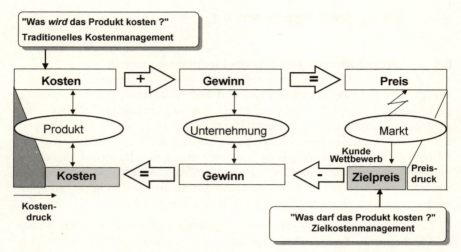

Abb. 8-1: Marktorientierung durch Zielkostenmanagement (Quelle: Schuh/Groos/Hermann/Spreitzer [1995] S. 26)

Horváth/Seidenschwarz verstehen das Zielkostenmanagement als einen umfassenden Geschäftsprozess zur marktorientierten Kostenplanung, -steuerung und -kontrolle.[11] Dabei kommt zum Ausdruck, dass einerseits das Zielkostenmanagement keine einmalige Angelegenheit bedeutet, sondern ein lebenszyklusorientierter Ansatz ist. Andererseits wird die Tatsache in den Vordergrund gestellt, dass notwendige Produkt- und Prozessgestaltungsmaßnahmen aus dem Marktgeschehen heraus abgeleitet werden müssen.[12] Das Zielkostenmanagement schafft eine Grundlage zur erfolgreichen Realisierung der Kundenorientierung und Kundenintegration, indem die beteiligten Unternehmensbereiche nutzen- und kostenorientiert koordiniert werden.[13]

Definition:

Zielkostenmanagement ist ein Konzept zur umfassenden *Kostenplanung*, *Kostensteuerung* und *Kostenkontrolle*, das hauptsächlich auf die frühen Phasen des Produktentwicklungsprozesses abzielt, um die Struktur der Produktkosten in Abhängigkeit der *Marktanforderungen* zu beeinflussen.

---

[11] vgl. Horváth/Seidenschwarz (1992) S. 142
[12] vgl. Horváth/Seidenschwarz (1992) S. 143
[13] vgl. Groos (1997) S. 102

„Der Grundgedanke im Zielkostenmanagement besteht darin, die unternehmensinternen Vorstellungen und unternehmensexternen Kundenerwartungen über ein neues Produkt bzw. eine Dienstleistung bereits in der Entwurfsphase aufeinander abzustimmen."[14] Die Umsetzung der Kundenbedürfnisse in Produkte, mit Kenntnis der Preisbereitschaft des Marktes und der daraus abgeleiteten Darf-Kosten stehen dabei im Mittelpunkt (Abb. 8-2).

Ausgangslage bilden die *Zielpreise* (Target Prices), die die Zahlungsbereitschaft der Kunden für die angebotenen Leistungskomponenten in einem Kundensegment widerspiegeln.[15]

Zieht man davon die *Zielrendite* (Target Profit) ab, erhält man die Darfkosten (Allowable Costs) für die gesamte Leistung. Die Darfkosten werden dabei für jedes Kundensegment erfasst.[16]

Die *Zielkosten* (Target Costs) sind aus den durchschnittlichen Darfkosten über alle Kundensegmente zu berechnen. Die Größe der Absatz- und Umsatzanteile fließt in die Berechnung mit ein.

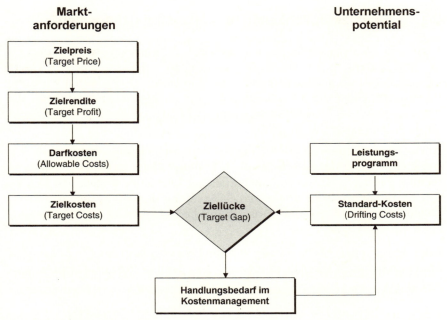

Abb. 8-2: Konzept des Zielkostenmanagements (Quelle: Groos [1997] S. 103)

---

[14] vgl. Groos (1997) S. 100
[15] vgl. Groos (1997) S. 104
[16] vgl. Horváth/Seidenschwarz (1992) S. 150

Die Zielkosten sind die durchschnittlich vom Markt erlaubten Kosten, die über den geplanten Produktlebenszyklus berücksichtigt werden. Sie spiegeln in monetärer Weise die Markt- und Kundenanforderungen wider und sind somit Ausgangslage für mögliche Kostensenkungsmaßnahmen im Markt.[17]

Den Zielkosten werden die *Standardkosten* (Drifting Costs) gegenübergestellt. Das sind diejenigen Kosten, die unter Beibehaltung der derzeitigen Technologien und Prozesse bei der Erstellung der potenziellen Leistung entstehen würden.[18] Die Voraussetzung für ein aussagekräftiges, der Kostenwahrheit entsprechendes Zielkostenmanagement ist die Ermittlung von verursachungsgerechten Standardkosten.[19]

Aus der Gegenüberstellung der vom Markt erlaubten Zielkosten mit den unternehmensspezifischen Standardkosten ergibt sich die *Ziellücke* (Target Gap). Sie zeigt einerseits die Differenz zwischen den Marktanforderungen und dem derzeitigen Unternehmenspotenzial auf und weist andererseits den quantitativen Handlungsbedarf zur Kostensenkung mittels geeigneter Maßnahmen aus.

8.2 Einsatzmöglichkeiten für Zielkostenmanagement

Entstanden in der montierenden Industriebranche mit grosser Produktvielfalt und hartem Wettbewerb, findet man heute die Grundidee des Target Costing in allen Branchen.[20] Neben dem Einsatz in der Produktentwicklung werden vor allem die Kostensenkungen bei existierenden Produkten, die Planung von Produktionsprozessen und die Effizienzsteigerung in den direkten Bereichen genannt (Abb. 8-3).

Am wirkungsvollsten ist der Beitrag des Zielkostenmanagements in den frühen Phasen der *Produktentwicklung*.[21] In dieser Phase werden der Entwicklung operationelle Kostenvorgabegrößen zur Verfügung gestellt, die sich an den Marktbedürfnissen orientieren.[22] Das hohe Potenzial zeigt sich darin, dass die Entwicklungs- und Konstruktionsbereiche bereits 70% der gesamten Kosten festlegen.[23]

Beim Einsatz der Methode zur *Rationalisierung bestehender Leistungen* konzentrieren sich die Aktivitäten auf die späteren Phasen. Da in diesem

---

[17] vgl. Niemand (1996) S. 30
[18] vgl. Horváth/Niemand/Wolbold (1993) S. 13 u. Horváth/Seidenschwarz (1992) S. 150
[19] Zur Ermittlung von verursachungsgerechen Standardkosten wird auf das Kap. 9 – Ressourcenorientierte Prozesskostenrechnung – verwiesen. vgl. Seidenschwarz (1991) S. 64
[20] vgl. Horváth (1996) S. 527
[21] vgl. Horváth/Niemand/Wolbold (1993) S. 4f.
[22] Groos (1997) S. 106
[23] Eversheim/Schmidt/Saretz (1994) S. 66

8 Zielkostenmanagement

Fall die Produkte bereits eingeführt wurden, liegt das Schwergewicht in der Produkte-Modifizierung. Der Effekt des Zielkostenmanagements ist somit beschränkt, da es sich einerseits nur um Produktverbesserungen handelt und andererseits Konstruktionsänderungen meist sehr kostenintensiv sind.

Abb. 8-3: Anwendungsgebiete des Zielkostenmanagements (Quelle: Horváth/Niemand/Wolbold [1993] S. 5)

Dem steht der Vorteil gegenüber, dass die Kunden bereits Produktkenntnisse haben und somit in der Lage sind, konkreter Anforderungen an die Leistungsverbesserung einzubringen.[24]

Diese Erkenntnis hat jedoch zur Folge, dass das Zielkostenmanagement bei radikalen Neuinnovationen nur beschränkt tauglich ist. Da die Kunden weder mit der potenziellen Leistung noch mit ähnlichen Produkten Erfahrungen sammeln konnten und dementsprechend ihre Bedürfnisse auch nicht formulieren können.[25]

Folgende Anwendungsstufen des Target Costing sind zu unterscheiden:[26]

- Punktueller Einsatz für bestimmte Produkte zur Kostenreduktion; relativ geringe Ausprägung der Kundenorientierung;
- Systematische Anwendung für alle neuen Produkte; interaktiver Produktplanungsprozess mit dem Kunden;
- Aktive Einbindung der Lieferanten in den Target-Costing-Prozess

---

[24] vgl. Groos (1997) S. 106f.
[25] vgl. Horváth (1996) S. 527: „Typisch für den Einsatz sind Produkte, die – mehr oder weniger – den Vergleich mit einer Vorläufergeneration erlauben. Für völlig neue, hochinnovative Produkte lässt sich Target Costing nur in einer sehr groben Form durchführen."
[26] vgl. Horváth (1996) S. 528

Produktseitig ist das Hauptanwendungsgebiet des Zielkostenmanagements insbesondere bei technisch komplexen Produkten gegeben.[27] Weitere Entscheidungskriterien bilden der Produktinnovationsgrad, die Kundenreife sowie die Wettbewerbsintensität (Abb. 8-4).

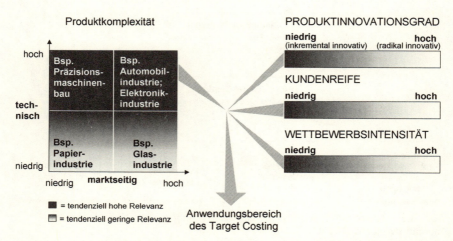

Abb. 8-4: Hauptanwendungsgebiete des Zielkostenmanagements (in Anlehnung an Seidenschwarz [1994] S. 166)

Clark/Fujimoto erweitern das Modell, indem sie die marktseitige Komplexität durch die Komplexität der Kundenschnittstelle (Zahl der Kunden; Leistungs-Wahrnehmung durch den Kunden) definieren. Wobei zunehmende Komplexität für eine höhere Relevanz des Target Costing spricht.[28]

Groos weist darauf hin, dass die Produkte einen gewissen Seriencharakter haben müssen, damit die entsprechenden Größeneffekte durch Kostenmanagement-Maßnahmen erzielt werden können. Dies schließt somit auch Einzelfertigungen mit ein, falls es sich beim Endprodukt um eine Konfiguration von Modulen handelt, die mehrfach in Serie gefertigt und eingesetzt werden können. Dementsprechend eignen sich die Güterkategorien Modullieferanten, Maschinen- und Anlagenbauer für den Einsatz des Target Costing bestens.[29]

---

[27] vgl. Seidenschwarz (1994) S. 166
[28] vgl. Clark/Fujimoto (1991b) S. 11
[29] vgl. Groos (1997) S. 108: Eine Ausnahme bilden dabei Teilefertiger. Da es aufgrund ihrer Vorgaben von ihren Kunden weniger ihr Ziel ist, die Problemlösung zu entwickeln, als vielmehr die Kostensenkung und Vielfaltsbegrenzung zu beherrschen.

8.3 Markt- und Nutzensegmentierung

Wie bereits ausführlich erläutert, bauen viele Unternehmen eine interne Produktvielfalt auf, um die marktseitigen Anforderungen (Kundenbedürfnisse) abzudecken. Vermeintlich lukrative Exoten werden produziert, ohne zu realisieren, dass das tragende Standardgeschäft an Volumen und Ertragskraft verliert. Durch die verursachungsgerechte Verrechnung der Kosten können zwar der Vielfalts-Explosion im Unternehmen Einhalt geboten und erste Variantenentscheidungen getroffen werden, auf sich alleine gestellt ist sie aber nicht mehr als eine Symptombekämpfung. Soll ein nachhaltiges marktorientiertes Komplexitätsmanagement im Unternehmen integriert werden, ist zu einem frühen Zeitpunkt der Produktkonzeption Transparenz bzgl. der Kundenbedürfnisse zu schaffen.

Möglichkeiten z. B. zur Standardisierung, d. h. zur Bündelung einzelner Bedürfnisse, die durch Standards erfüllt werden, können so erkannt und genutzt werden.

„Kann ein Anbieter spezifische Kundenbedürfnisse besser als der Wettbewerber erfüllen und abdecken, ergeben sich für ihn Wettbewerbsvorteile."[30] Die Ausrichtung des Unternehmens an den vielfältigen und individuellen Kundenbedürfnissen birgt aber auch einige Gefahren, die Auswirkungen auf die Kosten und den Erfolg der Leistungen haben.[31] Der Anbieter muss die Bedürfnisse seiner Kunden kennen lernen und strukturieren. Andererseits hat es der Anbieter auch mit Kunden zu tun (Bsp. Neukunden), die mit der Problemlösung und Technologie nicht sehr vertraut sind und dementsprechend die Anforderungen nicht vollständig beschreiben können. Aus diesem Grunde werden Kundenbedürfnisse und Kundenerwartungen unterschieden. Kundenerwartungen sind diejenigen Kundenbedürfnisse, die dem Kunden bewusst bzw. von ihm artikulierbar sind. Zu den Kundenbedürfnissen zählen hingegen auch latent vorhandene, nicht ausgesprochene Bedürfnisse (Abb. 8-5).

Herausforderung für den Anbieter ist, die Kundenbedürfnisse und -erwartungen praktisch vollumfänglich zu erfüllen. Hohe Treffsicherheit bedeutet zugleich zufriedene und treue Kunden. Schlechter stehen die Chancen, im Markt zu bestehen, wenn die Erwartungen nicht erfüllt werden (Underengineering), da eventuell Produkte nachentwickelt oder sogar aus dem Markt gezogen werden müssen. Liegt das Gegenteil vor – Overengineering – besteht für das Unternehmen die Gefahr, dass Wettbewerber die Kundenbedürfnisse kostengünstiger abdecken und Kunden zudem abwandern.[32]

---
[30] vgl. Belz/Schuh/Groos/Reinecke (1997) S. 67
[31] vgl. Belz/Schuh/Groos/Reinecke (1997) S. 67
[32] vgl. Seghezzi (1996) S. 61

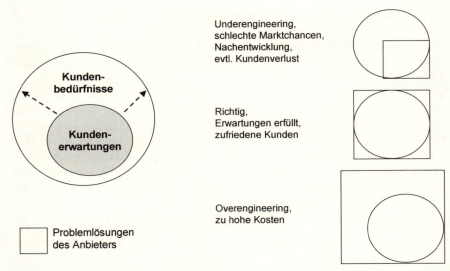

Abb. 8-5: Kundenbedürfnisse und -erwartungen und die Treffsicherheit der Leistung (in Anlehnung an Seghezzi [1996] S. 61ff.)

Um die heterogenen aktuellen und zukünftigen Kundenbedürfnisse durch geeignete Leistungen zu befriedigen, sind diese in *homogene Kundencluster* zu fassen. In diesen Kundenclustern werden diejenigen Kunden zusammengefasst, die die Kundenbedürfnisse mit gleichen oder zumindest ähnlichen Bewertungen beurteilen. Dies ermöglicht den Unternehmen, innerhalb des relevanten Marktes, der in der *Marktsegmentierung* abgegrenzt wurde, Zielgruppen auszuwählen, für die individuelle, zum Teil unterschiedliche Problemlösungen bereitgestellt werden. Sie zeichnen sich somit durch ähnliche Bedürfnisprofile bzw. Nutzenprofile aus. Aus der *Nutzensegmentierung* resultieren Kundensegmente, die ähnliche oder gleiche Nutzenerwartungen haben, welche aus gleichartigen Problemstellungen resultieren (Abb. 8-6).[33]

Innerhalb der Nutzensegmentierung sind zudem neue Marktchancen zu identifizieren und interessante Marktsegmente auszuwählen. Neue Marktchancen ergeben sich daraus, dass noch nicht erkannte Kundenbedürfnisse bzw. Leistungen im Leistungsangebot der Kundengruppe bis dahin nicht vorhanden waren.[34]

Das Auffinden von solchen Kunden-Clustern wird mit Hilfe der *Clusteranalyse* bewerkstelligt. Dabei werden die Kundenbedürfnisse in Abhängigkeit ihrer Relevanz für die Kunden bewertet und jene zu Kundenclustern zusam-

---

[33] vgl. Belz (1991a) S. 29
[34] vgl. Groos (1997) S. 150

mengezogen, für die ein weitgehend homogenes Bedürfnisprofil entsteht. Zusätzlich wird je Bedürfnis innerhalb des Kundenclusters eine Gewichtung sowie Streubreite der Aussagen ermittelt. Wichtiges Kriterium zur Einschätzung und Clusterung der Kunden ist das Know-how bzgl. eingesetzter Technologie und der Problemstellung.[35]

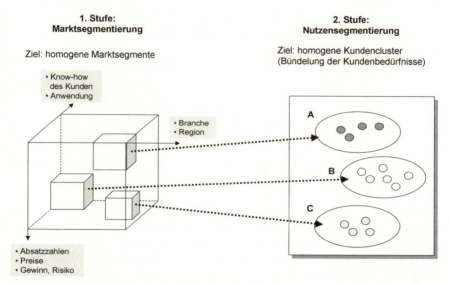

Abb. 8-6: Zweistufige Markt- und Nutzensegmentierung (Quelle: Groos [1997] S. 151)

In einem nächsten Schritt werden die Kundenbedürfnisse je Kundencluster bereinigt, d. h. Kundenbedürfnisse geringer Wichtigkeit werden gestrichen. Das Ziel ist es, die kaufentscheidenden Kundenbedürfnisse herauszufiltern, damit diese fokussiert in Produkteigenschaften umgesetzt werden können.

Für die Bereinigung der Kundenbedürfnisse werden die Kundenbewertungen herangezogen und die Bedürfnisse ihrer Bedeutung nach gegliedert. Aus den Einschätzungen der Kunden können die *Muss-* und *Kann-Kriterien* unterschieden werden. Diese Unterscheidung kann anhand des *Kano-Modells* erläutert werden (Abb. 8-7).

Im Kano-Modell werden drei Kategorien von Kundenbedürfnissen „Basis-, Leistungs- und Begeisterungsanforderungen" unterschieden, die sich an der Wahrnehmung durch den Kunden orientieren.

---

[35] vgl. Groos (1997) S. 152f.

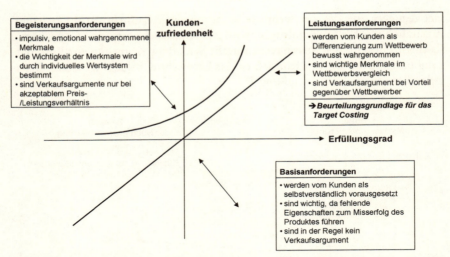

Abb. 8-7: Kano-Modell zur Strukturierung von Kundenanforderungen (Quelle: Kano/Seraku/Takahashi/Tsuji [1984] S. 40)

Der Definition zur Folge sind alle Basisanforderungen, die als Muss-Kriterien bezeichnet werden, zu erfüllen, dann erst sind die Leistungsanforderungen auszubauen und die Begeisterungsanforderungen zu identifizieren (Kann-Kriterien). Muss-Kriterien sind durch den Anbieter unbedingt zu erfüllen. Zu den Muss-Kriterien zählen auch diejenigen Bedürfnisse, die ein Wettbewerber im Kundencluster bzw. Marktsegment erfüllt. Die Kann-Kriterien werden je nach Bedeutung für die Kunden bzw. Angebot der Wettbewerber gestrichen.[36]

Die auf diese Weise priorisierten bzw. übriggebliebenen Kundenbedürfnisse werden den im Folgenden beschriebenen Zielkostenmanagementprozess durchlaufen.

8.4 Vorgehen im Zielkostenmanagement

Target Costing ist kein spezielles Kostenrechnungsverfahren, sondern eine umfassende Planungs- und Steuerungsphilosophie des Produktentwicklungsprozesses. D. h., dass zwar einerseits ein kostenrechnerisches Instrumentarium zur Verfügung gestellt wird, andererseits aber die umfassende Gestaltung des Prozesses hinsichtlich organisatorischer und instrumenteller Aspekte notwendig ist.[37]

---

[36] vgl. Groos (1997) S. 157
[37] vgl. Horváth (1996) S. 519

8 Zielkostenmanagement

Der Target Costing Prozess unterteilt sich in die drei Phasen „Zielkostenermittlung", „Zielkostenspaltung" und „Aufdeckung der Kostenpotenziale". Parallel dazu verläuft das „Projektbegleitende Controlling" (Abb. 8-8).[38]

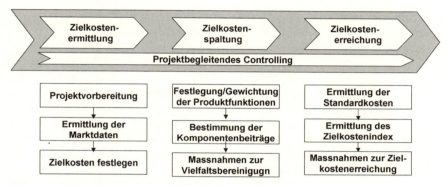

Abb. 8-8: Vorgehensweise im Zielkostenmanagement

Dabei steht im Vordergrund, aus den Marktvorgaben (Kundenbedürfnissen), Renditeerwartungen und Möglichkeiten des Unternehmens die Gesamtkosten auf die Funktionen und Komponenten aufzuteilen und Maßnahmen zur Zielerreichung zu erarbeiten.

8.4.1 Phase 1: Zielkostenermittlung

e) Projektvorbereitung

Innerhalb der Projektvorbereitung werden zur Gewinnung echter Kundenurteile mittels Kundenbefragung[39] die Kundenbedürfnisse erfasst und bewertet. Zur Auswertung werden Auswertungsverfahren, wie z. B. die Conjoint-Analyse[40], eingesetzt, die den Beitrag einzelner Produktfunktionen am Gesamtnutzen ermittelt.

---

[38] Die Einbindung des Zielkostenmanagements in den Führungskreislauf des Komplexitätsmanagements ist in Kap. 15.3 beschrieben.
[39] vgl. Gaiser/Kieninger (1993) S. 62: Eine Kundenbeurteilung mittels Marktforschung sollte aus Aufwandsgründen nur für strategische Projekte durchgeführt werden. Eine in Abhängigkeit der Bedeutung um zusätzliche Kundenbefragungen ergänzte Kundeneinschätzung ist daher für eine überwiegende Anzahl von Projekten zu empfehlen.
[40] vgl. Seidenschwarz (1991) S. 199ff. u. Niemand (1996) S. 54ff.

f) Ermittlung der Marktdaten

Die zu ermittelnden Zielkosten sind durchschnittliche Produktstückkosten über den Produktlebenszyklus. Dementsprechend sind zu ihrer Ableitung vom Markt her folgende Kenntnisse notwendig:[41]

- Produktlebenszyklus
- Absatzvolumen und Marktpreise im Produktlebenszyklus
- Markteintrittszeitpunkt

Diese Aufgabe stellt sich insbesondere bei Produkten für den internationalen Markt, da die Phase des Lebenszyklus beim Markteintritt je nach Land unterschiedlich sein kann. Genauso verhalten sich aber auch die zu realisierenden Produktpreise in den unterschiedlichen Märkten. Aus zeitlichen und wirtschaftlichen Gründen ist es meist nicht möglich, für ein und dasselbe Produkt ein Zielkostenmanagement für verschiedene Märkte durchzuführen. Dieses Problem ergibt sich häufig schon bei der Ermittlung des Kundennutzens bzw. der Marktsegmentierung. Daher ist zu entscheiden, welcher Markt als Basismarkt für das weitere Vorgehen herangezogen wird. Dabei sollte die Analyse auf den dominierenden Markt (Volumen; Preis) abgestellt oder, falls nicht vorhanden, ein gewichteter Marktdurchschnitt definiert werden.

g) Zielkosten festlegen

Die Zielkosten bzw. Darfkosten werden für jedes Kundencluster ermittelt. Die Darfkostenbudgets leiten sich aus den ermittelten Zielpreisen (Target Prices) und den unternehmensspezifischen Zielrenditen ab (Abb. 8-9). Die Ziel-preisinformationen sind sowohl markt- als auch unternehmensbezogen zu erarbeiten.

Dabei sind insbesondere unter strategischen Aspekten die kosten-, kunden- und konkurrenzorientierte Preispolitik zu berücksichtigen. Folgende Informationen sind heranzuziehen:[42]

- Preisbereitschaft der Kunden innerhalb der jeweiligen Cluster,
- Angebotspreise der Wettbewerber und
- derzeitige Angebotspreise (falls vorhanden).

Die *Zielpreise* und die zu erwartenden Absatzzahlen der Leistungen sind für den gesamten Lebenszyklus bzw. für mehrere Perioden festzulegen und zu planen. Dasselbe gilt für die *Zielrenditen*. Sie sollten als feststehende Größe

---

[41] vgl. Gaiser/Kieninger (1993) S. 62
[42] vgl. Belz/Schuh/Groos/Reineke (1997) S. 79

8 Zielkostenmanagement

betrachtet werden, die im Projektverlauf nicht zur Kompensation verfehlter Zielkosten verändert werden darf.[43]

Die auf diese Weise ermittelten Darfkosten genügen jedoch noch nicht zum Vergleich mit den Kosten, die bei bestehender Technologie und Prozessen anfallen würden bzw. zur Einleitung von Maßnahmen. Sie bedürfen daher einer Zerlegung in Zielkosten für einzelne Baugruppen und Komponenten.[44]

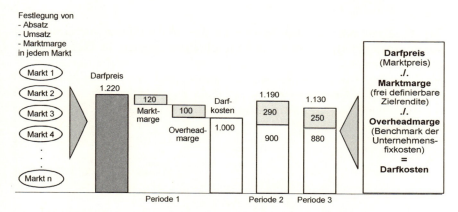

Abb. 8-9: Ermittlung des Darfkostenbudgets für eine Produktvariante

8.4.2 Phase 2: Zielkostenspaltung

a) Festlegung und Gewichtung der Produktfunktionen

Die Spaltung (Dekomposition) der ermittelten Darfkosten auf die einzelnen Komponenten ist das Ziel dieser zweiten Phase. Dabei wird für die funktionalen, produktbezogenen Bedürfnisse ein zweistufiges Verfahren angewendet.[45] Im Idealfall entsprechen die Kosten jeder Produktkomponente ihrem prozentualen Anteil zur subjektiven Produkterfüllung.[46]

Als Spaltungsstrategien werden die *Funktions- und die Komponentenmethode* diskutiert. Ausgangspunkt der Funktionsmethode ist eine detaillierte Ermittlung der Kundenwünsche hinsichtlich der Produktfunktionen.

Im Gegensatz dazu werden in der Komponentenmethode die gewichteten Kundenanforderungen direkt auf die Komponenten runtergebrochen. Diese

---
[43] vgl. Belz/Schuh/Groos/Reineke (1997) S. 8
[44] vgl. Horváth/Niemand/Wolbold (1993) S. 13
[45] vgl. Tanaka (1989) S. 52f. und Yoshikawa (1989) S. 283ff.
[46] vgl. Kaiser (1995) S. 133

Methodik hat den Vorteil, dass sie selbst für komplexe Produkte relativ rasch durchgeführt werden kann. Der Nachteil ist, dass durch das Zurückgreifen auf ein Vorgänger- oder Konkurrenzprodukt eine Strukturfortschreitung der Kosten entsteht.[47]

Zur Durchführung der Funktionsmethode stellt Seidenschwarz[48] eine modifizierte Form des *Quality Function Deployment (QFD)*[49] vor, das in der Arbeit von Kaiser unter dem Begriff *Target Cost Deployment (TCD)* weiter ausgebaut wurde.[50]

Das TCD besteht aus zwei Matrizen (Abb. 8-10). Die zuvor ermittelten Kundenanforderungen fließen direkt in die Erstellung des TCD ein.

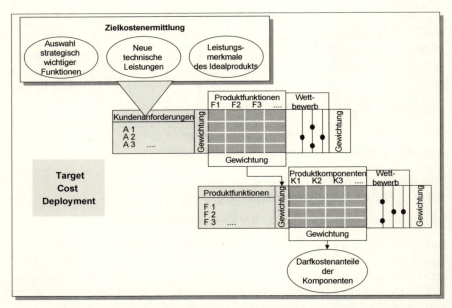

Abb. 8-10: Zielkostendekomposition (Target Cost Deployment) (in Anlehnung an Kaiser [1995] S. 134)

In der ersten Matrix werden die Kundenanforderungen (funktionale Bedürfnisse) aufgrund der Kundenaussage sowie dem Wettbewerbervergleich gewichtet. Somit erhält man eine endgültige Gewichtung der Anfor-

---

[47] vgl. Gaiser/Kieninger (1993) S. 66
[48] vgl. Seidenschwarz (1993) S. 178ff.
[49] vgl. Hauser/Clausing (1988) S. 57ff.
[50] vgl. Kaiser (1995) S. 133

derungen. Im nächsten Schritt werden die Produktfunktionen, die die Anforderungen realisieren, aufgelistet und hinsichtlich ihres Beitrages zur Bedürfnisbefriedigung bewertet. Die endgültige Gewichtung der Produktfunktionen geschieht dann durch die Berücksichtigung der Anforderungs-Gewichtung.

b) Bestimmung der Komponentenzielkosten (Darfkosten)

Die gewichteten Produktfunktionen werden sodann in die zweite Matrix übertragen. Durch den gleichen Vorgang, wie in der ersten Matrix beschrieben, erhält man die Darfkostenanteile der Produktkomponenten. Zuerst werden die Produktkomponenten festgelegt, die die Produktfunktionen realisieren, und sodann ihr Beitrag zur Erfüllung definiert. Durch die Berücksichtigung der Funktions-Gewichtung ergibt sich durch eine einfache Multiplikation (Funktions-Gewichtung × Komponentenbeitrag) und anschließender Summation die endgültige Gewichtung der Produktkomponenten.

Die Darfkostenanteile (Zielkosten) erhält man durch Multiplikation der gewichteten Produktkomponenten mit den Gesamt-Darfkosten.

c) Maßnahmen zur Vielfaltsbereinigung

Durch die systematische Ableitung der *Kundenanforderungen*, anschließende Bewertung und Umsetzung in *Produktfunktionen* bzw. *Komponenten* lassen sich bereits zu diesem Zeitpunkt Reduzierungsmaßnahmen innerhalb der drei Ebenen durchführen. Clusterübergreifend sind Bedürfnisse bzw. Leistungen zu standardisieren, die in mehreren Kundengruppen angeboten werden (Abb. 8-11). Andererseits werden auf diese Weise die kundengruppen-spezifischen Problemlösungen erkannt. Aufgrund der Tatsache, dass in dieser Produktentwicklungsphase bereits ein Grossteil der Kosten festgelegt wird, resultiert hieraus ein großes Potenzial zur Kostenreduzierung der Produktgruppe bzw. -familie, was schließlich zu einem kosten- und nutzenoptimalen Produktspektrum führt.[51]

Dieser Ansatz bietet sich insbesondere bei Neuprodukten bzw. für bisher noch nicht bediente Märkte an. Damit können die bei der Erschließung neuer Märkte oder Veränderung der Kundenpräferenzen generierten neuen Cluster frühzeitig auf Reduzierungsmaßnahmen untersucht werden. Auf diese Weise wird es gelingen, mit einem Minimum an Störgrößen den weiteren Prozess im Zielkostenmanagement zu durchlaufen.

---

[51] vgl. Kaiser (1995) S. 139

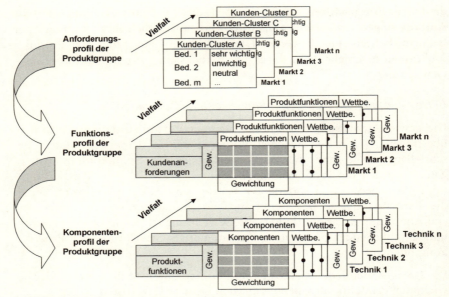

Abb. 8-11: Marktsegmentierung und Generierung der Produktvielfalt (in Anlehnung an Kaiser [1995] S. 140)

8.4.3 Phase 3: Zielkostenerreichung

a) Ermittlung der Standardkosten

Für die definierten Komponenten wurden aus Marktsicht die Zielkosten ermittelt. Um jedoch die Zielkostenkontrolle durchführen zu können, sind die *Standardkosten* den Zielkosten gegenüberzustellen. Die Standardkosten resultieren aus den internen Möglichkeiten des Unternehmens bzgl. eingesetzter Technologie und Prozessen. Die Standardkosten werden auf Vollkostenbasis für den gesamten Lebenszyklus bzw. die geplanten Perioden kalkuliert, damit kostenbeeinflussende Maßnahmen berücksichtigt werden.[52]

Genau wie auf der Marktseite, in der die richtigen Kundenbedürfnisse und deren Bedeutung für einzelne Kunden erhoben werden, ist es für den Erfolg des Zielkostenmanagements notwendig, auch intern die richtigen Kosteninformationen der Leistung bereitzustellen.[53] Konventionelle Kostenrechnungsverfahren, wie z. B. die Zuschlagskalkulation, sind i.d.R. nicht in der Lage, verursachungsgerechte Kosteninformationen bereitzustellen. Eine ge-

---

[52] vgl. Seidenschwarz (1993) S. 81f.
[53] vgl. Groos (1997) S. 194

8 Zielkostenmanagement

eignete Kalkulationsmethode zur verursachungsgerechten Kalkulation stellt die *ressourcenorientierte Prozesskostenrechnung (RPK)* dar.[54]

Ein weiteres Problem liegt darin, Kostenabschätzungen für Komponenten bereits zu einem frühen Zeitpunkt der Produktentwicklung vorzunehmen, in der noch keine konkreten Informationen vorliegen. Dazu bietet sich an, das Produkt mit einem möglichst hohen Anteil an *Referenzteilen* (bereits existierende Teile) zu modellieren. Im Verlaufe der Entwicklung sind dann die Referenzteile sukzessive mit den „richtigen" Teilen auszutauschen.[55]

Die Kalkulation der Teile bzw. Komponenten ergibt sich aus den *Material-, Fertigungseinzel-, Sonder- und Gemeinkosten*. Liegen die Informationen der ersten drei Blöcke bereits vor, sind die Gemeinkosten mit der RPK differenziert zu erfassen. Die auf diese Weise ermittelten Standardkosten werden im folgenden Schritt den Zielkosten gegenübergestellt.

b) Ermittlung des Zielkostenindex

Das Zielkostendiagramm stellt für die Zielkostenkontrolle das wichtigste Instrument dar (Abb. 8-12). In das Diagramm werden die Teile bzw. Komponenten, für die in den vorhergehenden Schritten die Ziel- und Standardkostenanteile berechnet wurden, eingetragen.

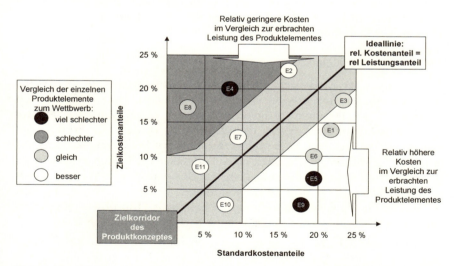

Abb. 8-12: Zielkostenerreichung im Vergleich zum Wettbewerb (Quelle: Spies [1999] S. 459)

---

[54] vgl. Schuh/Groos/Hermann/Spreitzer (1995) S. 28
[55] vgl. Schuh/Groos/Hermann/Spreitzer (1995) S. 29

Aufgrund dieser Festlegung wird der *Zielkostenindex* berechnet. Der Zielkostenindex ist der Quotient aus den Standardkosten- und Zielkostenanteilen einer Leistung. Der Optimalwert des Zielkostenindex einer Leistung ist 1. Bei diesem Wert entspricht der Ressourceneinsatz für eine Leistung genau der Nutzengewichtung durch den Kunden für diese Leistung. D. h., die Standardkosten stimmen mit den Zielkosten überein. Ist der Zielkostenindex „>" oder „<" 1, ist die Leistung im Hinblick auf die Zielkosten zu „günstig" bzw. zu „teuer". Die zu geringen Standardkosten können zu einer bewussten Quersubventionierung eingesetzt werden. Außerdem werden Leistungen identifiziert, die der Attraktivitätssteigerung der Gesamtleistung dienlich sein können. Der *Kostenreduktionsbedarf (Target Gap)* kann auf diese Weise direkt aus dem Zielkostendiagramm abgelesen werden.

Unter den strategischen Gesichtspunkten ist auch die Wettbewerbsposition gegenüber den Konkurrenten in Bezug der Preis-/Nutzenrelation der Produkte relevant. Dazu wird das Zielkostendiagramm durch Benchmarks ergänzt. Dieses Vorgehen ist insbesondere in Zuliefermärkten anzuwenden, in denen die Anbieter aufgrund der Relation „Erfüllung der Produktfunktionen/Preis" gemessen werden.[56]

In einer nächsten Detaillierungsstufe kann die Zielkostenkontrolle natürlich auch für jedes *Kundencluster* separat vorgenommen werden. Die entsprechenden Werte ergeben sich einerseits aus den Zielkosten der Kundencluster und den Standardkosten. Auf diese Weise werden sodann kundengruppenindividuelle Maßnahmen ermöglicht.[57]

c) Maßnahmen zur Zielkostenerreichung

Mit Abschluss der Zielkostenkontrolle ist der Kostenreduktionsbedarf für die Teile/Komponenten bzw. Gesamtleistung definiert. Daran schließt sich das „Kneten" an. Darunter ist die Schließung des Target Gap innerhalb der Pro-duktentwicklungszeit bis zu dem Zeitpunkt, zu dem das Produkt Serienreife erlangt, gemeint. In wettbewerbsintensiven Branchen existieren anspruchsvolle Anforderungen bzgl. einer laufenden Zielkostenverbesserung. Der Preisverfall über den Produkt-Lebenszyklus – ausgewiesen in der *dynamischen Kostenlücke* – muss zu einer ständigen Leistungsverbesserung führen. Wurde die Zielkostenlücke aus Geschäftssicht (Top down) abgeleitet, findet die Zielerarbeitung in den einzelnen Bereichen statt (Abb. 8-13).

Die Schliessung der „Lücke" ist mit unterschiedlichsten Maßnahmen zu erreichen (Abb. 8-14). Dabei ist es wichtig, nicht möglichst viele Maßnahmen auszuprobieren, sondern sich in einem ersten Schritt auf einige wenige Kernmaßnahmen zu beschränken.

---

[56] vgl. Kaiser (1995) S. 141
[57] vgl. Belz/Schuh/Groos/Reineke (1997) S. 85

8 Zielkostenmanagement

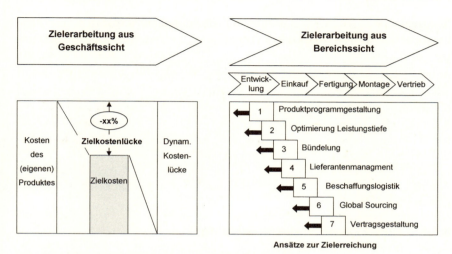

Abb. 8-13: Identifikation von Kostensenkungspotenzialen

Lieferanten-management	Global Sourcing	Bündelung	Vertrags-gestaltung	Beschaffungs-logistik	Opt. der Leistungstiefe	Produkt-/ Programmopt.
• Auswahl • Bewertung • Entwicklung: einzelne Lieferanten Kostensen-kungs-programme	• Beschaffungs-marktana-lyse: Blitzrechen-chen Technology Monitoring Vorzugs-länder für Material-gruppen Typische kostenvorteile • Sourcing-Entscheidung	• Preis-Info-systeme • Interne Bündelung: konzernweit bereichsweit regional • Externe Bündelung: Broker Gross-händler	• Gegenstand: Mengen/ Preise Techn. Lie-ferbedingun-gen Lieferzeit • Koopera-tionsgrad: Beteiligung Lieferquote Dauer • Konditionen: Zahlungsziel Risikoabsi-cherung Rabatte Nebenlstgn.	• Ship-to-line • Electronic Comerce • Leiferzeitver-kürzung • Kombinierte Verkehre • Optimierte Disposysteme • C-Teile-Management	• Modular Sourcing • Make-or-Buy Entscheidung • In-/Out-sourcing Produktivi-tätsvorteile Faktorkosten-vorteile Transaktions-kosten	• Design to Cost: Reverse Ein-gineering Wertanalyse • Typen- u. Teileopt. • Einbindung des EK in die Produktentst. • Postpone-ment

Abb. 8-14: KernMaßnahmen in den Geschäftsbereichen zur Schließung der Kosten-lücke

Die einmal bestimmten Maßnahmen und deren Reihenfolge werden anschließend mittels Kostenmodell auf ihr Kosteneinsparungspotenzial untersucht.[58]

In diesem Zusammenhang erscheint es wichtig, darauf hinzuweisen, dass der Zielkostenmanagementprozess durch ein interdisziplinäres Entwick-

---
[58] vgl. Eversheim/Schuh/Caesar (1989) S. 45

lungsteam getragen wird, die über die traditionellen Bereichs- und Abteilungsgrenzen hinweg zusammenarbeiten.

Erste Maßnahmen zur *Vielfaltsbereinigung* wurden bereits innerhalb der Phase „Zielkostenspaltung" vorgestellt. Um eventuell weitere Produkt-Varianten streichen zu können, sind die Produktleistungen gemäß ihrer Erzeugnisstruktur in Baugruppen und Teile zu zerlegen. Werden dann die Produkte noch mittels Variantenmerkmalen und Ausprägungen beschrieben sowie die Kombinationsverbote und -zwänge festgehalten, lässt sich der in Kap. 6.2 beschriebene *Variantenbaum*® erzeugen. Gestaltungsmaßnahmen wie Integration, Differenzierung, Substitution, Eliminierung und Verlagerung von Funktionen lassen sich auf diese Weise durch Simulationen rasch und transparent umsetzen.

8.4.4 Projektbegleitendes Controlling

„Target Costing ist ein Produktplanungs- und Steuerungskonzept, das im Vergleich zu anderen Management- und Controllinginstrumenten wenig standardisiert ist."[59] *Groos* hat zu diesem Zweck eine *Checkliste* geschaffen, anhand derer die schrittweise Durchführung des Zielkostenmanagements erklärt wird.[60]

Dieser Phasenplan wird bestenfalls durch einen *Projektfortschritts-Bericht*, anhand dessen die Zielkostenerreichung – Schließung des Target Gap – permanent überprüft werden kann, unterstützt.

Im weiteren sind im Projektablauf die *Veränderungen der Marktanforderungen* sowie neue *Konkurrenzprodukte* zu prüfen und gegebenenfalls als neue Richtlinien in den Zielkostenfindungsprozess einzubauen.

Gerade in sehr wettbewerbsintensiven Branchen wird mit der einmaligen Schließung des Target Gap der Zielkostenmanagementprozess nicht abgeschlossen sein. Aus diesem Grunde wird ein *permanentes Suchen nach Kosteneinsparungsmöglichkeiten* notwendig sein.

---

[59] vgl. Gaiser/Kieninger (1993) S. 57
[60] vgl. Groos (1997) S. 212ff.

9 Entwicklungsbegleitende Kalkulation

9.1 Defizite bestehender Kostenrechnungssysteme

„Es ist heute nicht mehr ausreichend, nur ein gutes Produkt am Markt anzubieten. Auch lediglich ein günstiger Preis ist kein Erfolgsgarant. Der Kunde muss vielmehr das Preis-/Leistungsverhältnis als nachhaltig besser als das der Konkurrenz empfinden. Um ein solches Preis-/Leistungsverhältnis zu erreichen, ist es jedoch nicht mehr ausreichend, Kostenrechnungsinformationen erst mit dem Eingang des Produktes in die Produktion zur Verfügung zu stellen."[61]

Zur langfristigen Existenzsicherung eines Unternehmens ist die laufende Produktion bedarfsgerechter Erzeugnisse zu vom Markt erlaubten Kosten unabdingbar. Dies bedingt, dass das Kostenmanagement bereits bei strategischen Entscheidungen als Unterstützungsinstrument fungieren muss. Dies wiederum zu gewährleisten erfordert, zu Beginn des Entstehungszyklus eines neuen Erzeugnisses klare ökonomische Ziele zu setzen.[62] Dazu sind Kostenrechnungssysteme zu bevorzugen, die die Kosten in den Gemeinkostenbereichen strukturiert sichtbar machen und eine verursachungsgerechte Produktkalkulation ermöglichen.

Klassische Kostenrechnungssysteme wie z. B. die Deckungsbeitragsrechnung, Ist-, Normal- oder Plankostenrechnung erfüllen diese Anforderungen nicht. Insbesondere bei hoher Produktvielfalt und sehr geringem Anteil an beschäftigungsunabhängigen Kosten (Gemeinkosten) verlieren traditionell eingesetzte Kostenrechnungssysteme ihre Aussagekraft. Die in der Unternehmenspraxis verbreiteten Kostenrechnungssysteme verrechnen die Gemeinkosten, die einen Großteil der variantenabhängigen Kosten ausmachen, über Mengen-, Zeit- oder Wertschlüssel, was zu falschen Ergebnissen führt, da Standardprodukte durch ihr hohes Volumen gegenüber den Exoten vermeintlich schlecht aussehen (Abb. 9-1).[63]

Der Schwerpunkt liegt dabei auf der exakten Verrechnung der direkten Kosten. Vor dem Hintergrund steigender Gemeinkosten vermindert sich jedoch die Aussagefähigkeit aufgrund der wenig differenzierten Umlage von Gemeinkosten auf die Kostenträger.[64]

Auf der anderen Seite ist jedoch die genaue Kenntnis des Zusammenhangs zwischen der Einführung einer neuen Produkt-Variante einerseits und der

---

[61] Quelle: Horváth (1991) S. 2
[62] vgl. Grasshoff/Gräfe (1998) S. 62
[63] vgl. Schuh/Tanner (1995) S. 9 u. Westkämper/Bartuschat (1993) S. 26
[64] vgl. Schuh/Tanner (1995) S. 10

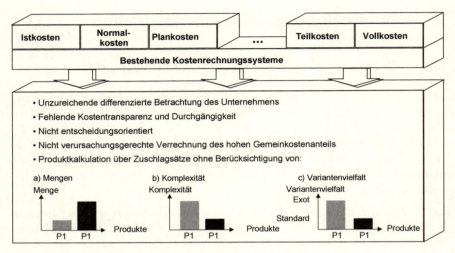

Abb. 9-1: Defizite bestehender Kostenrechnungssysteme

damit verbundenen Kostenwirkungen andererseits unverzichtbar, um Entscheidungen bezüglich einer angemessenen Vielfalt treffen zu können. Unterstrichen wird dies durch den relativ hohen Kostenanteil, den die direkt vielfaltsabhängigen Kosten an den Gesamtkosten ausmachen (Abb. 9-2). Gemäß *Müller/Kaiser* beträgt der Anteil der vielfaltsabhängigen Kosten an den Gesamtkosten zwischen 19 und 38%.[65]

Ausgehend davon, dass ein Viertel der Gesamtkosten aufgrund von Sortiments-Entscheidungen (Einführung von Neuprodukten und Produktvarianten) festgesetzt werden, was indirekt mit dem Trend zur Individualisierung und der daraus folgenden Verbreiterung der Produktpalette zusammenhängt, ist eine Strategie gefordert, die die Abhängigkeit zwischen Gesamtstückzahl, Produktvarianten und Herstellkosten konsequent berücksichtigt.[66]

Aufgrund der genannten Anforderungen zeigt sich ein Trend in Richtung eines integrierten, prozessorientierten Kostenrechnungssytems, das die vollständige und verursachungsgerechte Verrechnung von Kostenstellenkosten auf Kostenträger ermöglicht. Es sollte die Kostenumlage prozessorientiert, vollständig, zeit- und auftragsbezogen unterstützen. Die Herausforderung liegt darin, ein Kostenrechnungs-System zu schaffen, das Managern ein betriebswirtschaftliches Abbild ihres Unternehemens gibt und ihnen deutlich zeigt, wo Geld verdient bzw. verloren wird.[67]

---

[65] vgl. Müller/Kaiser (1995) S. 33
[66] vgl. Schuh/Tanner (1995) S. 13
[67] vgl. Cooper/Kaplan (1999) S. 78

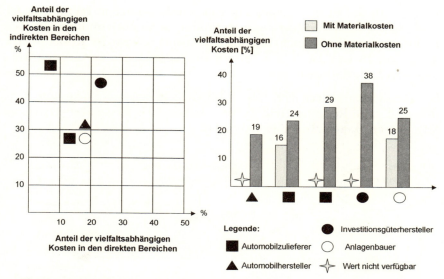

Abb. 9-2: Vielfaltsinduzierte Kosten (Quelle: Müller/Kaiser [1995] S. 33)

9.2 Ressourcenorientierte Prozesskostenrechnung (RPK)

Schuh hat zu diesem Zweck die *Ressourcenorientierte Prozesskostenrechnung (RPK)* entwickelt.[68] Die RPK verbindet Elemente aus mehreren bekannten und verbreiteten Methoden der Kostenrechnung zu einem detaillierten und aussagekräftigen Verfahren. Im Unterschied zur Deckungsbeitragsrechnung erfolgt die Zuweisung jedoch nicht aufgrund hierarchisch orientierter Fixkostenstufen, sondern entlang der beanspruchten Prozesse.

Die RPK unterscheidet sich von den bisher bekannten Ansätzen zur Prozesskostenrechnung insoweit, das auf eine pauschale Aggregation der erfassten Teilprozesse zu Prozessketten (Hauptprozessen) verzichtet wird.[69]

---

[68] vgl. Schuh(1988) S. 120ff.
[69] vgl. Horváth/Mayer (1989) S. 214, Mayer/Glaser (1991) S. 297 u. Glaser (1993) S. 44f.: Die im deutschsprachigen Raum in den letzten Jahren als Prozesskostenrechnung bekannt gewordene Methode des Activity-Based-Costing (ABC) wird zunehmend mit der Aufgabe der Standardkostenermittlung in Verbindung gebracht. Zur Analyse der Prozesskosten werden Kostenanteile zu Prozessen zusammengefasst, um daraus einzelne (Haupt-) Prozesskostensätze zu generieren. Eine differenzierte Kostenträgerrechnung ist mit diesen Kennzahlen allerdings nur schwer möglich. Da sich die relevanten Cost Driver nur auf der Ebene der Teilprozesse zuverlässig ermitteln lassen, führt die beim Activity-Based-Costing angestrebte Aggregation der Prozesskosten(sätze) auf der Prozess- und Hauptprozessebene zu Problemen. Entweder lässt sich kein eindeutiger Cost Driver für den Hauptprozess bestimmen oder die Kostenabhängigkeit ist nicht begründbar.

Vielmehr ist die kleinste Einheit der RPK die Ressource je Teilprozess. So lassen sich sowohl Veränderungen an Produkten als auch an Prozessen bewerten, indem die dadurch veränderten Ausprägungen der Kostentreiber (engl. Cost Driver) den in den betroffenen Teilprozessen veränderten Ressourcenverzehr beschreiben.[70]

Die kleinste Einheit der RPK lässt sich jeweils in einem Nomogramm darstellen, d. h. je Ressource und Teilprozess wird der Ressourcenverzehr in einem Nomogramm abgebildet (Abb. 9-3).

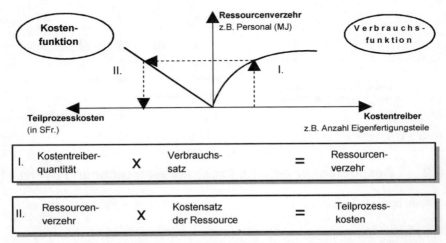

Abb. 9-3: Ressourcenverbrauch – Kostenfunktion als Nomogramm (Schuh/ Schwenk [1999] S. 200)

Im rechten Teil des Nomogramms (Verbrauchsfunktion) wird der funktionale Zusammenhang zwischen Cost Driver und Ressourcenbedarf dargestellt. Im linken Teil des Nomogramms (Kostenfunktion) wird der ermittelte Ressourcenverzehr mit dem entsprechenden Kostensatz (Standardkosten) der Ressource multipliziert (lineare Funktion). Die Daten der Nomogramme werden abteilungsweise in Datenblättern dokumentiert und in einem relationalen Kosten(daten)modell abgelegt. Sie stehen somit für verschiedene Zwecke des Produktionscontrollings zur Verfügung.[71]

---

[70] vgl. Schuh/Kaiser (1994) S. 77
[71] vgl. Schuh (1995a) S. 445f.

Prinzipiell ist die RPK mittels drei Schritten aufzubauen (Abb. 9-4):

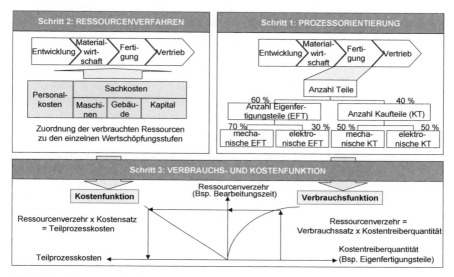

Abb. 9-4: Elemente der Ressourcenorientierten Prozesskostenrechnung (RPK)

1) In einem ersten Schritt sind die Geschäftsprozesse, die zur Herstellung der Leistung erbrachte werden, zu ermitteln. Diese Prozesse sind so lange zu unterteilen, bis Teilprozesse identifiziert sind, bei denen der Ressourcenverbrauch lediglich noch von einem Kostentreiber abhängig ist.[72] Dies führt dazu, dass Hauptprozesse, wie z. B. die Fertigung, von mehreren Kostentreibern abhängig sind. Dies hat jedoch den Vorteil, dass Aussagen über den Ressourcenverzehr unterschiedlicher Produktvarianten getroffen werden können.[73]

2) In einem zweiten Schritt sind die Ressourcen den einzelnen Wertschöpfungsstufen zuzuordnen. Werden für einen Teilprozess mehrere relevante Ressourcen identifiziert, ist jede Ressource separat zu betrachten. Häufig wird jedoch eine dominante Ressourcenart vorherrschen.

3) Im dritten Schritt wird im Nomogramm für jeden zu betrachtenden Teilprozess zuerst die Verbrauchsfunktion festgelegt. Die Prozessverantwortli-

---

[72] vgl. Schuh/Kaiser (1994) S. 77
[73] vgl. Schuh (1997) S. 3f.: Problematisch beim Activity-Based-Costing (ABC) und der Prozesskostenrechnung ist die Aggregation der Prozesskosten auf Hauptprozessebene, da sich Cost-Driver vielfach nur auf Teilprozessebene zuverlässig ermitteln lassen.

chen werden dabei gefragt, wie sich der Ressourcenverzehr bei höherer oder geringerer Nutzung des Kostentreibers darstellt. Durch den Vorteil, dass nebst den linearen Verläufen jeder andere erdenkliche Verlauf vorstellbar ist, werden auf diese Weise realitätsnahe Verbrauchskurven ermittelt. Im Gegensatz zu diesem mengenorientierten Ressourcenverzehr wird der monetäre Verbrauch über die Kostenfunktion ermittelt. Dazu wird der wertmäßige Verbrauch (Teilprozesskosten) der entsprechenden Ressource ermittelt. Wird die RPK zur Bewertung von potenziellen Produkt- bzw. Prozessstrukturen verwendet, sind Standard-, Verbrauchs- und Kostenfunktionen zu ermitteln. Echte Verbrauchsdaten anstelle von Standarddaten würden sonst das Rentabilitätsurteil gefährlich verzerren.[74]

Die systematische Trennung zwischen der Verbrauchs- und Kostenfunktion ermöglicht eine getrennte Anpassung des Modells an die realen Veränderungen. Aufgrund von Veränderungen der Kostenfunktion lässt sich somit ohne erneute Analyse der Prozesse die Verbrauchsfunktion anpassen. Der Vorteil liegt somit darin, dass sich Veränderungen an Produkten, Prozessen und Kosten getrennt analysieren und ausweisen lassen (Abb. 9-5).[75]

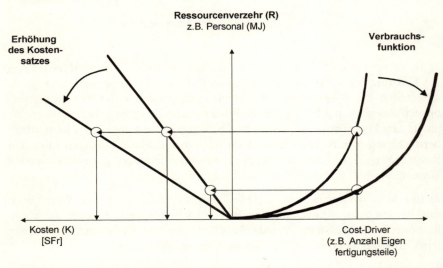

Abb. 9-5: Verbrauchs- und Kostenfunktionsänderungen (Quelle: Kaiser [1995] S. 45)

---

[74] vgl. Cooper/Kaplan (1999) S. 76
[75] vgl. Kaiser (1995) S. 45

Besondere Merkmale der RPK sind:[76]

- *Die flexible Kombinierbarkeit von Teilprozessen für unterschiedliche Bewertungszwecke.* Je nach Bewertungsfall können unterschiedliche Teilprozesse für die Ermittlung entstehender Ressourcenverbräuche ausgewählt werden. Die Konfiguration eines konkreten Bewertungsfalls erfolgt dabei durch entsprechende Selektion von Kostentreibern.
- *Die Trennung zwischen Ressourcenverbrauch und Ressourcenwert.* Der Zusammenhang zwischen Kostentreibern, Kostentreiberausprägung, Ressourcenverbrauch und entstehenden Kosten wird in der RPK mit Hilfe von Nomogrammen abgebildet.
- *Die Dynamisierung durch nicht-lineare Funktionen.* In der Praxis zeigt sich regelmäßig, dass der Ressourcenverbrauch sich zur Prozessmenge nicht proportional verhält. Solche nichtlinearen Zusammenhänge können mit Hilfe der Nomogramme sehr einfach dargestellt und bei der Ermittlung des Ressourcenverbrauchs berücksichtigt werden.
- *Die Verwendung von Standardkostensätzen.* Die RPK beruht auf Standardkosten und Schätzungen und nicht auf tatsächlichen Kosten. Standardkosten basieren auf der maximalen praktisch realisierbaren Ressourcenkapazität im Unternehmen, aber nicht auf deren tatsächlichen Auslastung zur Zeit, in der die Aktivität ausgeführt wird (Rückwärts-Ausrichtung). Durch die Vorwärts-Ausrichtung der RPK wird die Bereitstellung strategischer Kosteninformationen zur Wirtschaftlichkeit des Geschäftsbetriebes ermöglicht.

Die RPK verhilft Managern so zu einem strategischen Verständnis des Geschäfts. Sie lernen begreifen, was nötig ist, damit die Herstellung von Produkten und die Bedienung von Kunden dauerhaft rentabel ist. Die strategischen Kosten der Produkte und Kunden, ermittelt durch die Verfolgung der Kosten bzw. Ressourcen (Menschen, Maschinen, Anlagen), die zur Herstellung eines Produktes und zur Bedienung eines Kunden verwendet werden, sind dadurch offengelegt.[77]

9.3 Anforderungen und Potenziale der Kostenberechnung für Produktvarianten mittels RPK

Die Produkt- und Variantenkalkulation muss mindestens folgende vier Anforderungen erfüllen, wenn sie das Komplexitätsmanagement systematisch unterstützen soll:[78]

---
[76] vgl. Cooper/Kaplan (1999) S. 76ff. u. Schuh/Schwenk (1999) S. 200
[77] vgl. Cooper/Kaplan (1999) S. 77
[78] vgl. Schuh/Schwenk (1999) S. 184

- Prognosefähigkeit,
- Verursachungsgerechtheit je Kostenträger,
- Einfachheit in der Anwendung und
- Integrierbarkeit in das Rechnungswesen.

9.3.1 Prognosefähigkeit

Im Rahmen der Kostenbewertung von Produktvarianten ist die Frage nach den Kosten einer Variante zu beantworten, zwar nicht pauschal, sondern differenziert nach unterschiedlichen Unternehmensabteilungen, um auf Basis einer Kostenanalyse sinnvolle Entscheidungen bzgl. Produktvarianten ableiten zu können:[79]

- Bei der Bewertung von Varianten können unterschiedliche Probleme und Defizite auftreten. Zunächst existieren methodische Defizite im betrieblichen Rechnungswesen. Es können lediglich Einzelkosten detailliert kalkuliert werden. Gemeinkosten werden nicht verursachungsgerecht berücksichtigt, sondern undifferenziert den Einzelkosten zugeschlagen, um Varianten unterscheiden zu können.

- Außerdem bestehen Informationsdefizite in den verschiedenen Unternehmensbereichen. In der Konstruktion fehlt ein Instrumentarium zur Bewertung von Konstruktionsalternativen, dem Vertrieb stehen keine bzw. nur unzureichende Informationen über die tatsächlichen variantenabhängigen Produktkosten zur Verfügung. Die Produktion schließlich hat nur geringe Einflussmöglichkeiten auf die Entscheidungen, die in der Konstruktion und dem Vertrieb getroffen werden.

- Bei einer Produktneuentwicklung stehen Kosteninformationen in der Regel nicht früh genug zur Verfügung. Ausgehend von einer Produktidee wird das Produktkonzept und ein Pflichtenheft erstellt. Während dieser Phase ist im Rechnungswesen allenfalls eine sehr grobe Abschätzung der Kosten möglich.

- Während der Entwurfs- und Konstruktionsphase ist eine detailliertere Kostenanalyse erforderlich, um rechtzeitig die Wirtschaftlichkeit von potenziellen Neuentwicklungen beurteilen zu können. Für den Bereich Konstruktion gilt es, verschiedene Konstruktionsalternativen kostenmäßig zu bewerten.

- Im Rechnungswesen liegen jedoch zu diesem Zeitpunkt in der Regel noch keine ausreichenden Informationen für eine solche Bewertung vor. Erst wenn entsprechende Unterlagen (Stücklisten, Arbeitspläne etc.) vorliegen, können heute Vor- und Nachkalkulation als Instrumente zur genauen

---
[79] vgl. Schuh/Schwenk (1999) S. 185ff.

9 Entwicklungsbegleitende Kalkulation

Kostenplanung und -kontrolle eingesetzt werden. Damit tritt das Dilemma bei der Entwicklung neuer Konstruktionsalternativen offen zu Tage. Eine Kostenbewertung findet zu spät statt, sodass kostengünstige Maßnahmen nicht rechtzeitig durchgeführt werden können (Abb. 9-6).

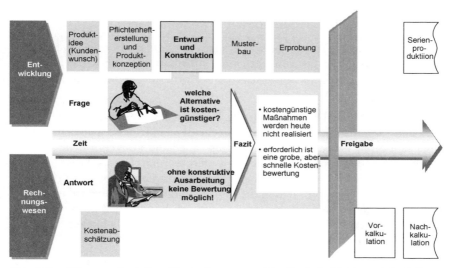

Abb. 9-6: Dilemma der frühen Kostenbewertung (Quelle: Schuh/Schwenk [1999] S. 186)

Die Folge: Die bisher für Varianten mit hohen Stückzahlen (Standardprodukte) angesetzten Kosten sind zu hoch, die für Varianten mit niedrigeren Stückzahlen (bis hin zu Exoten) angesetzten Kosten sind zu niedrig, weil in der herkömmlichen Kostenrechnung die Gesamtkosten eines Bauteils aus den Einzelkosten und einem stückzahlunabhängigen fixen Zugschlagsatz ermittelt werden. Den Varianten mit niedriger Stückzahl werden deshalb nicht die tatsächlich von ihnen verursachten Kosten, die insbesondere in den indirekten Bereichen (d.h. Gemeinkostenabteilungen) entstehen, zugerechnet. Die Stückkosten der Exoten werden also nur unwesentlich teurer kalkuliert als die Stückkosten der Standardbauteile.

Ziel muss es deshalb sein, die Gemeinkosten verursachungsgerecht auf die Bauteile zu verrechnen. Somit ergibt sich die Chance, mit den Standardprodukten einen höheren Deckungsbeitrag zu erzielen und den Preisvorteil gegenüber den Exoten an den Kunden weiterzugeben.

Die Prognosefähigkeit in der Kostenrechnung kann durch die Abbildung des repräsentativen Ressourcenverzehrs mit Hilfe von Verbrauchsfunktionen erreicht werden. Die leistungsbeschreibenden (möglichst) kostenträgerbezogenen Größen (=Cost Driver) werden für den möglichen Geltungsbereich ins Verhältnis zum Ressourcenverzehr gesetzt. Anhand der Verbrauchsfunktionen lässt sich auch für stark abweichende Betriebszustände der Ressourcenbedarf prognostizieren.

9.3.2 Verursachungsgerechtheit je Kostenträger

In der betrieblichen Praxis hat sich gezeigt, dass die traditionellen, betriebswirtschaftlichen, organisatorischen und informationstechnischen Konzepte den aktuellen, wettbewerbsinduzierten Anforderungen nicht gerecht werden.

Häufig sind in den Unternehmen die Kostenrechnungssysteme den hierarchischen Organisationsformen entsprechend strukturiert. Mit dem Beginn einer stärkeren Prozessorientierung muss auch die konventionelle Kostenrechnung um den Prozessgedanken erweitert werden. Die „klassische" Kostenrechnung ist für die Gemeinkostenbereiche durch eine prozessorientierte Kalkulation zu ergänzen. Durch die Verschiebung der Kostenstruktur hin zu höheren Gemeinkostenanteilen ist die Kostenrechnung auch in vielen mittelständischen Betrieben hinsichtlich der Anwendungsmöglichkeiten und Verursachungsgerechtigkeit an ihre Grenzen angelangt.

Neben der Kritik an zu hohen Zuschlagsätzen, die zu erheblichen Verzerrungen führen können, zeigt es sich, dass Zuschlagskalkulationsverfahren zu strategischen Fehlentscheidungen in der Produktpolitik führen können, da die Inanspruchnahme indirekter Leistungsbereiche mittels Zuschlagssätzen nicht dem Anspruch der Verursachungsgerechtigkeit genügt. Auch vielstufige Deckungsbeitragsrechnungen können dieses Problem oft nicht lösen.

Die Ursache liegt unter anderem darin, dass die bei der Ermittlung von Zuschlagssätzen zugrunde gelegte Proportionalität der Gemein- oder Fixkosten zur Produktionsmenge oder zu den Material- oder Fertigungseinzelkosten nicht mehr gegeben ist. Die Kostenzuordnung sollte demzufolge vielmehr nach der Komplexität der Teilestruktur, der Losgröße oder der Auftragshöhe differenzieren, um Verzerrungen der Kosteninformationen entgegenzuwirken (Abb. 9-7).

Die Kosten für Standardteile und -baugruppen werden per Zuschlagskalkulation zu hoch, für Varianten dagegen zu niedrig bewertet. Somit wird das Kostenreduzierungspotenzial einer variantenorientierten Produktgestaltung unterschätzt oder gar nicht erkannt. Geringe Vorteile bei den Material- und Fertigungseinzelkosten können beispielsweise leicht zur Befürwortung zusätzlicher Varianten führen. Eine stetige Zunahme der Variantenvielfalt ist die Folge.

9 Entwicklungsbegleitende Kalkulation

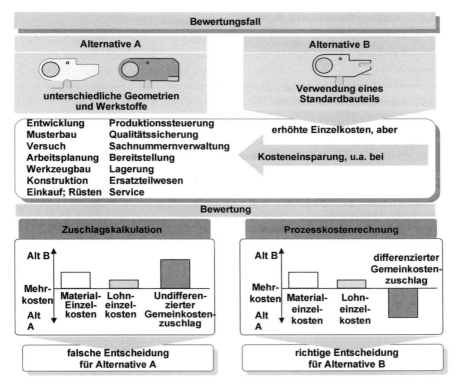

Abb. 9-7: Problemstellung – Bewertungsfall (Quelle: Schuh/Schwenk [1999] S. 189)

Aufgrund der zunehmenden Kundenorientierung und der daraus resultierenden Artikelvielfalt besteht der Bedarf nach einer differenzierten Kalkulation der Leistung. Die Prozesskostenrechnung ist eine sinnvolle Methode, um im Rahmen der verstärkten Kundenorientierung und der damit verbundenen Artikel- und Variantenvielfalt auch die nötige Kostentransparenz zu erzielen.

Aufgrund der veränderten wettbewerblichen Rahmenbedingungen ist eine wesentliche Voraussetzung für eine wirtschaftliche Produktion zuverlässige Kosteninformationen, um den einzelnen Produkten verursachungsgerecht die entstandenen Kosten zuzuweisen.

Es zeigt sich jedoch, dass die Verteilung von prozentualen Zuschlagssätzen nach dem Gießkannenprinzip nicht zu brauchbaren Aussagen führt und für die weiteren notwendigen Schritte nicht ausreichend ist.[80]

---

[80] vgl. Schuh/Schwenk (1999) S. 188ff.

9.3.3 Einfachheit in der Anwendung

Für viele F&E-Bereiche, die nur ungenügend markt- und erfolgsorientiert agieren können, aber durch Over-Engineering Zeit- und Kostenbudgets überschreiten, sind neue, einfache Methoden und Instrumente im F&E-Management erforderlich. Folgende Anforderungen sind deshalb an das Kostenrechnungssystem zu stellen:

- Unterstützung der strategischen Produktvielfalts-Planung und -Bewertung;
- Beantwortung spezieller Fragen des F&E-Managements (z. B. Kosteneinsparungspotenziale durch Gleichteile-Erhöhung);
- verursachungsgerechte Kalkulation (Was kostet eine Produktvariante?) ermöglichen, um das Risiko von Fehlentscheidungen zu minimieren und
- einfache Anwendbarkeit und Zugänglichkeit in Entwicklung und Konstruktion.

Auf der Prozessanalyse aufbauend kann eine kostenorientierte Konstruktion erfolgen (Design-to-cost), sodass zukünftig eine strategische Produktprogrammgestaltung stattfinden kann (Abb. 9-8).

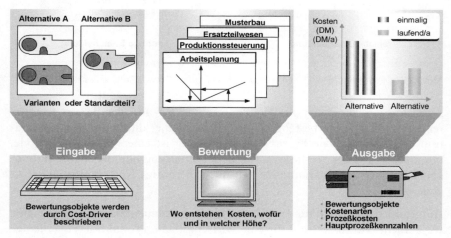

Abb. 9-8: Design-to-Cost mit der Ressourcenorientierten Prozesskostenrechnung (Quelle: Schuh/Schwenk [1999] S. 191)

9.3.4 Integrierbarkeit in das Rechnungswesen

Hauptkritikpunkt an neueren Ansätzen und Methoden des Kostenmanagements ist die mangelnde Integration in die bekannten Systeme des betrieblichen Rechnungswesens. Bis heute ist beispielsweise die Prozesskostenrechnung praktisch ausschließlich als zusätzliches Sonderrechnungssystem

9 Entwicklungsbegleitende Kalkulation

implementiert worden, welches Ressourcen verschlingt, Redundanzen verursacht und durch von den übrigen Methoden abweichende Ergebnisse Unsicherheiten stiften kann. Werkzeuge zum Kostenmanagement und integrierte Kostenrechnungssysteme müssen qualitativen, materiellen und zeitlichen Anforderungen gerecht werden. In qualitativer Hinsicht ist dies die Forderung nach Genauigkeit und Vollständigkeit bei vertretbarem Aufwand für die Erstellung und Pflege des Systems, materielle Anforderungen ergeben sich aus den verschiedenen Anwendungsfällen des Kostenmanagements, und in zeitlicher Hinsicht steht die vergangenheits-, gegenwarts- und zukunftsbezogene Anwendung zur Kostenplanung und -kontrolle im Vordergrund.

Die in der Unternehmenspraxis eingesetzten Verfahren der Kostenrechnung entsprechen diesen Anforderungen jedoch nur solange die Gesamtkosten zur Hauptsache aus direkten Kosten bestehen und nur geringe Gemeinkostenanteile enthalten. In modernen Produktionsumgebungen und bei heterogenen Produktstrukturen sind diese Verfahren aufgrund der anwachsenden Gemeinkostenanteile, resultierenden Zuschlagssätze und der volumenorientierten Umlage zunehmend fehlerbehaftet. Ansätze, die dieser Problematik begegnen, orientieren sich an der Ablauf- anstatt an der Aufbauorganisation. Im Mittelpunkt stehen die Unternehmensprozesse.

In einem integrierten, prozessorientierten Kostenrechnungssystem, wie es die RPK darstellt, werden alle Kosten eines Prozesses (Vollkosten) auf die Kostenträger verrechnet. Zum einen gehen diese Kosten auf Produktebene in die Kostenträgerhierarchie ein, zum anderen gehen die Kosten auf Produktgruppenebene und teilweise auf Bereichsebene in die Kostenträgerhie-

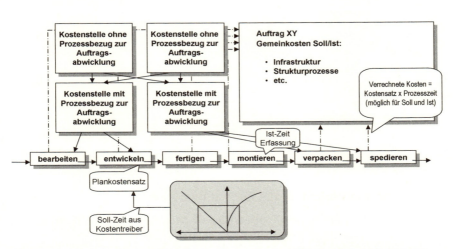

Abb. 9-9: Verrechnungssystematik der Prozesskosten (Quelle: Schuh/ Schwenk [1999] S. 195)

rarchie ein. Es ist zu entscheiden, ob Kosten der Produktebene oder Kosten der Bereichsebene überhaupt in die Kalkulation des einzelnen Produkts aufzunehmen sind. Für Kostenstellen ohne Prozessbezug zur Auftragsabwicklung ergeben sich so letztendlich zwei Möglichkeiten: Entweder werden die Kosten direkt auf den Kostenträger in der Kostenträgerhierarchie gebucht, für den sie Einzelkosten darstellen, oder sie können alternativ auch Prozessen zugeordnet werden, für die sie Vorleistungen oder Betreuungsleistungen erbringen und die ihrerseits direkt an der Auftragserstellung beteiligt sind. Eine kostenträgerfokussierte Prozesskostenrechnung wie die RPK kann somit problemlos in Standardkostenrechnungssysteme (z. B SAP-R3, Controlling-Dienstleistungsmodul) integriert werden.[81]

---

[81] vgl. Schuh/Schwenk (1999) S. 193f.; zur technischen Unterstützung der RPK dient das Modul C des Softwaresystems Complexity Manager®, welches in jede ERP-Umgebung integrierbar ist. vgl. Kap. 16.

10 Anwendung der RPK

10.1 ... in der Auftragskalkulation

Ausgangslage für die Bewertung von (kundenspezifischen) Produkten bilden *Abteilungsmodelle*. Dabei wird das Ziel verfolgt, alle am Produktentstehungsprozess beteiligten Abteilungen mittels Teilmodellen zu beschreiben und diese in einem Unternehmensmodell zusammenzufassen. Diese Vorgehensweise soll helfen, „jeden" weiteren Kundenauftrag schnell und präzise zu bewerten.

Zu Beginn werden die Variantenmerkmale mit der Fragestellung: Wie ist in der betrachteten Abteilung eine Variante definiert und welche Ressourcen werden beansprucht? ermittelt. Aus den unterschiedlichen Parametern (z. B. Eigenfertigungsteil, Zusammenbaugruppe) werden diejenigen Größen als Bezugsgrößen definiert, die entscheidenden Einfluss auf die Tätigkeiten und den Ressourcenverbrauch in der Abteilung haben.

Die gewählten *Bezugsgrößen* sollten möglichst in direktem Zusammenhang mit der Variantenvielfalt (Kostenträgerbezug) stehen. Die Anzahl der Bezugsgrößen kann zunächst klein gehalten und später ausdifferenziert werden. Dadurch wird der Eingabeaufwand verringert und das Unternehmensmodell bleibt einfach und überschaubar. Die Bezugsgrößen sind hierarchisch zueinander in Beziehung gesetzt, d. h. mehrere Bezugsgrößen können zu einer übergeordneten Bezugsgröße zusammengefasst werden (z.B. Eigenfertigungsteil und Zukaufteil zur übergeordneten Bezugsgröße Teil). Diese Verknüpfung ist notwendig, wenn nicht nur die Verbräuche zu erfassen sind, die von der explizit definierten Bezugsgröße abhängen, sondern auch alle Verbrauchsfunktionen, die der gewählten Bezugsgröße unter- bzw. übergeordnet werden (Abb. 10-1).

Beispielsweise ist das Erstellen von Arbeitsplänen in der Abteilung Arbeitsvorbereitung abhängig von der Anzahl neuer Eigenfertigungsteile, während der Aufwand in der Fertigungssteuerung von der Anzahl Teile insgesamt abhängt. Dieser Aufwand in der Fertigungssteuerung fällt somit u.a. auch für Eigenfertigungsteile an und muss deshalb bei der Bewertung mit berücksichtigt werden.

Die Bezugsgrößenhierarchie bietet außerdem den Vorteil, dass die Bewertungen auf verschiedenen Detaillierungsebenen vorgenommen werden können. Dadurch wird eine Bewertung auch bei verhältnismäßig undifferenzierten Angaben zu Bewertungsobjekten möglich. D. h., in einem frühen Entwicklungsstadium der Produkte, in dem z. B. noch nicht feststeht, ob das Bauteil ein Eigenfertigungsteil oder ein Zukaufteil wird, kann dennoch eine valable Kostenplanung durchgeführt werden.

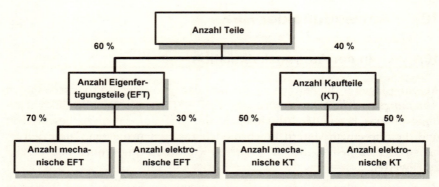

Abb. 10-1: Hierarchisierung der Bezugsgrößen (Cost-Driver) (Quelle: Kaiser [1995] S. 159)

Für diese Variantenparameter werden Proportionalitäten ermittelt sowie Verbrauchs- und Kostenfunktionen aufgestellt. Die Ergebnisse werden aufbereitet und in einem Abteilungsmodell dokumentiert (Abb. 10-2).[82] In der Tabelle „Ressourcen und Kosten" verbergen sich die Kostendaten der Abteilung (aufgeschlüsselt nach Kostenarten) und die in der Abteilung verfügbaren Ressourcen (z.B. Anzahl Mitarbeiter in Mannjahren). Im Block „Cost-Driver" sind die Parameter aufgeführt, von denen der Ressourcenverzehr der Abteilung abhängig ist. Der „Ressourcenverzehr nach Tätigkeiten" stellt die eigentliche Verknüpfung zwischen den in der Abteilung durchgeführten Tätigkeiten und den Bezugsgrößen dar. Ergebnis dieser Verknüpfung sind Kosten je Bezugsgröße.[83]

Ausgehend von der Produktstruktur werden die einzelnen Teilprozesse, die zur Erstellung notwendig sind, ermittelt. Durch die Verknüpfung der in der Abteilung durchgeführten Tätigkeiten (Prozesskette) und der Bezugsgrößen wird der Ressourcenverzehr bestimmt. Daraus lassen sich sämtliche RPK-Nomogramme entlang der Wertschöpfung erstellen (Abb. 10-3).

In Abhängigkeit der zu kalkulierenden Stückzahl, unterschiedlichen Produktvarianten bzw. Verbrauchs- und Kostenfunktion im Unternehmen können auf diese Weise kompetente, zuverlässige Preisangebote ausgearbeitet werden.

Wird das Unternehmensmodell, abgebildet im *Programmsystem Modul C* des *Complexity Managers*®, zudem mit der Produktstrukturierungs-Methodik Variantenbaum® kombiniert, können auch komplexe Angebote problemlos kalkuliert werden.[84]

---

[82] vgl. Schuh/Schwenk (1999) S. 202
[83] vgl. Schuh/Schwenk (1999) S. 203
[84] vgl. Kap. 16

10 Anwendung der RPK

Abteilung: Arbeitsplanung

Ressourcen und Kosten

Beschreibung	Wert
Gesamtkosten	5 Mio SFr/a
Anzahl Mitarbeiter	30
Personalkosten	3,3 Mio SFr/a
CPU-Zeit	250 h/a
EDV-Kosten	1 Mio SFr/a

Cost-Driver (Bezugsgrössen)

Beschreibung	Wert
neue Eigenfertigungsteile (EFT, n)	2 000/a
aktive Teilenummern (TNR)	14 000

Ressourcenverzehr nach Teilprozessen

Teilprozess	Ressource	Cost-Driver	Verbrauch	Kostensatz	DM/Cost-Driver
Arbeitspläne erstellen	10 MJ	EFT,n	9h/EFT,n	110 TSSFr/MJ	550 SFr/EFT,n
	150 CPU-h	EFT,n	0,08h/EFT,n	4 TSSFr/h	300 SFr/EFT,n
verwalten	15 MJ	TNR	2h/TNR	110 TSSFr/MJ	120 SFr/TNR

was wird getan? | von wem? | wovon abhängig? | in welchem Masse?

Abb. 10-2: Abteilungsmodell, Bsp. Arbeitsplanung (Quelle: Schuh/Schwenk [1999] S. 203)

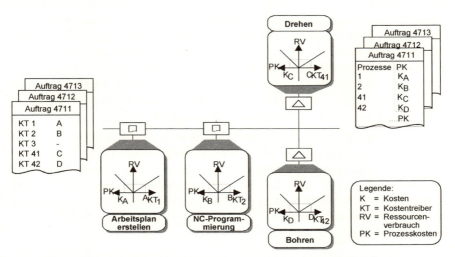

Abb. 10-3: Auftragskalkulation mit der Ressourcenorientierten Prozesskostenrechnung

Eine deutliche Vereinfachung des Unternehmensmodells besteht dann, wenn bei der Auftragskalkulation eine Auftrags-Triage in Standard-, Varianten- und Sonder-Produkte vorgenommen werden kann. Dies bedingt allerdings eine eindeutige definierbare Abgrenzung der drei Geschäftsprozesse.

10.2 ... in der Entwicklung

Technische und kostenrechnerische Aspekte sind in der Frühphase des Produktlebenszyklus als Einheit aufzufassen, da bereits mit der Festlegung von Produkteigenschaften und Produktionsbedingungen weite Teile der später anfallenden Produktkosten bestimmt werden.

Wird dies unterlassen, werden in der Konstruktion häufig in Unkenntnis der Kostenzusammenhänge neue Varianten erzeugt, die bei geringfügig verringertem Funktionsumfang nur eine geringe Stückzahl aufweisen. Aus der Perspektive der Konstruktion ist dies meistens zu befürworten, da eine billige Exotenlösung statt einer komplexeren Standardlösung im direkten Herstellkostenvergleich die günstigere Lösung ist. Dabei bleibt unbeachtet, dass die Erzeugung einer Variante in einer Vielzahl von Abteilungen zu indirekten Kosten führt.[85]

Ein Grund hierfür liegt neben der ungenügenden Abstimmung zwischen Vertrieb und Entwicklung/Konstruktion in der mangelnden Kostentransparenz in den Frühphasen der Produktentwicklung. Die variantenrelevanten (Kosten-)Informationen müssen an alle Mitarbeiter herangetragen werden, die Entscheidungen über die Produktvielfalt treffen oder vorbereiten. Ein durchgängiger varianten- und marktorientierter Produktgestaltungsprozess sollte daher durch eine entsprechend differenzierte Kostenrechnungsmethode, wie sie die RPK darstellt, unterstützt werden.[86]

Kann hingegen eine Aussage über die zu erwartenden Produktkosten bzw. die Höhe entscheidungsrelevanter Kostenanteile frühzeitig im Produktlebenszyklus gemacht werden, lässt sich das produktseitige Rationalisierungspotenzial somit voll ausschöpfen. „Damit wird ein iterativer Prozess zwischen Produktgestaltung und -bewertung eingeleitet, aus dem ein Kompromiss zwischen den produktseitig vorzuhaltenden und den funktionstechnisch notwendigen Varianten hervorgeht."[87]

---

[85] vgl. Westkämper/Bartuschat (1993) S. 27
[86] vgl. Müller/Kaiser (1995) S. 32
[87] vgl. Schuh/Caesar (1989) S. 207; in Verbindung mit der *VMEA* (vgl. Kap. 6.2) lässt sich auf diese Weise die Methodik der RPK sinnvoll zur Bewertung von Gestaltungsalternativen (Schritt 3 in der VMEA) heranziehen.

10 Anwendung der RPK

Neben der Anwendung des Kostenmodells bei einzelnen Konstruktionsalternativen (Auftragskalkulation) lassen sich sowohl die Kosten von Prozessketten als auch von Neuprodukten bzw. Produktprogrammalternativen ermitteln. Dazu sollte die RPK stufenweise von der Partialkostenrechnung über eine Teilkostenrechnung zur Vollkostenrechnung ausgebaut werden.

Dabei ist bei der Konstruktion von neuen Varianten eine Gesamtrechnung über alle Kostenstellen bzw. betroffenen Prozessschritte zu erstellen. Der Konstrukteur beschreibt die zu bewertenden Komponenten anhand der Cost Driver. Die (Plan-) Kostenunterschiede zwischen zwei Lösungsalternativen werden ermittelt, indem die unterschiedlichen Cost Driver in den betroffenen Teilprozessen jeweils Kostendifferenzen ausweisen.

Auf Basis der so differenziert ermittelten Standardprozesskosten lässt sich zusammen mit den Target Costs das potenzielle Target Gap zuverlässig ermitteln. Gleichzeitig wird die Zielkostenlücke so differenziert beschrieben, dass ein Vergleich mit dem produkt- und prozessseitigen Reduzierungspotenzial ermöglicht wird.[88]

10.3 ... in der Produktionsprogrammplanung

„Nicht Umsatz und Marktanteil sind die zu beeinflussenden Größen, sondern ausschließlich die im Unternehmen anfallenden Kosten."[89]

Wie in der vorhergehenden Betrachtung der RPK gezeigt, unterteilt sich das Rationalisierungspotential in eine Produktstruktur- und eine Prozessstrukturperspektive. Für beide gilt es, das skizzierte Ziel, aus der Festlegung der gewählten Komplexitätsmanagementstrategie, zu erfüllen. Dies ist jedoch nur zu erreichen, wenn auf operativer Ebene auch dementsprechende Instrumente zur Entscheidungsfindung zur Verfügung stehen.[90]

Mit Hilfe der RPK können dazu die notwendigen Kosteninformationen über den Ressourcenverzehr bereitgestellt werden. Auf dieser Grundlage kann die Kostenseite der Produktprogrammplanung abgedeckt werden, die es in die Entscheidung über die Ausgestaltung des Leistungsangebots einzubeziehen gilt.[91]

Im Rahmen des strategischen Produktionsmanagements einer Produktvielfalts-Planung und -Bewertung sind sowohl die Restgemeinkosten zu erfassen als auch jeweils alle (Gemein-)Kosten der untersuchten Kostenstellen

---
[88] vgl. Schuh (1995b) S. 11
[89] vgl. Westkämper/Bartuschat (1993) S. 28
[90] vgl. Luczak/Fricker (1997) S. 311: Dem Management müssen geeignete Instrumente zur Komplexitätsbewältigung bereitgestellt werden.
[91] vgl. Spies (1999) S. 382

auf Teilprozesse bzw. Restgemeinkosten aufzuteilen. In diesem Fall ist die RPK als Teilkostenrechnung (alle Gemeinkostenanteile werden erfasst) oder als Vollkostenrechnung (Einzel- und Gemeinkostenanteile werden gleichermaßen prozessweise erfasst) aufzubauen.[92]

So können dann z. B. die Kosten für verschiedene PKW-Grundtypen und -Ausstattungen durch die entsprechend detaillierten Abteilungsmodelle prognostiziert werden (Abb. 10-4). Dazu sind allerdings die entsprechenden Informationen permanent zu aktualisieren und zu pflegen.

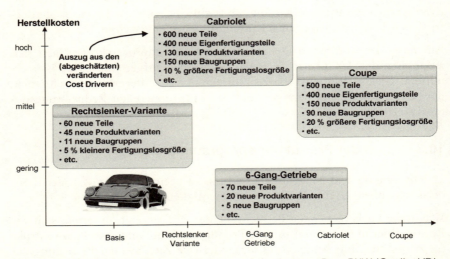

Abb. 10-4: Strategische Variantenplanung und -bewertung; Bsp. PKW (Quelle: VDI Seminar [1997])

---

[92] vgl. Schuh (1995a) S. 444

Kapitel D
Kommunikation und Vertrieb variantenreicher Produkte

11 Produktvielfalt kommunizieren

11.1 Produktvielfalt-Dokumentation

„Die Komplexität in der Abstimmung zwischen Vertrieb und Produktion stellt Mitarbeiter vor kaum noch zu überschauende und effizient abzuwickelnde Aufgabenstellungen."[1]

Folgende Trends zeigen den geforderten Paradigmenwechsel bzgl. Kommunikation und Vertrieb von variantenreichen Produkten auf:[2]

- Produkte werden komplexer und interdisziplinärer; dadurch wird das Risiko fehlerhafter Kommunikation innerhalb des Teams größer;
- Entwicklungsteams werden durch weltweite Akquisitionen globaler und dezentraler;
- ausgefallene Kundenwünsche erfordern „flexible" Produkte (Mass Customization);
- die Lebenszyklen werden kürzer;
- unerkannte Produktfehler und Qualitätsansprüche erweisen sich als folgenschwer.

Jeder Unternehmensbereich erzeugt seine eigene Datenwelt. Klare Grenzen, die nur durch Dokumententransfer durchbrochen werden, sind die Regel. Zur Beherrschung der Produktvielfalt ist die Zusammenarbeit verschiedener Unternehmensbereiche erforderlich.[3] Der entscheidende Schritt liegt im Einsatz modernster Methoden und Werkzeuge, die weder vor Bereichswänden in den Unternehmen noch vor Übermittlung nach außen Halt machen.[4]

Im Folgenden werden zur dargestellten Problematik beispielhaft Instrumente für die unterschiedlichen Unternehmensbereiche vorgestellt.

11.1.1 Entwicklung/Konstruktion

Mit dem Trend zur kundenspezifischen Leistungserstellung liegen die der Produktion vorgeschalteten Informationsbearbeitungsprozesse wie z. B. das kundenspezifische Engineering oder die Erstellung der Fertigungsunterlagen auf dem kritischen Pfad und gewinnen infolgedessen auch zunehmend an Bedeutung.[5]

---

[1] vgl. Poensgen (1994) S. 34; vgl. Mühlbradt/Mirwald (1992) S. 41: „Menschen zeigen bei der Komplexitätsbewältigung deutliche Schwächen."
[2] vgl. Meier/Bichsel/Leonhardt/Wohlgensinger (1999) S. 59
[3] vgl. Schuh/Becker/Caesar (1989) S. 90
[4] vgl. Meier/Bichsel/Leonhardt/Wohlgensinger (1999) S. 58
[5] vgl. Köster (1997) S. 98

Die Kommunikation im Produktentwicklungsprozess muss frühzeitig beginnen, um Auswirkungen zusätzlicher Varianten auf das Produktprogramm und den Werteverzehr einzelner Unternehmensressourcen rechtzeitig abschätzen zu können. Dadurch kann die Auswahl kostengünstiger Gestaltungsalternativen gewährleistet werden.

Eine sinnvolles Instrument, das die genannten Anforderungen erfüllt, ist der *Produkt-Baukasten* (Abb. 11-1).

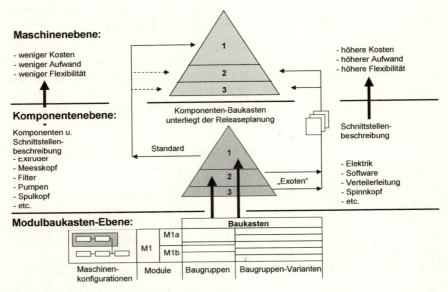

Abb. 11-1: Produkt-Baukasten

Der *Produkt-Baukasten* untergliedert sich in drei Ebenen:

- Maschinenebene,
- Komponentenebene sowie
- Modul-Baukastenebene.

Kernstück des Produkt-Baukastens sind die auf *Maschinen- und Komponentenebene* vorgenommenen Maschinen- bzw. Komponentenstufendefinitionen. Dabei werden auf der Stufe „Maschine" die Kombinatorik der Komponenten festgelegt und auf der Stufe „Komponente" die Baugruppen aufgrund ihres Standardisierungsgrades bzw. ihrer Kundenspezifität unterteilt.[6]

---

[6] vgl. Kap. 5

Setzt sich eine Maschine der Stufe 1 aus einer festgelegten Kombination von freigegebenen Komponenten bekannter Verfahrenstechnik zusammen, sind in Stufe 2 auch Komponenten zulässig, die entweder nach kundenspezifischen Kriterien noch zu ändern sind, oder die gewünschte Kombination weicht vom Standard ab. Innerhalb der Stufe 3 werden insbesondere Komponenten verbaut, deren Entwicklung noch aussteht oder die auftragsspezifisch reaktiviert werden.

Konfigurationen außerhalb des Standards unterliegen einem *Freigabeprozess*. In Kombination mit einem geeigneten *Release.-Engineering* wird zudem der Innovationsprozess, der in ständiger Absprache mit Vertrieb und Entwicklung den Einsatz neuer Produkttechnologien in Standardmodule fördert, positiv beeinflusst.

Auf der *Modul-Baukastenebene* sind die vorgedachten Kombinationen von Modulen mit den dazugehörenden Baugruppen und Varianten dargestellt (Abb. 11-2).

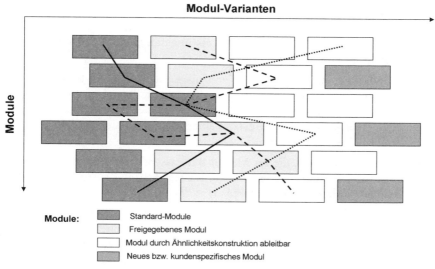

Abb. 11-2: Ausschnitt aus dem Modul-Baukasten (ohne Berücksichtigung der Baugruppen) (in Anlehnung an Groos [1997] S. 217)

Das Instrument *Produkt-Baukasten* dient somit einerseits der Entwicklung, die aufbauend auf Marktstudien und internen Gegebenheiten eine sinnvolle Produktgestaltung wählt, andererseits werden durch geeignete Vertriebs- und Freigaberegeln Volumenprodukte, welche günstig mit geringem Aufwand hergestellt werden können, gegenüber teuren Exoten in Entwicklung und Vertrieb klar bevorteilt.

Der Modul-Baukasten soll insbesondere dem Vertrieb im Kundengespräch helfen, einerseits schnell und kompetent Auskunft zu geben, andererseits wird auf diese Weise sichergestellt, dass der Vertrieb nur verkaufsfähige, technisch machbare Maschinen anbietet.

11.1.2 Marketing/Vertrieb

Da die Entstehung eines Produkt-Baukastens im Kundenwunsch, d. h. in den Anforderungen[7] der Kunden an die Leistung liegt, kommt dem Marketing diesbezüglich eine besondere Bedeutung zu. Auf der Basis einer permanenten Erfassung bzw. Überprüfung der Kundenanforderungen sind Kundensegmente zu überprüfen bzw. sich ändernde Anforderungsprofile neu zu definieren. Zusammen mit dem Entwicklungsbereich sind diese Erkenntnisse bei der Weiter- bzw. Neuentwicklung von Komponenten und Baugruppen einzusetzen.[8]

Der Vertrieb muss aufgrund dieser Vorleistung in den Akquisitionsgesprächen in der Lage sein, die existenten Produkte zur Erfüllung der kundenseitigen Anforderungen zu kombinieren. Ziel soll es sein, möglichst oft Standardmodule zu verbauen, ohne die Leistungsfähigkeit des Produktes aus Kundensicht zu schmälern.

Diesbezüglich ist im Vertrieb die Kenntnis existenter Module sowie deren Einsetzbarkeit von großer Wichtigkeit. Potenzielle Projekte sollte der Vertrieb sowohl hinsichtlich der folgenden Angebotsbearbeitung als auch einer möglichen Projektdurchführung bzgl. ihres Standardisierungsgrades beurteilen und selektieren können.

Dazu drängt es sich auf, die im Modul-Baukasten vorgenommenen Moduldifferenzierungen und vorgedachte Kombinatorik bzgl. des Endproduktes in Produktklassen abzubilden (Abb. 11-3).

Eine andere Möglichkeit besteht in der Bildung von Leitprodukten mit ähnlichen Merkmalsausprägungen. Nebst einer möglichst hohen Nutzen-/Aufwandrelation sollte dabei eine ausgeprägte Ähnlichkeit zu den restlichen Varianten der Produktklasse sowie eine hohe Stückzahl ausgewiesen werden können.[9] Bei den Leitprodukten handelt es sich ausschließlich um Endprodukte, die um kundenindividuelle Ansprüche ergänzt werden (Abb. 11-4).

---

[7] vgl. Dudenhöffer (1997) S. 28: Die erfolgreichen Hersteller werden eine strategische Vielfalt bieten, die eng mit dem Anspruch und Bild der Unternehmung bzw. Marke korrespondieren. Oberflächliche Leistungsvarianten schaden und verschlechtern die Wettbewerbsposition.

[8] vgl. Kap. 8

[9] vgl. Wüpping (1998a) S. 223

11 Produktvielfalt kommunizieren 173

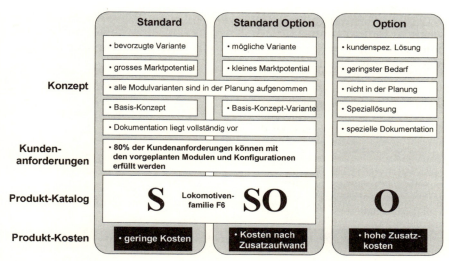

Abb. 11-3: Beispiel einer Produktklassifizierung eines Lokomotivenherstellers (in Anlehnung an Landolt [1998] S. 11)

Leitprodukt	Produktmerkmale mit der Anzahl Ausprägungen (Wahlmöglichkeiten)						Anzahl der möglichen Endprodukt-Varianten
	Kabinen	Tableaus / Handläufe	Spiegel	Decken	Wände	Böden	
Basic	1	2/1	1	2	5	5	100
Medium	1	3/1	3	2	6	5	540
High	1	4/1	3	3	9	5	1620

Abb. 11-4: Beispiel zur Definition von Leitprodukten bei einem Aufzughersteller (in Anlehnung an Friedli [1998] S. 4)

Nebst einer transparenten Darstellung möglicher Endproduktvarianten bleibt der persönliche Kontakt zum Kunden sowie eine gezielte und überzeugende Beratung im Verkaufsprozess entscheidend. Sofortige sachliche Antworten auf Fragen beweisen Kompetenz und schaffen Vertrauen.[10] Dabei steht im Vordergrund, den Kunden durch einen Kosten-/Nutzenvergleich auf die Vorteile von bestimmten Produkttypen – vorgedachte Stan-

---

[10] vgl. Buchner/Ullsperger (1995) S. 15

dardkonfigurationen – hinzuweisen, um auf diese Weise das Volumengeschäft zu fördern (Abb. 11-5). Andererseits sind Abweichungen davon nur unter gewissen Vorbehalten, wie z. B. volle Kostendeckung oder Lieferterminverzögerung, zuzulassen.

	Konventionelle Anlage [Aufwand]	Neuer Anlagentyp [Aufwand]	Verhältnis
Hardware Kosten	=	=	1 : 1
Verkaufsaufwand	8 Einheiten	1 Einheit	8 : 1
Installation	3 Wochen	3 Tage	5 : 1

Abb. 11-5: Überzeugen mit Verkaufsdokumentation (Quelle: Friedli [1998] S. 6)

Dies ermöglicht es, den Kunden kalkulierte Baugruppen anzubieten und das Risiko für beide Partner zeit- und kostenmäßig zu begrenzen. Die Auftragsdurchlaufzeit kann gesenkt werden und Sonderkonstruktionen mit entsprechendem Termindruck sind vielfach unnötig.

11.1.3 Produktionsplanung- und steuerung

Die Koordinierungskosten steigen aufgrund zunehmender Komplexität der Abläufe, da mit steigender Produktvielfalt die Planung detaillierter erfolgen muss.[11] Einerseits ist zur Steuerung des Materialflusses ein umfangreiches Steuerungssystem vonnöten, das die individuelle Zuführung von Teilen sicherstellt, andererseits bedeutet eine steigende Produktvielfalt automatisch ständig wechselnde Engpässe, sodass in der Produktion zunehmende Kosten anfallen.[12]

Je detaillierter die Planung erfolgt und je stärker die Abhängigkeiten zwischen den einzelnen Arbeitsschritten sind, desto größere Auswirkungen sind durch die kurzfristigen, variantenbedingten Produktionsänderungen zu erwarten. Aus diesem Grunde bedarf es einer frühzeitigen Koordination der involvierten Funktionsbereiche.[13]

---

[11] vgl. Wildemann (1990a) S. 619 u.
[12] vgl. Lingnau (1994) S. 131 u. Kaluza (1989) S. 401f.: Man spricht in diesem Zusammenhang auch von Leerkosten. Es handelt sich dabei um Kosten, die für nicht genutzte Kapazität entstehen. Bei einem Produktwechsel sind bis zur Anlaufphase alle zur Aufrechterhaltung der Betriebsbereitschaft notwendigen Ressourceneinsätze weiterzuleisten (z.B. Vorbereitungs-, Auslauf-, Umstellungs-, Reinigungs- und Anlaufoperationen).
[13] vgl. Lingnau (1994) S. 131f.

11 Produktvielfalt kommunizieren

Auf eine detaillierte Beschreibung der Planung und Steuerung bei der Produktion von Varianten wird an dieser Stelle verzichtet und auf das Kap. 14 verwiesen. Mit der im Folgenden beschriebenen *Lieferbereitschaft* soll denn auch nur eines von vielen Instrumenten vorgestellt werden, das die Auswirkungen der Produktion vor- und nachgelagerten Prozesse auf die Leistungserstellung und umgekehrt darstellt.

Der Lieferbereitschaftsgrad – auch Servicegrad genannt – ist definiert als „Wert der pünktlich ausgelieferten Aufträge/Gesamter Bestellwert der Aufträge" und stellt somit die Verfügbarkeit ab Lager dar. Diese Kennzahl ist wichtig zur Abstimmung und Sicherstellung der Marktversorgung und zur Optimierung der durch Lagerbestände verursachten, Kapitalbindung.[14]

Bei der Festlegung des Lieferbereitschaftsgrades wird untersucht, im Rahmen welcher Abschnitte der Kunde indifferent gegenüber der Steigerung der Verfügbarkeit reagiert (Indifferenzzone) (Abb. 11-6). In Abhängigkeit der Strategie und Marktsituation wird dieser somit festgesetzt. Gleichzeitig muss die Frage gestellt werden, was der angestrebte Lieferbereitschaftsgrad kosten darf. Im Sinne einer Synthese von hoher Kundennähe und Effizienz hat der Aufbau des Lieferbereitschaftsgrades im Rahmen der Leistungserstellung markt- und kostenorientiert zu erfolgen.

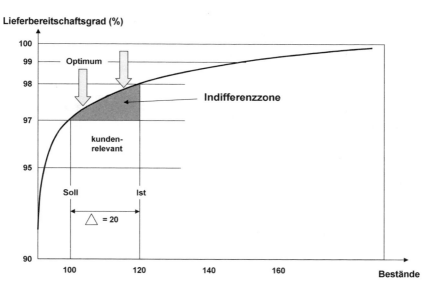

Abb. 11-6: Lieferbereitschaftsgrad-Ermittlung als Instrument zur markt- und kostenorientierten Leistungserstellung (Quelle: Eidenmüller [1991] S. 46)

---
[14] vgl. Wildemann (1996) S. 80

Die Relevanz für das Komplexitätsmanagement äußert sich insbesondere darin, dass sich durch den Lieferbereitschaftsgrad ein direkter Zusammenhang zwischen Produktstrukturierung und -klassifizierung, angestrebter Vertriebspolitik sowie der Anforderungen an die Ressourcen in der Leistungserstellung ergibt. Hinzu kommt, dass die Kennzahl auch für Halbfabrikate, Module, Baugruppen oder Ersatzteile erhoben werden kann.

Aufgrund dieser Tatsachen spielt die Lieferbereitschaft für die Produktionssteuerung eine zentrale Rolle. Anschließend an die Ermittlung des Lieferbereitschaftsgrades werden die Termin- und Kapazitätsplanung in der Fertigung und Montage, die Losgröße sowie die Bedarfsplanung am Lager festgelegt.

11.1.4 Fertigung/Montage

Aufbauend auf der Produktionsplanung und -steuerung sind Arbeitsplanung und Materialwirtschaft gefordert, für die Fertigungs- und Montagesysteme die Bereitstellung und Disposition der Teile zu sichern. Dabei ist die Produktvielfalt dahingehend zu berücksichtigen, dass die Flexibilität der Produktionseinrichtungen lediglich auf das erforderliche Maß ausgelegt wird.[15]

Aus Sicht des Komplexitätsmanagements steht dabei im Vordergrund, durch geeignete Gestaltung des Leistungserstellungsprozesses der vorrangig gewählten Produktstruktur gerecht zu werden. D. h., einerseits soll die Komplexität in der Leistungserstellung reduziert und andererseits die Kundennähe und Effizienz auf einem höchstmöglichen Grad gehalten werden.[16] Dazu dient das im Folgenden erörterte Konzept des *Order Penetration Point* (OPP) (Abb. 11-7).

Der OPP ist der Punkt der Vielfaltsbildung, d. h., dies ist der Zeitpunkt im Fertigungs- bzw. Montageprozess, bei dem erstmals festgelegt wird, welche Produkt-Variante erzeugt wird. Das Ziel dabei ist es, diesen Zeitpunkt möglichst nahe an das Fertigstellungsende zu legen, um eine möglichst hohe Flexibilität gegenüber den kurzfristigen Nachfragewünschen der Kunden zu erhalten.[17]

---

[15] vgl. Schuh/Becker/Caesar (1989) S. 90
[16] vgl. Köster (1997) S. 81f.: Führt die produktorientierte Betriebsorganisation zu vereinfachten Materialflüssen und höherer Wirtschaftlichkeit, verspricht die prozessorientierte Leistungserstellung nachhaltige Resultate. Im Gegensatz zum ersten Ansatz werden alle am Leistungsprozess beteiligten Funktionen integriert und das verrichtungsorientierte, vertikale Bereichsdenken zugunsten der prozessorientierten, horizontalen Denkweise aufgegeben.
[17] vgl. Schulte (1999) S. 409; synonym zum OPP werden in der Literatur auch die Begriffe Variantenbestimmungspunkt, Kundenentkopplungspunkt (KEP) bzw. Decouple Point verwendet.

11 Produktvielfalt kommunizieren

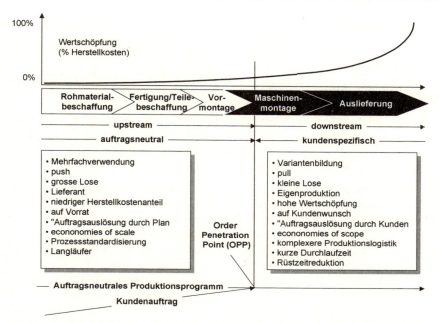

Abb. 11-7: Charakteristika der Up- und Downstream-Segmente im Leistungserstellungsprozess (Quelle: Köster [1998] S. 83)

Vor dem OPP werden die auftragsneutralen Standard-, Sonder- und Hilfsmodule komplett und die Anpassmodule so weit wie möglich hergestellt. Nach dem OPP werden die vorher nicht festlegbaren und nicht vorhersehbaren Leistungsumfänge erstellt. Im auftragsneutralen, effizienzorientierten Prozesssegment werden daher die Prozessabläufe vereinfacht, standardisiert und automatisiert. Die Änderungseinflüsse der Kunden werden wenn möglich eliminiert. In der Folge bleiben Prozessstörungen weitestgehend aus und die Qualität steigt. Auf diese Weise wird die Gesamtdurchlaufzeit im Leistungserstellungsprozess entschieden verkürzt. Dadurch ist das Unternehmen aber andererseits in der Lage, im Downstream-Segment Kundenwünsche flexibler zu bedienen und somit die Kundennähe zu erhöhen.[18]

Der Fertigung und Montage wird damit ein geeignetes Kommunikationsinstrument in die Hand gelegt. Die Konsensfindung zwischen dem Vertrieb – mit der Forderung nach höherer Vielfalt – sowie der Entwicklung und Konstruktion wird dadurch entschieden vereinfacht.

---

[18] vgl. Köster (1997) S. 82ff.

11.1.5 Einkauf

Durch eine Erhöhung der Produktvielfalt steigt in jedem Fall unabhängig von den Merkmalen der neuen Produkte und Produktvarianten die Anzahl zu beschaffender unterschiedlicher Komponenten, wodurch die Tätigkeit des Einkaufs komplexer wird.

Mit steigender Zahl unterschiedlicher Komponenten steigt zudem auch die Gefahr von Fehldispositionen und damit das Auftreten von Fehlmengen. Verschärft wird diese Gefahr noch durch die mit der steigenden Vielfalt einhergehende, sinkende Prognosegüte.[19]

Werden für neue Varianten anstelle von Standardkomponenten spezielle Komponenten benötigt, kann dies zudem bedingen, dass ein Fremdbezug nicht mehr in Frage kommt und die Komponenten selbst gefertigt werden müssen. In Zusammenarbeit mit der Entwicklung und der Produktion hat der Einkauf in dieser Sachlage die Vergleichbarkeit der Baugruppen oder Module herzustellen. Dazu dient das *Linear Performance Pricing (LPP)*. Der Zweck der LPP liegt darin, Preisdifferenzen zu analysieren und Ansätze zur Kostenreduzierung aufzuzeigen. Dazu wird in einem ersten Schritt ein geeigneter Kostentreiber für die Komponente gesucht, der für die Vergleichbarkeit unabhängig vom jeweiligen Herstellungsprozess bzw. Unternehmen ist. Dabei handelt es sich meistens um Leistungsgrößen oder Raummasse (Abb. 11-8).

Nachfolgend werden die in einer Benchmarking-Studie ermittelten Daten den betriebseigenen Daten gegenübergestellt. In bereichsübergreifender Zusammenarbeit werden sodann Produktgestaltungs-, Prozessgestaltungs- und Einkaufsalternativen diskutiert.[20]

Die exakten Kostenwirkungen der Eigenerstellung oder des Fremdbezuges sind im Einzelfall zu beurteilen. Grundsätzlich gilt, dass durch die Fremdvergabe einzelner Arbeitsschritte die Koordinationsleistung im Unternehmen bleibt und somit ein überproportionaler Kostenanstieg die Folge ist. Dagegen ist bei einer Fremdvergabe von kompletten Arbeitspaketen inklusive Nebenleistungen (z. B. Verpackungs- und Transportfunktion) mit einer Reduzierung vielfaltsabhängiger Kosten zu rechnen.[21]

---

[19] vgl. Lingnau (1994) S. 140
[20] Dieses Instrument erweist sich zudem für den Einkauf insbesondere im Target Costing Process (vgl. Kap. 8) als besonders hilfreich, wenn es darum geht, einerseits die Komponentenvielfalt zu schmälern und andererseits im Knetprozess den ermittelten Zielpreis zu erreichen.
[21] vgl. Wildemann (1990a) S. 620

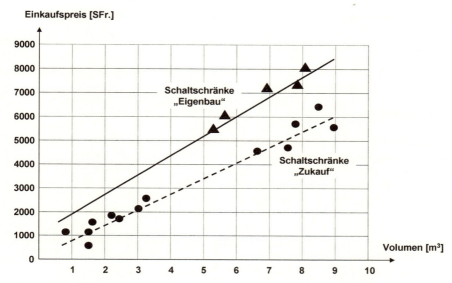

Abb. 11-8: Einkaufspreisvergleich, dargestellt mittels Linear Performance Pricing (LPP) am Bsp. von Schaltschränken

11.1.6 Qualitätssicherung

Bei herrschendem Wettbewerb ist nicht zu vergessen, dass die Kunden immer zwischen Alternativen auswählen können. Sind sie mit einem Produkt nicht zufrieden, werden sie den Anbieter wechseln. Das Ziel muss deshalb sein, in jeder Produktklasse und jedem Marktsegment ein günstiges Preis-/Leistungsverhältnis anzubieten. Anhaltende Wettbewerbsvorteile werden durch ausgeglichene Suche der optimalen Wertschöpfung für den Kunden erreicht. Dazu gehört, den Wettbewerb zu beobachten und Produkte und Leistungen ständig zu verbessern.[22]

Steigende Kundenanforderungen und gleichzeitig sinkende Erlöse erhöhen jedoch besonders für Hersteller variantenreicher, komplexer Produkte die Anforderungen an die Qualität der Abläufe für die Angebotserstellung bis hin zur Distribution.[23] Infolgedessen wird es für viele Unternehmen zunehmend schwieriger, die Bedürfnisse der Anspruchsgruppen immer optimal und fehlerfrei zu erfüllen. Wechselnde Komponenten und sich ändernde Fertigungsschritte sind geradezu ein Nährgebiet für Unregelmäßigkeiten und Fehler.

---

[22] vgl. Seghezzi (1996) S. 136
[23] vgl. Westkämper/Bienik/Handke/Bartuschat (1995) S. 46

Qualitätssicherung (aktives Risikomanagement) soll dabei helfen, die Gefahr von Qualitätsfehlern und hohen Garantiekosten entscheidend zu reduzieren. Dabei werden zwei Ziele verfolgt:[24]

- Sicherstellung, dass die angebotenen Leistungen die Bedürfnisse erfüllen und keine Fehler aufweisen und
- Behebung von nicht erfüllten Qualitätsforderungen bzw. Fehler und Beherrschung ihrer Wirkung.

Ein Instrument, des aktiven Risikomanagements ist die Failure Mode and Effects Analysis (FMEA). Mit ihrer Hilfe lassen sich alle Phasen des Produktlebenszyklus, von der Entwicklung bis hin zur Nutzung, analysieren und dokumentieren (Abb. 11-9). Zur detaillierten Erklärung der FMEA wird auf die einschlägige Literatur verwiesen.[25]

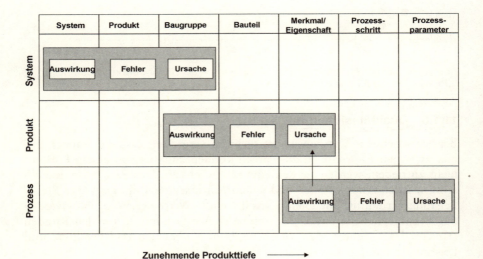

Abb. 11-9: System der Failure Mode and Effects Analysis (FMEA) (Quelle: Seghezzi [1996] S. 266)

---

[24] vgl. Seghezzi (1996) S. 97
[25] vgl. Seghezzi (1996) S. 266ff.

11.2 Datenmanagement von Produktvielfalt

„Produktionsbetriebe entwickeln sich zunehmend zu Informationsbetrieben."[26] Dabei können die Unternehmen durchaus einen Effizienzsprung erzielen, wenn sie zum Einsatz von modernsten Datenmanagement-Systemen bereit sind.[27]

Zukünftig stehen die Produktdaten des Unternehmens im Zentrum des Denkens bzw. Handelns und werden zur integralen und strategischen Drehscheibe. Das *digitale Produkt*[28] mit seinen repräsentierenden Informationen wird zum Kernstück des Unternehmens. Darunter sind insbesondere folgende Informationen zu verstehen:[29]

- Produktstruktur (Stücklisten, Varianten),
- Geometriemodelle der Bauteile,
- Konfigurationsregeln (Zwänge und Verbote),
- Leistungswerte und Eigenschaften der Bauteile,
- Materialeigenschaften,
- Verkaufsunterstützende Werkzeuge (z. B. Video-Animation),
- Produktkosten und -Preise,
- Fertigungs-, Montage- und Prüfzeiten,
- u. a.

Bei den aufgrund der zunehmenden Produktvielfalt verstärkten Anforderungen hinsichtlich höherer Qualität, reduzierter Kosten und noch engerer Terminfenster ist es naheliegend, die Daten und Informationen rund um ein Produkt systematisch zu erfassen und für Planung, Steuerung und Koordination des Gesamtunternehmens bereitzustellen. Insbesondere für Produktfamilien, die noch einen längeren Lebenszyklus erwarten, lohnt es sich, das bestehende Produkt digital zu erfassen. Dabei ist nebst bereits existierenden Produkt- und Prozessdaten das Umfeld des jeweiligen Unternehmens mit zu berücksichtigen (branchenübliche Standards, Normen).

Neben den Vorteilen, die eine datentechnische Erfassung bringt, wird die negative Folge darin bestehen, dass zukünftige Entwicklungen wesentlich aufwendiger werden, weil sie nicht nur die Erstellung von Fertigungsunter-

---

[26] Quelle: Köster (1997) S. 98 u. Augustin (1990) S. 9: 75% der Belegschaft eines Industrieunternehmens haben heute nichts mehr mit der Be- und Verarbeitung von Material im physikalischen Sinne zu tun, sondern beschäftigen sich ausschließlich damit, Daten und Informationen zu erfassen, zu speichern und zu übertragen.
[27] vgl. Meier/Bichsel/Leonhardt/Wohlgensinger (1999) S. 58
[28] Darunter ist die „digitale Erfassung" des Produktes gemeint, d. h. die Erfassung sämtlicher Daten und Informationen eines Produktes sowie die strukturierte Abbildung auf einem Informationssystem.
[29] vgl. Meier/Bichsel/Leonhardt/Wohlgensinger (1999) S. 58f.

lagen umfassen, sondern alle oben beschriebenen Prozesse einschließen. Die technische Abteilung verleiht den Produktdaten in diesem Sinne „Intelligenz".[30]

Das digitale Produkt basiert nicht auf einer zentralen Datenbank, sondern auf einer Föderation von Datenbanken, die untereinander konsistent gehalten werden. Um dies zu erreichen, sowie für die Produktdatenverwaltung, kommen u.a. Produktdaten-Managementsysteme[31] (PDM-Systeme) zur Anwendung.[32] Die Bedeutung von betrieblichen Informationssystemen[33] innerhalb des Komplexitätsmanagements kommt darin zum Ausdruck, dass ihre Gestalt die Informationsflüsse und -bearbeitung maßgeblich determiniert. Einerseits können damit die Auswirkungen der externen Komplexität durch Vorausplanung gedämpft werden, andererseits wird die Flexibilität im Unternehmen erhöht, da die Informationssysteme auf den innerbetrieblichen Prozessen und Strukturen basieren.[34]

Die unternehmensweiten Auswirkungen beim Einsatz der PDM-Technogie sind vielfältig. Neben generellen Zeit- und Kosteneinsparungen werden im Folgenden einige Nutzenpotenziale aufgeführt:[35]

- schneller und effizienter Datenzugriff,
- Vermeidung von Dateninkonsistenzen,
- Sicherstellung eines integren und aktuellen Datenbestandes,
- gezieltes Änderungsmanagement (z. B. Statusübergänge, Zugriffsberechtigung),
- Abbildung der Komplexität von Produkten und ihrer Beziehungen zu anderen Objekten (z. B. Dokumente),
- Reduzierung der Teilevielfalt (Wiederverwendung),
- Einhaltung von Standards im Unternehmen (Verwendung und Integration von Normteilen),
- Unterstützung verteilter (Entwicklungs-)Teams (Concurrent Engineering) und
- Unterstützung hinsichtlich Qualitätssicherungsmaßnahmen.

---

[30] vgl. Meier/Bichsel/Leonhardt/Wohlgensinger (1999) S. 65
[31] vgl. Matthes/Marcial/Hartmann (1996) S. 13 u. Hvam/Have (1998) S. 27: PDM bezeichnet die ganzheitliche, strukturierte und konsistente Verwaltung von Daten und Prozessen, die bei der Entwicklung neuer oder der Modifizierung bestehender Produkte über den gesamten Produktlebenszyklus generiert, benötigt und weitergeleitet werden. Mit Produkt ist nebst dem physischen Produkt auch das zugehörige Wissen, Algorithmen u. a. gemeint.
[32] vgl. Meier/Bichsel/Leonhardt/Wohlgensinger (1999) S. 60
[33] Damit sind die Systeme Computer Aided Selling (CAS), Enterprise Resource Planning (ERP) sowie das Produktdatenmanagement (PDM) zu verstehen.
[34] vgl. Köster (1997) S. 98f.
[35] vgl. Matthes/Marcial/Hartmann (1996) S. 13f.

11 Produktvielfalt kommunizieren

Die Unternehmen erwarten durch den Einsatz von PDM-Systemen die Erfüllung klassischer Zielsetzungen wie Verkürzung von Entwicklungszeiten, Reduzierung von Kosten und Verbesserung der Qualität (Abb. 11-10).

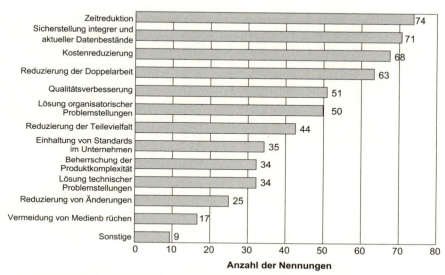

* Grundgesamtheit: 379 Unternehmen (Maschinenbau 36%, Elektrotechnik 22%, Anlagenbau 12%, Automobilindustrie 6%, Automatisierungstechnik 3%, Luft- und Raumfahrt 1%, sonstige 20%)

Abb. 11-10: Branchenübergreifende Gewichtung der Zielsetzungen beim PDM-Einsatz (Quelle: Matthes/Marcial/Hartmann [1996] S. 17)

Nahezu den gleichen Beitrag erwarten die Unternehmen hinsichtlich eines integren und aktuellen Datenbestandes. Deutlich kommt zum Ausdruck, dass zur Beherrschung der Komplexität im Unternehmen hinsichtlich der Reduzierung der Teilevielfalt, Einhaltung von Standards oder Beherrschung der Prozesse es mit dem Einsatz eines mächtigen Systems nicht getan ist. Die Handhabung der Komplexität wird zwar vereinfacht, eine Reduktion der existierenden Komplexität ist durch die Implementierung eines Datenmanagement-Systems aber nicht zu erwarten.

PDM-Systeme agieren bei der Komplexitätsbewältigung als Integrationsplattformen, die die über den Produktentwicklungs und -entstehungsprozess benötigten Applikationssysteme verbinden.[36] Programmsysteme wie der *Complexity Manager*®[37] zur Produktvielfaltsanalyse und -bewertung ergänzen die bestehenden Informationssysteme um wichtige Vielfalts- und Kos-

---

[36] vgl. Matthes/Marcial/Hartmann (1996) S. 13
[37] vgl. Kap. 16

teninformationen. Die unternehmensweite Berücksichtigung und Beurteilung aller Auswirkungen der Produktvielfalt ist jedoch erst durch die Integration aller Systeme, wie Montagearbeitsplanung, Stücklistenwesen und CAx-Systeme, möglich.[38]

Nebst der Integration des Systems sind zum Aufbau aktueller und aussagekräftiger Daten bereits in einem frühen Stadium der Produktentwicklung Informationen über die zu entwickelnden Varianten übersichtlich zur Verfügung zu stellen.[39]

Darüber hinaus ist ein regelmäßiger Datentransfer für die Pflege der Produktdaten notwendig, um einerseits die Aktualität der Produktdaten zu garantieren und andererseits eine effiziente Auftragsabwicklung vom Vertrieb bis zur Distribution zu bewerkstelligen.[40]

---

[38] vgl. Schuh/Becker/Caesar (1989) S. 90
[39] vgl. Becker/Caesar/Schuh (1989) S. 241
[40] vgl. Schuh/Kaiser/Herf (1995) S. 13

12 Auftragskonfiguration und Vertrieb von Varianten

12.1 Was heißt konfigurieren?

12.1.1 Zielsetzung

Die Funktionalität integrierter Datenmanagementsysteme kann im Wesentlichen in fünf Funktionsgebiete unterteilt werden:[41]

- Struktur- und Konfigurationsmanagement,
- Klassifizierung,
- Prozess- und Workflow-Management,
- Projektmanagement sowie
- Dokumentenmanagement.

Im Folgenden wird auf das Struktur- und Konfigurationsmanagement näher eingegangen und der entscheidende Beitrag dieser Funktionalität zur Komplexitätsbeherrschung innerhalb des Auftragsabwicklungsprozess erläutert. Das Modul „Struktur- und Konfigurationsmanagement" unterstützt dabei die Automatisierung und Optimierung der Schlüsselprozesse vom Verkauf (Produktkonfiguration) zur Produktentwicklung (Produktstrukturmanagement) über die Herstellung bis zur Distribution.

Definition:[42]

> *Produktkonfiguration* bedeutet die Zusammenstellung von Produkten oder Systemlösungen, auf der Grundlage standardisierter Bauteile und auf einer Wissensbasis gespeicherter Konfigurationsregeln, gemäß Kundenspezifikationen.

Aus der Produktkonfiguration resultiert die fertige Produktstruktur sowie (automatisch generierte) Stücklisten bzw. Teileverwendungsnachweise.[43]

Die wesentlichen Vorteile eines Produktkonfigurations-Systems liegen in einer kundenorientierten Produktpräsentation, Verbesserung der Marktreaktion, Verkürzung der Vertriebszyklen und Senkung der Kosten im Zusammenhang mit der Entgegennahme von falsch konfigurierten Aufträgen.[44] Durch die Erhöhung der Konfigurationssicherheit und den Abbau

---

[41] vgl. Abramovici/Gerhard (1997) S. 12f.
[42] vgl. Link/Hildebrand (1993) S. 118
[43] vgl. Abramovici/Gerhard (1997) S. 13
[44] Aus Gründen der Einfachheit werden im Weiteren die Begriffe „Struktur- und Konfigurationsmanagement" zum Begriff „Produktkonfigurationsmanagement" vereint.

von manuellen Schnittstellen (Zugriff auf externe Datenbank) in der Auftragsabwicklung wird zudem die Durchlaufzeit in den der Fertigung vorgelagerten Bereichen drastisch gekürzt (Abb. 12-1).[45]

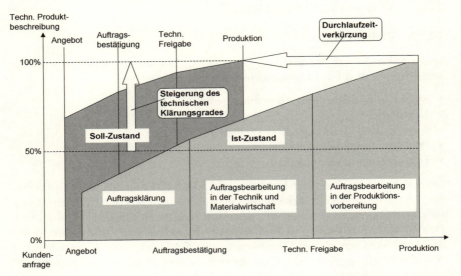

Abb. 12-1: Zielsetzung in der Anwendung eines Produktkonfigurationssystems (In Anlehnung an Westkämper/Bienik/Handke/Bartuschat [1995] S. 48)

Mit dem Produktkonfigurator sind somit die Vielfaltsstrukturen abzubilden, um Eindeutigkeit bzgl. Produkttyp, Merkmalsausprägungen und Bedingungen in Abstimmung mit Vertrieb, Produktion und Technik zu erlangen.[46]

Zudem bietet die Einführung eines Produktkonfigurators die Gelegenheit zur Neudefinierung der Kommunikation mit den Kunden und zur Entwicklung von engeren Kundenbeziehungen und zur Verbesserung der Kundenzufriedenheit.[47]

12.1.2 Konfigurationsprozess

Der Vertrieb als direkte Schnittstelle zum Kunden hat aufgrund einer hohen Produktvielfalt häufig das Problem, dass die Auftragsklärung bzw. der Konfigurationsvorgang komplexer Produkte zu lange dauert oder die Qualität

---

[45] vgl. Rust (1998) S. 5 u. Westkämper/Bienik/Handke/Bartuschat (1995) S. 49
[46] vgl. Poensgen (1994) S. 35
[47] vgl. Rust (1998) S. 5 u. Matthes/Marcial/Hartmann (1996) S. 34: Kommunikationsdienste dienen dazu, Benutzer schnellstmöglichst mit benötigten Informationen zu versorgen.

der Konfiguration von der Erfahrung der durchführenden Person sehr stark abhängig ist. Ebenso ist das Risiko relativ groß, nicht alle möglichen Lösungen (Varianten) zu berücksichtigen. In diesem Fall ist es fraglich, ob der Kundennutzen einzelner Varianten noch kommuniziert werden kann und durch den Abnehmer honoriert wird.[48]

Nebst der hohen Produktvielfalt liegt die Ursache dieser Problematik häufig darin, dass Verkaufs-Kataloge durch unstrukturierte und unklare Hinweise bzgl. Produkt-Aufbau verunsichern. Sodann ist es manchmal Zufall, wenn die Bestandteile einer Bestellung richtig angegeben werden und alle Komponenten letztlich zusammenpassen. Zudem beanspruchen die oft iterativ durchzuführenden Berechnungen und Auswahlverfahren Zeit und Geduld. Die strukturierte Vorgehensweise hilft dem Vertrieb, sich auf diese Weise ganz und gar auf den eigentlichen Auftragsakquisitionsprozess zu konzentrieren.

Der Einsatz von Produktkonfigurationssystemen hilft in solchen Situationen, indem der zu verkaufende Produkttyp mit all seinen Merkmalen in den Mittelpunkt der Betrachtungen gestellt wird. Im Dialog mit dem Konfigurationssystem können notwendige Informationen, wie Preise, Lieferzeiten, Abmessungen, Leistungsdaten, Zeichnungen, Videos u. a., auf Tastendruck abgefragt werden. Es handelt sich hierbei stets um Informationen, die der Kunde benötigt, und Fragen, auf die der Außendienstmitarbeiter fachgerecht antworten sollte.[49] Dazu liefert die Technik eindeutige Definitionen der Produktvarianten mittels Stücklisten und Arbeitsplänen.

Der erste Schritt im Konfigurationsprozess ist die Erfassung der Kundenanforderungen, die an das gewünschte Produkt gestellt werden (Abb. 12-2).

Checklisten helfen dabei, alle erforderlichen Angaben zu erhalten und in einer für den Auftrag notwendigen exakten Form zu fixieren. Dabei ist auf eine zweckmäßige konfigurationsrelevante Reihenfolge zu achten. Liegt der überarbeitete, auf seine technische Realisierbarkeit überprüfte Kundenanforderungskatalog vor, beginnt der rechnergestützte Konfigurationsvorgang.[50]

Das Ergebnis der Eingabe stellt eine Selektion von Produktfunktionskomponenten dar, die vom System in eine Stücklistenstruktur gebracht werden, die ihrerseits der Arbeitsplanung und -vorbereitung zur Verfügung gestellt wird. Dieser vom Konfigurator automatisch durchgeführte Prozess basiert auf den im System abgelegten Produktmerkmalen mit den dazugehörenden Ausprä-

---
[48] vgl. Schuh/Kaiser/Herf (1995) S. 13
[49] vgl. Buchner/Ullsperger (1995) S. 15
[50] Handelt es sich hingegen um einfache Produkte mit nur geringer Variationsmöglichkeit, ist normalerweise die direkte Aufnahme der Kundenanforderungen ins System sinnvoll.

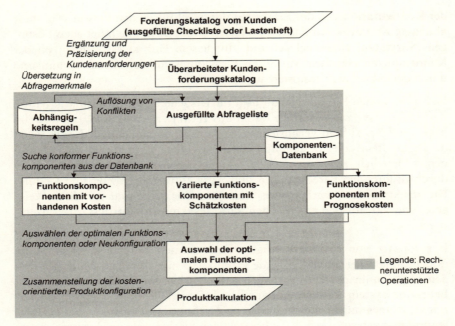

Abb. 12-2: Konfigurationsprozess (in Anlehnung an Höhne/Schneider [1998] S. 206)

gungen sowie den entsprechenden Verknüpfungsfunktionen. Der Konfigurationsprozess wird weiter unterstützt durch frühere (Basis-)Konfigurationen und gesammelter Erfahrungen in den Wissensdatenbanken. Liegt die endgültige Produktkonfiguration vor, wird die Produktkalkulation auf Basis von im System abgelegten Preistabellen durchgeführt.

Folgende Vorteile lassen sich aufgrund des Einsatzes eines Produktkonfigurators ausmachen:[51]

- Führung des Kunden durch die Produktauswahl,
- automatische Berechnung von Preis- und Liefertermin,
- Wahl des Detaillierungsgrades,
- Konfigurationsüberprüfung,
- interaktive Produktpräsentation durch Bilder, Zeichnungen, Video-Animationen,
- automatische Übermittlung der Konfiguration an andere Unternehmensbereiche (z. B. Produktionsplanung) und Informationssysteme (z. B. ERP-Systeme) sowie
- Integration mehrerer Landessprachen.

---

[51] vgl. Buchner/Ullsperger (1995) S. 15f. u. Rust (1998) S. 1f.

Dem ist entgegenzuhalten, dass trotz der Unterstützung durch eine automatische Produktkonfiguration, Datenaustausch usw. eine direkte Beratung weiterhin notwendig ist und infolge zunehmender Kooperationsdistanz an Bedeutung zunimmt.[52] Das individuelle Gespräch zwischen Kunde und Verkäufer kann und soll durch den Einsatz eines Produktkonfigurators nicht ersetzt werden. Insbesondere bei Sonderprodukten oder Spezialausführungen ist der individuelle und kreative persönliche Kontakt unverzichtbar.[53]

12.1.2.1 Infofluss zwischen Außendienst, Innendienst, Entwicklung und Produktion

Mit der aufgrund zunehmender Produktvielfalt und Kostendruck dynamischen Bedarfsentwicklung können in aller Regel der Vertrieb und letztlich die Produktion nicht mithalten. Die innerbetrieblichen Hürden – Abteilungsdenken – lassen schnelle, flexible und kompetente Reaktionen in einem angemessenen Zeitraum nicht zu.[54]

Einerseits ergeben sich aus den Gesprächen zwischen Vertrieb und Auftraggeber bzgl. des endgültigen Produktes Lücken. Hinzu kommt die oft anzutreffende Kommunikationshemmschwelle zwischen Vertrieb, Technik und Produktion. Entstehende Rückfragen bilden dabei noch das kleinere Übel. Gravierender ist es, wenn Änderungsarbeiten, Sonderlösungen und Termin- und Kostenüberschreitungen als Folge auftreten.[55] Damit dies nicht eintritt, bedarf es einer zielgerichteten, kompetenten und flexiblen Vertriebsabwicklung. Ein intakter Vertrieb legt zudem den Grundstein für eine optimale Produktionsplanung, die die Ausgangsbasis für die Fertigung und Montage darstellt.

Für die Investitionsgüterindustrie gewinnt das Ziel, nach Erhalt einer Kundenanfrage unverzüglich zu reagieren sowie ein kundenspezifisches Angebot mit Engineering-Daten, Spezifikationen und Lieferbedingungen zu erstellen, zunehmend an Bedeutung. Wird der Auftrag schließlich erteilt, müssen all diese Informationen den in das Projekt integrierten Fachabteilungen zur Verfügung gestellt werden (Abb. 12-3).[56]

Dabei ist dem unterschiedlichen Informationsbedarf im Unternehmen Rechnung zu tragen. So benötigt der Konstrukteur andere Informationen (z. B.

---

[52] vgl. Meier/Bichsel/Leonhardt/Wohlgensinger (1999) S. 63: Produktentwicklungsteams arbeiten heute bei Detailabklärungen mit Lieferanten fast ausschließlich über „traditionelle" Kommunikationsmittel.
[53] vgl. Buchner/Ullsperger (1995) S. 17
[54] vgl. Poensgen (1994) S. 33
[55] vgl. Poensgen (1994) S. 34
[56] vgl. Hubel/Hess (1995) S. 23

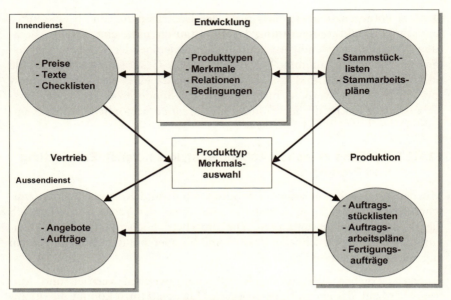

Abb. 12-3: Informationsfluss zwischen Außen- und Innendienst, Entwicklung und Produktion (in Anlehnung an Poensgen [1994] S. 34)

Schnittstelleninformation) als der Controller (z. B. Standardteileverwendung, Änderungsnachweis).[57]

Um eine durchgängige Unterstützung auch in die der Entwicklung/Konstruktion vor- bzw. nachgelagerten Unternehmensbereiche (z. B. Einkauf, Arbeitsvorbereitung, Fertigung) zu realisieren und frühzeitig auf Informationen der jeweiligen Bereiche zurückgreifen zu können, streben viele Unternehmen zum Austausch der Stamm- (Produkt-, Dokumentenstammdaten) und Strukturdaten (Stücklisten) eine Kopplung des CAS-[58], PDM- und ERP-Systems[59] an. Ausgetauscht werden in der Regel Stammdaten (Produkt-, Dokumentenstammdaten) und Strukturdaten (Stücklisten).[60]

---

[57] vgl. Matthes/Marcial/Hartmann (1996) S. 28f.
[58] vgl. Kap. 12.2
[59] vgl. Wiendahl (1996) S. 14.1: ERP-Systeme (Enterprise Resource Planning Systeme) haben u.a. die Aufgabe, das laufende Produktionsprogramm in regelmäßigen Abständen nach Art und Menge für mehrere Planungsperioden im Voraus zu planen und unter Beachtung gegebener oder bereitzustellender Kapazitäten zu realisieren.
[60] vgl. Matthes/Marcial/Hartmann (1996) S. 24f.: Die Realisierung des Datenaustausches ist aufgrund der unterschiedlichen Konzeptionen und fehlender standardisierter Datenmodelle heute noch problematisch, sodass momentan eine hohe Datenredundanz bzgl. der Stammdaten zwischen den Systemen besteht. Die Systeme müssen dazu die Aktualität der jeweiligen Stamm- und Strukturdatensätze überprüfen und über Statusinformationen steuern können.

12.1.2.2 Wechselwirkung zwischen Produkt- und Organisationsstruktur auf den Konfigurationsprozess

Für das Konfigurieren wird eine zweckmäßige Produktgliederung benötigt. Dabei ist ein hinreichender Wiederholungsgrad der Aufgaben und eine entsprechende Ähnlichkeit der technischen Lösungen, die für zahlreiche der Produkte zutrifft, eine absolute Bedingung.[61] Wie in Kap. 4 dargestellt, besitzen modular aufgebaute Produkte günstige Voraussetzungen, um mittels einer begrenzten Anzahl von Bausteinvarianten und Abwandlung ihrer Zusammensetzung ein relativ breites Feld von Kundenwünschen zu befriedigen. Diese Tatsache hat eine direkte Auswirkung auf die Frage, durch wen der Konfigurationsprozess durchzuführen ist (Abb. 12-4).

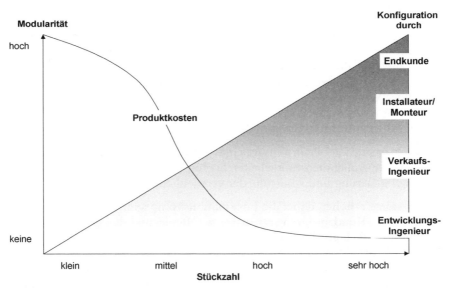

Abb. 12-4: Produktstruktur bestimmt den „Moment" der Konfiguration (in Anlehnung an Friedli [1998] S. 1)

Handelt es sich um Produkte, welche höchstens auf unterster Stufe der Stücklistenstruktur eine gewisse Modularität aufweisen, wird der Konfigurationsprozess in der Entwicklung aufgrund des anvisierten Leistungsumfanges (Massengüter) vorgenommen. Hierbei handelt es sich insbesondere um standardisierte Produkte auf Massenmärkten mit relativ geringen Stückkosten.

---

[61] vgl. Höhne/Schneider (1998) S. 197ff.

Anders verhält es sich bei Produkten, welche sich durch eine mittlere bis hohe Modularität auszeichnen. Aufgrund der zunehmenden Ausrichtung an Kundenspezifikas ist die Endkonfiguration durch Personen vorzunehmen, die entweder über genügend Marktkenntnis verfügen oder in direktem Kundenkontakt stehen. Im Extremfall handelt es sich um Produkte, die auch nach dem Verkauf vom Endkunden je nach Anwendungsfall neu „konfiguriert" werden können (z. B. Softwareanpassungen).

12.2 Einsatz von Computer Aided Selling (CAS-Systeme)

„Die Güte der Entscheidungen im Verkaufsmanagement steht in engem Zusammenhang zur Qualität und Quantität der zur Verfügung stehenden Informationen."[62] Der Verkauf als Schnittstelle zwischen Unternehmen und Kunden („point of purchase" als „point of information") ist daher besonders gefordert. Seine Aufgaben sind äußerst informations- und kommunikationsintensiv, sodass in diesem Bereich auch große Reserven zur Steigerung der Effizienz durch geeignetes Informationsmanagement vorliegen.[63] Dazu dienen CAS-Systeme,[64] die in erster Linie als „verkaufsunterstützendes Werkzeug" dienen.

12.2.1 Nutzenpotenziale von CAS-Systemen

Das umfassende Ziel beim Einsatz eines CAS-Systems besteht in der Unterstützung der Außendienstmitarbeiter bis hin zur Vertriebsleitung, d. h. bei Planung, Steuerung und Kontrolle der vertrieblichen Aktivitäten.[65]

CAS-Systeme erhöhen dabei die Informationskompetenz des Verkäufers gegenüber dem Kunden durch transparente Offenlegung der möglichen technischen Lösungen auf Basis der vorgedachten Produktkonfigurationen. Zudem wird der Verkaufsprozess systematisiert, die Antwortzeiten bzgl. Termin- und Kostenklärung werden reduziert und die Konfigurationssicherheit erhöht, was sich positiv auf die Produktqualität und Ressourcennutzung in den nachfolgenden Prozessen auswirkt (Abb. 12-5).

Vor dem Hintergrund einer Effizienzsteigerung innerhalb der Leistungsvermarktung soll im Folgenden der Aufbau eines Konfigurationssystems im Vertriebsbereich besprochen werden.

---

[62] vgl. Kieliszek (1994) S. 6
[63] vgl. Kieliszek (1994) S. 6
[64] vgl. Kieliszek (1994) S. 15 u. Köster (1997) S. 103: Darunter sind Vertriebsinformationssysteme (VIS), Database Marketing Systeme (DBMS), Produktkonfiguratoren, Teleselling wie auch graphische, interaktive Online-Elektronikkataloge zu verstehen.
[65] vgl. Beckers (1991) S. 70f.

Potentiale	Nutzenwirkungen
Individualisierungs-potential	• Konzentration auf ertragreiche Kunden durch bessere Informationsbasis für die Planung der Kundenkontakte • Individuelle Angebotserstellung mit Hilfe des CAS-Systems vor Ort
Schnelligkeits-potential	• Durchlaufzeitverkürzungen durch: Schnellere Produktauswahl aus vorhandenem Angebot, beschleunigte Angebotserstellung mit Hilfe des CAS-Systems, schnellere Datenübertragung der Auftragsdaten, rechtzeitige und zuverlässigere Produktionsplanung
Lernpotential	• Unterstützung der Gewinnung von Markt- und Kundeninformationen • Vermehrtes Know-how im Vertrieb durch Bereitstellung unternehmensspezifischen Expertenwissens im Rahmen des CAS-Systems • Vermehrte Delegation von Entscheidungskompetenz an Aussendienstmitarbeitern durch Unterstützung im Rahmen der Entscheidungsfindung
Überzeugungs-potential	• Wesentlich verbesserte Möglichkeiten zur Präsentation und Bereitstellung von Informationen zu Produkten und Unternehmen
Innovationspotential	• Möglichkeiten zur strukturierten Aufbereitung des Feedbacks vom Markt und Weitergabe an die internen Abteilungen
Rationalisierungs-potential	• Kostensenkungspotential im Aussendienst durch: Konzentration der Verkaufsaktivitäten auf rentable Kunden, Reduktion administrativer Tätigkeiten, effizientere Planung und Vorbereitung der Kundenkontakte • Kostensenkungspotential im Verkaufsinnendienst durch: Verringerung administrativer Tätigkeiten, v.a. im Zusammenhang mit Eingang, Erfassung und Weiterleitung von Bestellinformationen und Kontaktberichten durch den CAS-Einsatz, Verringerung von Kosten z.B. für elektronische Produktkataloge • Kostensenkungen in Leistungsgestaltung und Distribution durch: Entlastung der Kostenstrukturen, bessere Auslastung der Fertigungskapazität, Verringerung von Sonderanfertigungen, Senkung der Lagerbestände

Abb. 12-5: Nutzenpotenziale des Einsatzes von CAS-Systemen (Quelle: Benett [1999] S. 169 in Anlehnung an Link/Hildebrand [1993] S. 141f.)

12.2.2 Konfigurationssysteme

Der Produktkonfigurator ermöglicht eine Übersetzung der Kundensprache in die Techniksprache. Als Bindeglied zwischen diesen Sprachen dient ein Regelwerk, das einerseits technische Unverträglichkeiten zwischen den Produkteigenschaften ermittelt und andererseits die benötigten Stücklisteninhalte identifiziert. Eine Trennung dieser beiden Beschreibungsebenen ist sinnvoll, da die zu wählenden Produkteigenschaften relativ stabil dargestellt werden können, während die zugehörigen Stücklisteninhalte aufgrund der Entwicklungs- und Konstruktionstätigkeiten einem stetigen Änderungsdienst unterliegen.[66] Innerhalb der Produktkonfiguratoren werden drei unterschiedliche methodische Ansätze unterschieden:[67]

- Regelbasierte Konfiguration,
- Wissensbasierte Konfiguration und
- Interaktionsbasierte Konfiguration.

Die Unterscheidung erfolgt anhand der Frage, wo das gesamtheitliche Konfigurationswissen vorliegt. Bei modular aufgebauten Produkten mit klar definierten Schnittstellen ist es häufig möglich, das Wissen vollständig im Produkt abzubilden. In anderen Fällen ist Teilwissen des Verkaufs notwendig

---

[66] vgl. Westkämper/Bienik/Handke/Bartuschat (1995) S. 48
[67] vgl. Meier/Bichsel/Leonhardt/Wohlgensinger (1999) S. 61ff.

(Abhängigkeiten, Verträglichkeit, Erfahrung aus früheren Aufträgen). Handelt es sich hingegen um Produkte (bzw. Projekte) mit einem sehr hohen kundenspezifischen Anteil, ist die Interaktion des Kunden in den Konfigurationsprozess unumgänglich (logistische Vorgaben, bauliche Restriktionen, Realisationsmöglichkeiten).

Regelbasierende Systeme basieren auf Regeln, die darstellbar sind. Die Konfiguration erfolgt mehrheitlich durch den Kunden selbst. Das System steuert das Navigieren durch den Benutzerdialog, sodass nur von früheren Entscheidungen abhängige relevante Eingaben getätigt werden müssen. Bei den definierten Regeln und Beziehungen kann es sich um komplexe Abhängigkeiten, Ausschließungen, Validationen und Kalkulationen handeln.[68] Solche Systeme sind vom Kunden auch ohne die Hilfe des Vertriebs zu bedienen.

Im Gegensatz dazu, bauen *wissensbasierte Systeme* auf dem Wissen des Verkaufs und des Engineerings auf. Diese kommen zum Einsatz, wenn die Konfigurationsvielfalt extrem gross ist bzw. es sich um äußerst komplexe Objekte (z. B. Planung von Industrieanlagen) handelt, dass eine Abbildung im System weder sinnvoll noch mit vernünftigem Aufwand machbar ist. In solchen Fällen ist in einem ersten Schritt die Abklärung der Kundenanforderungen mittels Checklisten zu empfehlen.

Dazwischen liegen *interaktionsbasierte Systeme*, bei welchen die Konfiguration durch den Kunden und/oder Verkäufer vorgenommen wird. Diese Art von Produktkonfiguratoren sind insbesondere dann sinnvoll, wenn es sich zwar um komplexe Produkte handelt (z. B. Werkzeugmaschinen), aber die Kombinationsvielfalt sich in relativ engen Grenzen bewegt. Solche Systeme bieten durch den direkten Einbezug des Kunden die Möglichkeit, im Verkaufsgespräch das zu erstellende Produkt noch besser den Bedürfnissen des Käufers anzupassen.

12.3 Aufbau des Produktkonfigurators

Basis des Systems ist eine angepasste Produktstrukturierung. Hierbei muss durch geeignete Modularisierung und Standardisierung eine Baugruppenstruktur gefunden werden, deren Variantenvielfalt die Kundenwünsche möglichst vollständig abdeckt.[69]

Dabei ist es sinnvoll, nicht nur die „technisch sinnvollen" – machbaren – Produktvarianten in den Konfigurator aufzunehmen, sondern auch jene, die

---

[68] vgl. Rust (1998) S. 2
[69] vgl. Westkämper/Bienik/Handke/Bartuschat (1995) S. 48f.

aus wirtschaftlichen Gesichtspunkten eine optimale Lösung darstellen. Hierzu müssen klare Entscheidungskriterien erarbeitet werden (Abb. 12-6).

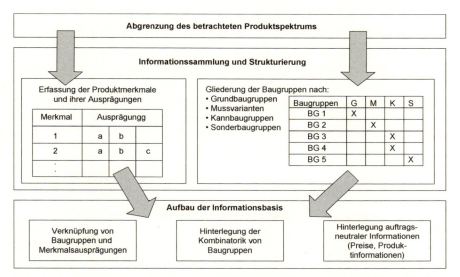

Abb. 12-6: Vorgehen zum Aufbau des Konfigurationswissens (Quelle: Benett [1999] S. 184)

Zur benutzergerechten Handhabung des Systems ist weiter wünschenswert, den Aufbau des Systems und der Masken abhängig von den definierten Benutzerrechten und -Rollen zu gestalten. Der Benutzer sollte demnach die Möglichkeit haben, gemäß seinen Anforderungen und der damit verbundenen Sichtweise auf die Unternehmensdaten die benötigten Informationen in der gewünschten Art und Weise angezeigt zu bekommen. Zudem sollte für den internationalen Einsatz das System in den benötigten Landessprachen verfügbar sein.[70]

Um die Komplexität der Produktkonfiguratoren für den Benutzer beherrschbar zu machen, haben sich graphische Browser durchgesetzt, in welchen die einzelnen Objekte und Objektbeziehungen durch Icons und Strukturäste angezeigt werden.

Im Folgenden wird die Vorgehensweise zum Aufbau eines Produktkonfigurators (regel- und interaktionsbasiertes System) vorgestellt. Dieser setzt sich

---

[70] vgl. Matthes/Marcial/Hartmann (1996) S. 16f.

aus den folgenden vier Schritten, die auf den abzubildenden Produktstrukturen[71] aufbauen, zusammen (Abb. 12-7):

Schritt 1: *Merkmals-/Ausprägungsmatrix* erstellen

Schritt 2: *Kombinationsverbote und -zwänge* zwischen den Merkmalen/ Ausprägungen festlegen

Schritt 3: Reihenfolge der *Konfigurationsabfrage* definieren und Umsetzung in ein *Struktogramm*

Schritt 4: Zuordnung der *Sachnummern* (Module/Baugruppen) zum *Struktogramm*

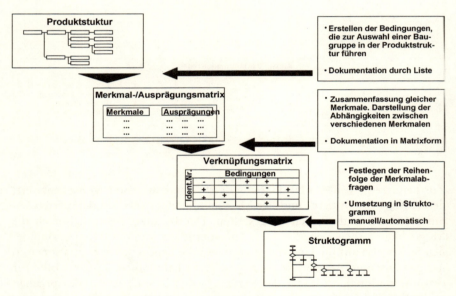

Abb. 12-7: Aufbau eines regel- und interaktionsbasierten Konfigurationssystems (Quelle: Gross [1990] S. 68)

Schritt 1: *Merkmals-/Ausprägungsmatrix* erstellen[72]
Das Ziel ist die Erfassung der logischen Abhängigkeiten zwischen den Merkmalen und Ausprägungen des im Konfigurator abzubildenden Produktes. Die zu erfassenden Merkmale stellen in die-

---

[71] vgl. Westkämper/Bienik/Handke/Bartuschat (1995) S. 47: Die Erzeugnisgrobstruktur als montageorientierte Verkettung der Fertigungsbaugruppen ist Grundlage für die Produktkonfiguration.
[72] vgl. Kap. 4.3.4

sem Zusammenhang bestimmte Eigenschaften dar, die Baugruppen eines Produktes beschreiben und unterscheiden können. Eine Ausprägung dient zur weiteren Beschreibung der in einem Merkmal festgelegten Eigenschaft (Abb. 12-8).

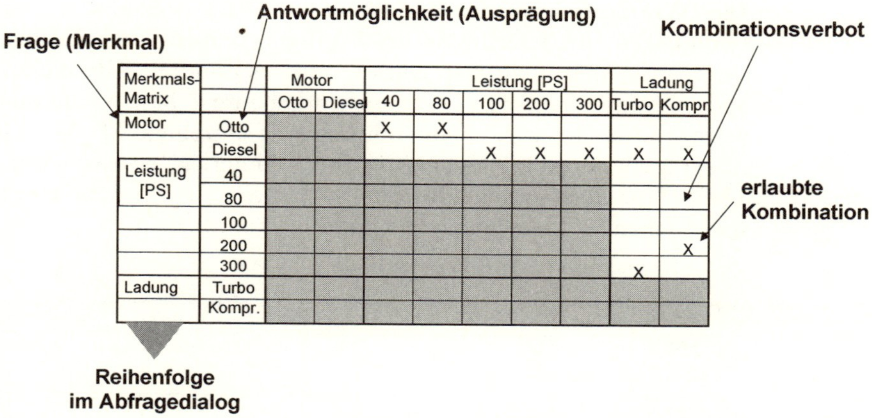

		Motor		Leistung [PS]					Ladung	
Merkmals-Matrix		Otto	Diesel	40	80	100	200	300	Turbo	Kompr
Motor	Otto			x	x					
	Diesel					x	x	x	x	x
Leistung [PS]	40									
	80									
	100									
	200								x	
	300									x
Ladung	Turbo									
	Kompr.									

Abb. 12-8: Merkmal-/Ausprägungsmatrix mit den Kombinationsverboten und -zwängen (Quelle: VDI Seminar [1997])

Dabei soll sich die Reihenfolge der aufgeführten Merkmale an der Produktstruktur orientieren, d. h. die Produkt-Strukturebenen sind von oben nach unten zu durchlaufen.

Die Ermittlung der Merkmale und Ausprägungen sollte in einem Team aus Vertriebsmitarbeitern, Konstrukteuren und Mitarbeitern des Stücklistenwesens geschehen. Dabei ist darauf zu achten, dass nur diejenigen Merkmale aufgenommen werden, die das Produkt aus Vertriebssicht beschreiben bzw. zur technischen Abklärung notwendig sind.

Schritt 2: *Kombinationsverbote und -zwänge* zwischen den Merkmalen/ Ausprägungen festlegen
Um das Produkt mit den definierten Merkmalen und Ausprägungen beschreiben zu können, müssen deren logische Abhängigkeiten untereinander in Form von Kombinationsverboten und -zwängen festgelegt werden (Abb. 12-8).

Im Normalfall sind die Abhängigkeiten den involvierten Personen bekannt. Aber gerade bei komplexeren Produkten bzw. Baugruppen lohnt es sich, die Verknüpfungen zwischen den Merkmalen und Ausprägungen zunächst von Hand, wie in Abb. 12-8 dargestellt, aufzunehmen. In der Matrix sind dann logischerweise die Kombinationen unterhalb der Diagonale (grauer Bereich) „gesperrt".

Schritt 3: Zuordnung der *Sachnummern* (Module/Baugruppen) zum *Struktogramm*
Die Verknüpfungen der Merkmale und Ausprägungen sind Grundlagen zur Berechnung des Konfigurationsdialoges. In ihm werden die Spezifikationen eines Produktes ermittelt. Um diesen Spezifikationen nun auch entsprechende Bauteile bzw. Sachnummern zuordnen zu können, müssen den einzelnen Merkmal-/ Ausprägungskombinationen diese zuerst hinterlegt werden (Abb. 12-9). Zusätzlich wird die Anzahl der Bauteile, die aufgrund einer spezifischen Verknüpfung verbaut werden, angegeben.

Benennung	Sach-Nr.	Menge	Motor		Leistung PS					Ladung	
			Otto	Diesel	40	80	100	200	300	Turbo	Kompr
Zündanlage	12334	1									
Einspritzanlage	234567	1	X								
Motor 1,7l	34567	1		X							
Motor 2,0l	45678	1			X						
Motor 2,8l Turbo	56789	1				X				X	

Abb. 12-9: Zuordnung der Sachnummern zu den Merkmals-/Ausprägungskombinationen (Quelle: VDI Seminar [1997])

Schritt 4: Reihenfolge der *Konfigurationsabfrage* definieren und Umsetzung in ein *Struktogramm*
Bei dem Struktogramm handelt es sich um eine Abfragelogik. Sämtliche Kombinationsmöglichkeiten von Merkmalen und Ausprägungen, die einen Produkttyp beschreiben, werden dabei abgeleitet. Ausgehend von einer auftragsneutralen Produktstruktur (z. B. Produktreihe) wird über die Abfragelogik die kundenspezifische Produktstruktur erstellt (Abb. 12-10).

Resultat des Konfigurationsdialoges wird so eine Mengenübersichtsstückliste des Kundenproduktes sein. Diese Stückliste lässt sich dann problemlos um beliebige logikabhängige Zusatzinformationen wie Arbeitspläne, Abmessungen und Preise ergänzen. Damit werden alle notwendigen Daten für die Konfiguration des Kundenwunsches zur Verfügung gestellt – die komplette Angebotsbreite ist damit direkt beim Kunden vor Ort abrufbar.

Die Erfassung von digitalen Produkten lohnt sich nur, wenn dem Aufwand ein adäquater Nutzen gegenübersteht. Der markanteste Nutzen liegt im Ver-

12 Auftragskonfiguration und Vertrieb von Varianten

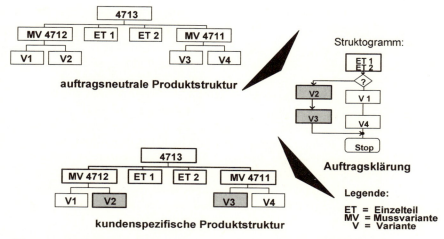

Abb. 12-10: Auftragskonfiguration – von der auftragsneutralen zur kundenspezifischen Produktstruktur (Quelle: Gross [1990] S. 64)

kauf. Je komplexer die Ausführungsmöglichkeiten (Konfigurationsmöglichkeiten) eines Produktes sind, desto mehr fehlt die Transparenz für Verkäufer und Kunde und desto aufwendiger sind die Engineeringtätigkeiten. Kundenanforderungen (Kundensprache) sollten aus diesem Grunde während der Konfiguration automatisch in eine technische Sprache umgewandelt werden. Der daraus resultierende Nutzen wiederholt sich bei jedem Projekt und addiert sich entsprechend.[73]

Auf Basis der bei der Produktkonfiguration bestimmten Erzeugnisstruktur kann in einem dem ERP-System vorgeschalteten Grobplanungsmodul die sofortige Termin- und Kapazitätsplanung durchgeführt werden.[74] Dazu ist eine prophylaktische Einlastung des Auftrags in das gesamte Auftragsgefüge notwendig. Durch Nutzung von Simulationstechniken können auf diese Weise verbindliche Liefertermine bestimmt werden.[75]

Nach Abschluss der Kundenauftragsbearbeitung wird der Kundenauftrag durch das ERP-System definitiv für die Leistungserstellung eingeplant und die notwendigen Ressourcen werden reserviert. Das Vermeiden von Fehlern dank Konfigurationschecks am Verkaufsort führt dabei zu einer spürbaren Senkung der Nachbearbeitungskosten und zu einer Verbesserung der Produktqualität.[76]

---

[73] vgl. Meier/Bichsel/Leonhardt/Wohlgensinger (1999) S. 60
[74] vgl. Westkämper/Bienik/Handke/Bartuschat (1995) S. 48
[75] vgl. Poensgen (1994) S. 35
[76] vgl. Rust (1998) S. 2

**Kapitel E
Produktvielfalt produzieren**

13 Leistungsprozessgestaltung

13.1 Interdependenz zwischen Prozess-, Produktprogramm- und Produktgestaltung

Durch die zunehmenden technologischen Leistungssprünge, Preisverfall sowie neue oder erweiterte Produktanwendungen wird der „Verbesserungsprozess" im Unternehmen fortwährend auf die Probe gestellt. So erfordern neue Geschäfte mit neuen Produkten oder die Erschließung neuer Regionen erhebliche Ressourcen in Entwicklung, Fertigung und Vertrieb. Die besten Unternehmen zählen dabei auf ein systematisches Vorgehen.[1] Dabei müssen die Abhängigkeiten der Gestaltungsobjekte: Produkte, Produktprogramm sowie der Leistungserstellungsprozess in Betracht gezogen werden. Durch die damit zusammenhängende strategische Ausrichtung auf das Kerngeschäft werden Ressourcen frei, die für den Geschäftserfolg notwendige Expansion genutzt werden können (Abb. 13-1).

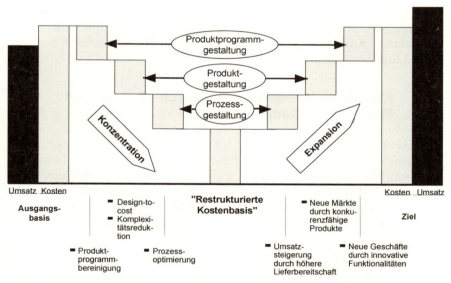

Abb. 13-1: Wachstumschancen durch die Ausnutzung der Wechselwirkung zwischen Produktprogramm-, Produkt- und Prozessgestaltung (in Anlehnung an Kluge/Stein/Krubasik/Beyer/Düsedau/Huhn/Schmidt/ Deger [1994] S. 30)

---

[1] vgl. Kluge/Stein/Krubasik/Beyer/Düsedau/Huhn/Schmidt/Deger [1994] S. 29f.

Maximale Sortimentsbreite zur Abdeckung aller Kundenbedürfnisse, Losgröße eins in der Fertigung, Aufbau von extrem flexiblen, stark verketteten, äußerst komplexen und äußerst teuren Fertigungssystemen ist häufig der Preis für ein unkoordiniertes Vorgehen. Nebst der Entwicklung, Vertrieb und Service leidet insbesondere die Produktion – häufig als Puffer der Überkomplexität missbraucht – unter der hohen Produktvielfalt: Die Vielzahl von Bauteilen muss nicht nur zusammengebaut, sondern auch transportiert und gelagert werden. Durch häufiges Umrüsten fällt die Prozessstabilität dahin, was automatisch höhere Ausschussraten und aufwendigere Qualitätskontrollen nach sich zieht. Fast zwangsläufig werden dann ebenso komplexe Produktionssteuerungsverfahren, verkettete Fertigungseinrichtungen und Lagermaschinen mit erheblichem Aufwand installiert und betrieben.[2]

Im Rahmen dieses Kapitels sollen zur Charakterisierung möglicher Vorgehensweisen bei der Gestaltung des Leistungserstellungsprozesses das Erzeugnisspektrum sowie die Produktgestaltung als Vorgabe dienen. Weiter sollen, in ähnlicher Weise wie bei der Produktgestaltung, auch im Rahmen der Prozessgestaltung verschiedene Grade der Standardisierung unterschieden werden, da insbesondere die Standardisierung von Prozessen durch die Begrenzung der Prozessvarianz zur Verminderung der unternehmensinternen Komplexität beiträgt. Daneben ermöglicht eine Standardisierung durch wiederholtes Ausführen gleichartiger Prozesse Erfahrungskurveneffekte und Produktivitätssteigerungen.[3]

13.2 Komplexitätsbeherrschung durch Produkt- und Prozessgestaltung

Ausgehend von einem definierten Vielfaltsniveau bestehen verschiedene Möglichkeiten zur Gestaltung des Produktprogramms und der Geschäftsprozesse. Ein Unternehmen besitzt somit grundsätzlich einen Handlungsspielraum im Umgang mit der aus der externen Komplexität resultierenden internen Produkt- und Prozesskomplexität. Mit Blick auf die Organisationsstruktur betrifft dies insbesondere das Ausmaß der Standardisierung von Produktprogrammen und Abläufen im Unternehmen.[4]

Aus dieser Tatsache heraus, ist eine Grundstrategie zu wählen, die der Gestaltung nicht nur des Produktprogramms sondern auch der Unternehmensprozesse gerecht wird. Ausgehend von der Gestaltung des Produktprogramms – Standardisierung versus Individualisierung – sind die Unter-

---

[2] vgl. Kluge/Stein/Krubasik/Beyer/Düsedau/Huhn/Schmidt/Deger [1994] S. 39ff.
[3] vgl. Gaitanides/Müffelmann (1995) S. 197
[4] vgl. Benett (1999) S. 73

nehmensprozesse dementsprechend daran auszurichten. Der Grad der Standardisierung von Prozessen und Produktprogrammen beeinflusst sich dabei gegenseitig.[5] „Die Unternehmen können daher innerhalb der Matrix grundsätzlich entlang einer Diagonalen positioniert werden, indem eine bestimmte Produktstruktur eine ‚passende' Prozessstruktur erfordert"[6] (Abb. 13-2).

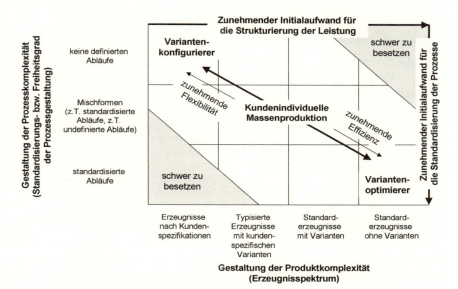

Abb. 13-2: Optionen im Rahmen der Gestaltung der Produkt- und Prozesskomplexität

Eine mögliche Unterscheidung der Intensitätsstufen der Standardisierung liefern *Gaitanides/Müffelmann*. Im Rahmen einer umfassenden Prozessstandardisierung („standardisierte Abläufe") sind dabei die Prozessverläufe umfassend reglementiert. Im Falle einer teilweisen Standardisierung („Mischformen") sind Abläufe durch Guidelines zu beschreiben und im Detail situativ anzupassen. Im Extremfall erfolgt keine Standardisierung der Prozesse. Dies ist dann sinnvoll, wenn zur Erreichung innovativer Lösungen herkömmliche Vorgehensweisen zu hinterfragen sind.[7]

---

[5] vgl. Lampel/Mintzberg (1996) S. 26f.
[6] Quelle: Benett (1999) S. 75; vgl. Hayes/Wheelwright (1979) S. 133: Die Gültigkeit der durch Hayes/Wheelwrigth erstellten Matrix wurde durch eine Befragung von über 1700 Unternehmen durch De Meyer/Vereecke (1996) geprüft, in der die diagonale Anordnung der Unternehmen innerhalb der Matrix bestätigt wird.
[7] vgl. Gaitanides/Müffelmann (1995) S. 197

Unter der Berücksichtigung einer insgesamt sinnvollen Komplexitätsmanagementstrategie sind die in Kap. 3.3 vorgestellten Typologien dementsprechend einzuordnen (Abb. 13-2):

- Handelt es sich um die Strategie des *Variantenoptimierers* – Herstellung von Standarderzeugnissen mit wenig Varianten – ist ein hoher Standardisierungsgrad in der Prozessstruktur festzulegen. Diese Kombination entspricht im Wesentlichen einer auf Serien- oder Maßenfertigung ausgerichteten Produktionsstruktur. Eine derartige Ausrichtung ist jedoch in der Regel mit hohen Investitionsvolumen verbunden.

- Ist die Strategie dagegen hauptsächlich durch kundenspezifische Lösungen – *Variantenkonfigurierer* – geprägt, ist die Standardisierung der Unternehmensprozesse auf ein Minimum zu beschränken. Aufgrund der damit verbundenen hohen Flexibilität der Unternehmensstrukturen wird der Vermeidung der Vielfaltsproblematik innerhalb der Prozesse nur wenig Beachtung geschenkt. Gleichzeitig sind die im Zusammenhang mit einer wiederholten Durchführung von Aktivitäten verbundenen Effizienzsteigerungen begrenzt.

- Eine Mischform stellt die *kundenindividuelle Maßenproduktion* dar. Dabei werden einzelne Prozesse standardisiert, deren Wiederholhäufigkeit aufgrund häufig nachgefragter Komponenten der Produkte gewährleistet ist.

Äußerst schwierig zu besetzen sind die beiden anderen Extrempositionen in der Matrix: Bei einem hohen Standardisierungsgrad der Unternehmensprozesse im Falle eines auf Basis kundenspezifischer Anforderungen gestalteten Leistungsspektrums ist anzunehmen, dass die erforderliche Flexibilität unnötig eingeschränkt wird und dem Aufwand der Strukturierung nur begrenzte Effizienzgewinne gegenüberstehen. Demgegenüber steht die Kombination eines vollständig definierten Leistungsprogramms – alle möglichen Produktkonfigurationen sind durchdacht und in der Planung mit eingeschlossen – und nicht standardisierter Abläufe.

Im Zusammenhang mit der Positionierung des Unternehmens in der Produkt-Prozess-Matrix ist insbesondere auf die notwendige Konsistenz zwischen der marktorientierten Wettbewerbsstrategie und der internen Fertigungsstrategie hinzuweisen.[8] Der Fertigungsprozess ist aus dieser Sichtweise zwischen einem „fluiden", hochflexiblen, aber kostenintensiven Ablauf bis hin zu einem voll standardisierten, mechanisierten und automatisierten Ablauf mit hoher Effizienz, aber verminderter Flexibilität zu sehen.[9] Dabei er-

---

[8] vgl. De Meyer/Vereecke (1996) S. 3 u. Kap. 13.3
[9] vgl. Hayes/Wheelwright (1979) S. 133f.

möglicht ein höheres Maß an Standardisierung grundsätzlich eine höhere Effizienz der Leistungserstellung, die sich in niedrigen Stückkosten niederschlagen kann.[10] Gleichzeitig erfordert eine verstärkte Standardisierung jeweils einen höheren Initialaufwand, sodass eine entsprechende Wiederholhäufigkeit des Prozessdurchlaufs bzw. der Produkterstellung eine Voraussetzung für die Wirtschaftlichkeit von Standardisierungsmaßnahmen darstellt.[11]

13.2.1 Auswirkung der Produktstruktur auf die Abfolge der Fertigungs- und Montageschritte

In der Praxis ist in der kombinierten Betrachtung der Produkt- und Prozessgestaltung oft ein Zielkonflikt zwischen der funktionsorientierten und der fertigungs- bzw. montageorientierten Strukturierung des Produktes zu beobachten.[12] Dies ist insbesondere dann der Fall, wenn es sich um komplexe Produkte mit einer hohen Zahl an Strukturstufen handelt. Die Erzeugnisgliederungen sind dabei häufig an kundenseitig geforderten Einzelfunktionen orientiert, sodass Fertigungs- und Montageprozess aufgrund der vorliegenden funktional gegliederten Erzeugnisstruktur nicht geplant und disponiert werden können.[13]

Die aus der Gestaltung der Leistungsprozesse resultierenden Anforderungen an die Strukturierung der Produkte sind u.a. durch die Bildung von Montagebaugruppen zu berücksichtigen (Abb. 13-3). In der montageorientierten Strukturierung werden zunächst grobe Montageeinheiten gebildet und auf ihre Vormontierbarkeit überprüft. Die daraus entstehende kundenneutrale Produktstruktur ermöglicht durch die Unterscheidung von auftragsneutral und kundenspezifisch bzw. auftragsbezogen zu disponierenden Baugruppen eine transparente Darstellung der Varianz im Montageverlauf.[14]

Vor dem Hintergrund einer systematischen Vermeidung bzw. Beherrschung vielfaltsinduzierter Produkt- und Prozesskomplexität stellt die Verwendung von Standardkomponenten bzw. die Abfolge der Fertigungs- und Montageschritte ein wesentliches Kriterium dar. *Martin/Hausmann/Ishii* stellen daher den Standardisierungsgrad[15] einer Komponente der Prozesssequenz in der Fertigung und Montage gegenüber (Abb. 13-4).[16]

---

[10] vgl. Wildemann (1994) S. 270
[11] vgl. Ungeheuer (1986) S. 16
[12] vgl. Westkämper/Bieniek/Handke/Bartuschat (1995) S. 46
[13] vgl. Ungeheuer (1986) S. 30f.
[14] vgl. Ungeheuer (1986) S. 53ff.
[15] aus dem engl. „Commonality Index" [CI_{comp}]; $CI_{comp} = 1-((u_j-1)/(v-1))$; u_j = Anzahl der zu verbauenden Komponenten im Prozess j; v = Anzahl der angebotenen Varianten
[16] vgl. Martin/Hausmann/Ishii (1998) S. 115

Mängel in der Produktstruktur	Folgen für die Ablaufgestaltung
Keine vormontierbaren bzw. nicht vorprüfbaren Baugruppen	• lange Montagezeiten aufgrund fehlen der Möglichkeiten zur Parallelisierung der Abläufe • gegenseitige Behinderung der Arbeitskräfte • hoher Zeit- und Kostenaufwand für die Endprüfung
Keine Aufteilung in Grund-, Varianten- und Optionsbauten	• frühzeitiger Anbau von Varianten- und Kundenteilen • keine neutrale Vormontage • keine eindeutige Kostenzuweisung und Preisbildung für die verschiedenen Montagebaugruppen
Zusammensetzung der Baugruppen aus grossen Teilemengen	• unübersichtliche und platzaufwendige Bereitstellung der Teile • lange Vorbereitungszeiten für Montageprozesse
Keine Aufgliederung in mehrere Baugruppenebenen	• geringe Möglichkeiten zur Wiederverwendung von Bauteilen • keine zeitlich gestufte Bereitstellung der Teile möglich • umfangreicher Flächebedarf, hohe Kapitalbindung
Funktionsorientierte Baugruppenzusammensetzung	• Montageaufbau nicht anhand des Produktaufbaus erkennbar • keine Unterteilung in Montageabschnitte möglich
Uneinheitliche Gliederung der Stücklisteninhalte für verschiedene Erzeugnisvarianten	• erschwerte Disposition und Kalkulation durch ungeeignete Strukturierung der Informationsgrundlagen • Mangelnde Konsistenz der Daten • eingeschränkge Möglichkeiten zur Rationalisierung und Automatisierung der Angebotsbearbeitung und Auftragsabwicklung

Abb. 13-3: Auswirkungen einer ungeeigneten Produktstruktur auf die Ablauforganisation (Quelle: Ungeheuer [1986] S. 31)

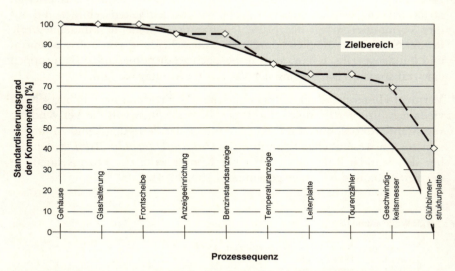

Abb. 13-4: Prozessequenz in Abhängigkeit des Standardisierungsgrades am Beispiel einer PKW-Armatur (Quelle: Martin/Hausmann/Ishii [1998] S. 116)

Der dargestellte Graph[17] trennt den zu erreichenden Zielbereich (grau) vom Bereich mit vorhandenem Verbesserungspotenzial ab. Der Optimierungsansatz zielt darauf ab, zu einem frühen Zeitpunkt im Montageprozess einen hohen Standardisierungsgrad der Komponenten (nahe bei 100 %) zu erreichen, der dann mit zunehmendem Fortschreiten abflacht – die Kurve neigt sich gegen 0 % – und so zur gewünschten Differenzierung zu einem späteren Zeitpunkt führt. Der gewünschte Kurvenverlauf ist durch die Umstellung oder Änderung der Montagereihenfolge bzw. der Produktstruktur zu erreichen.

Eine andere wichtige Überlegung in diesem Zusammenhang ist die Relation zwischen gewünschter Durchlaufzeit in der Leistungserstellung (Produktions- bzw. Beschaffungszeit) und dem Standardisierungsgrad der Komponenten (Abb. 13-5).

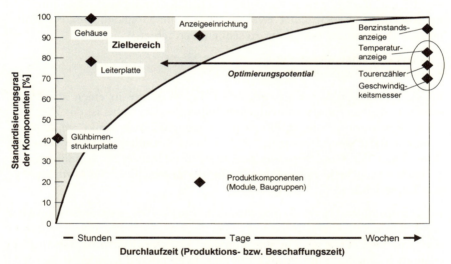

Abb. 13-5: Durchlaufzeit in Abhängigkeit des Standardisierungsgrades am Beispiel einer PKW-Armatur (Quelle: Martin/Hausmann/Ishii [1998] S. 117)

Müssen zwingendermaßen Komponenten mit geringem Standardisierungsgrad in einem frühen Prozessschritt verbaut werden, kann dem Problem mit kürzester Fertigungs- oder Beschaffungszeit abgeholfen werden. Anders sieht es natürlich bei Komponenten geringer Standardisierung und zugleich hoher Durchlaufzeit aus (Bsp. Beschaffung aus Übersee). In diesem Fall ist

---

[17] Die Form des Graphen ist von einer Anzahl von Faktoren abhängig, wie Automatisierungsgrad, Komplexität der Montageprozesse, Komponenten-Ausfall, Qualitätskosten, vom Kunden gewünschte Durchlaufzeit.

entweder eine konsequente Standardisierung der Komponenten vorzunehmen, oder es sind spezielle logistische Vereinbarungen mit den Lieferanten zu treffen, um die kurzfristige Beschaffung einzelner Teile zu ermöglichen und somit die Gesamtdurchlaufzeit zu verkürzen.

13.2.2 Segmentierung des Leistungserstellungsprozesses

Die angestellten Untersuchungen sind jedoch nicht auf die Fertigung und Montage zu beschränken, sondern auf die gesamte Wertschöpfungskette auszudehnen, da angenommen werden kann, dass der Grad der Standardisierung und Flexibilität von Produkt und Prozessen über den eigentlichen Fertigungs- und Montageprozess hinaus auf die vor- oder nachgelagerten Prozesse Einfluss nimmt.

Daher erscheint eine systematische Unterscheidung standardisierter und kundenspezifisch gestalteter Stufen im Leistungserstellungsprozess sinnvoll. Im Folgenden werden daher zwei grundsätzliche Möglichkeiten, die Komplexität der Leistungserstellung zu senken, betrachtet:[18]

- vertikale Segmentierung und
- horizontale Segmentierung.

Bei der *vertikalen Segmentierung* wird die Wertkette in einen standardisierten und einen kundenindividuellen Teil aufgeteilt. Dabei ist das Ziel, den *Order Penetration Point* (OPP) zu bestimmen, also den Punkt, an dem der Kundenauftrag den „Plan trifft".[19] Auf dieser Grundlage werden verschiedene Arten der kundenspezifischen bzw. standardisierten Gestaltung der Wertschöpfungskette unterschieden, die für unterschiedliche Fertigungstypen kennzeichnend sind (Abb. 13-6).

Bei der Komplexitätsreduktion durch die *horizontale Segmentierung* wird der Leistungserstellungsprozess in nebeneinander liegende Teilsysteme zerteilt. Auf diese Weise wird man den unterschiedlichen Individualitätsansprüchen auch innerhalb der Produktion zunehmend gerecht, indem z. B. separate Linien für Klein- oder Großaufträge und für kundenindividuelle Bestellungen bereitgestellt werden.

Selbstverständlich treten diese beiden Formen nicht nur in ihrer reinen Form, sondern auch in Verbindung auf.

---

[18] vgl. Homburg/Weber (1996) S. 660f.
[19] Ein standardisiertes Vorprodukt wird einem spezifischen Kundenauftrag zugeordnet.

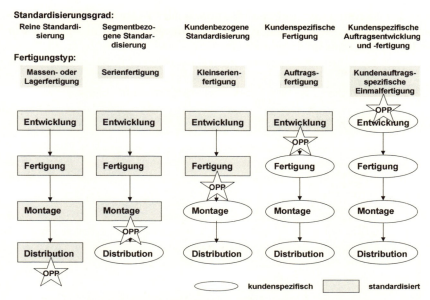

Abb. 13-6: Kontinuum möglicher Strategien im Rahmen der Prozessgestaltung (in Anlehnung an Lampel/Mintzberg [1996] S. 24)

13.3 Produktion und Steuerung der Produktvielfalt

13.3.1 Einsatz von Fertigungstechnologien

Es ist zu vermuten, dass die Wettbewerbstheorien nach *Porter*, *Gilbert/Strebel* und *Pümpin* im Wesentlichen auf der alten Sicht einer Produktion begründet war, die sich dem klassischen Dilemma zwischen Produktivität (Standardisierung) und Flexibilität (Differenzierung) gegenübersah.[20] Die kostensenkende Standardisierung der Prozesse in einer Fließfertigung bedingte eine Standardisierung der Produkte (Maßen- und Serienfertigung), die individuelle, kundenspezifische Fertigung bedurfte der Werkstattfertigung.[21]

Neue Produktionstechnologien haben sich die Überwindung dieses Tradeoffs auf die Fahnen geschrieben. Dabei soll nicht die Komplexität der Fertigung gesenkt werden, sondern eine gegebene (externe) Komplexität besser bewältigt werden. Die Produktions- und Verfahrenstechnologien sind dementsprechend als Enabler der jeweiligen Komplexitätsmanagementstrategie zu sehen.

---

[20] vgl. Kap. 3.1–3.2
[21] vgl. Piller (1998) S. 241

Da viele Determinanten und Spezifikationen der Produktionstechnik unternehmens- oder branchenbezogen festgelegt werden, wird im Folgenden nur auf die Fertigungstechnologiegruppen:

- Einzelmaschinen,
- flexible Mehrmaschinensysteme und
- starrre Mehrmaschinensysteme

eingegangen (Abb. 13-7).[22]

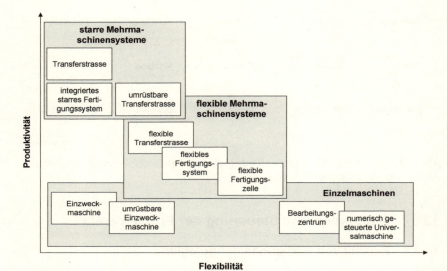

Abb. 13-7: Zusammenhang zwischen Produktivität und Flexibilität verschiedener Fertigungssysteme (Quelle: Milberg/Reinhart [1996] S. 10.10)

Ausgangspunkt moderner Produktionssysteme bilden *numerisch gesteuerte (CNC-)Universalmaschinen*. Sie sind typisch für die kundenspezifische Einzelfertigung. Hierbei handelt es sich um eine unverkettete Einzelmaschine, die eine Bearbeitungsstufe computergesteuert übernimmt. Zwar beansprucht das Umrüsten einen relativ hohen Aufwand, doch umgekehrt können durch die hohe Flexibilität eine grosse Anzahl unterschiedlicher Erzeugnisse bearbeitet werden.

Flexible Fertigungszellen lassen aufgrund eines automatisierten Werkzeugwechsels sowie Werkstückspeicherung einen schnelleren Wechsel zu. Damit sinken zwar im Vergleich zur CNC-Maschine die Wechselkosten, jedoch

---

[22] vgl. Milber/Reinhart (1996) S. 10-1ff.

nimmt auch die Flexibilität zu bearbeitender Produkte ab, da der Werkzeugspeicher beschränkt ist.

Dagegen besteht ein *Flexibles Fertigungssystem (FFS)* aus mehreren Werkzeugmaschinen, die mit einem internen Transportsystem verbunden sind. Im Idealfall sollten auf einem FFS sämtliche Bearbeitungsschritte durchgeführt werden können, um ein Rohteil montagefertig zu machen. Die völlig automatischen Rüstvorgänge, die Begrenzung der Werkzeuglager und Wechseleinrichtungen stossen bei einer hohen Teilevielfalt schnell an Grenzen. Der Kompromiss zwischen Flexibilität und Automatisierung tritt deutlich zu Tage.

Mehrere FFS mit einer automatischen Innenverkettung bilden eine *flexible Transferstraße*. Sie werden primär eingesetzt, um geplante Varianten und Spezifikationen zu fertigen, sind jedoch recht inflexibel bei Produktwechseln und neuen Varianten. Die hohe Planungs- und Steuerungskomplexität (variable Zuordnung der Arbeitsvorgänge zu den Werkzeugmaschinen) der FFS und der flexiblen Transferstraße führt jedoch häufig dazu, dass die vorgesehenen Ziele nicht erreicht werden. Dazu kommt die Störungshäufigkeit und Dauer der Störungsbehebung, die in einer unbefriedigenden Verfügbarkeit der Systeme endet.[23]

Die *festverketteten Mehrmaschinensysteme* sind auf eine spezielle Bearbeitungsaufgabe zugeschnitten, die sich darin äussert, dass nur ein Werkstück mit evt. kleinen Variationen bearbeitet werden kann. Die *Transferstraßen* ihrerseits bestehen aus einer Vielzahl hintereinandergereihter Bearbeitungsstationen, wie z. B. Dreh-, Bohr- und Fräsmaschinen, die durch eine automatische (getaktete) Werkstücktransporteinrichtung räumlich verkettet sind. Aufgrund der geringen Flexibilität und der hohen Investitionskosten sind solche Anlagen nur in der Großserienproduktion wirtschaftlich einsetzbar.

Dies bedeutet, dass die Wahl der geeigneten Produktionstechnologie nicht einfach aufgrund der gewählten Strategie zu erfolgen hat, sondern vielmehr den Individualitätsgrad sowie den Zeitpunkt der Individualisierung der Produkte in Betracht ziehen soll. Standard-Teile oder Module als Komponenten von kundenspezifischen Endprodukten lassen sich immer noch am effizientesten – unter Zeit-, Qualitäts- und Kosten-Aspekten – auf starren Maschinensystemen fertigen. Lediglich diejenigen Produktionsschritte müssen eine „maximale" Flexibilität[24] aufweisen, die das Produkt aus Sicht des

---

[23] vgl. Koch (1994) 15-17
[24] vgl. Garud/Kotha (1994) S. 673: Die Flexibilität von Produktionstechnologien unterteilt sich zudem in die beiden Obergruppen *Speed-Flexibilität* und *Scope-Flexibilität*. Erstere beschreibt die Geschwindigkeit, mit der ein Produktionssystem auf Änderungen der erforderlichen Lieferzeit, Volumina oder Produktvarianten (auch erstmalige Varianten) reagieren

Kunden zu einem individuellen Gut machen. Hierbei ist insbesondere die Festlegung des OPP in der Leistungserstellung zu beachten.

13.3.2 Planung und Steuerung der Produktvielfalt

Die Produktionsplanung und -steuerung (PPS)[25] wird mit wachsender Produktvielfalt zur Beherrschung der Auftragsabwicklung anspruchsvoller. So ist durch die vom Markt zunehmende geforderte Individualität der Produkte ein Wandel hin zur Varianten- bzw. Auftragsfertigung festzustellen. Dabei liegen die Hauptschwierigkeiten insbesondere im zunehmenden Datenvolumen sowie der Weiterleitung der Informationen an die Arbeitsplanerstellung und Werkstattsteuerung.[26]

Das ERP hat in diesem Zusammenhang die Aufgabe, das laufende Produktionsprogramm in regelmäßigen Abständen nach Art und Menge für mehrere Planungsperioden im voraus zu planen und unter Beachtung gegebener oder bereitzustellender Kapazitäten zu realisieren. Sie basiert auf Arbeitsplänen, welche die Arbeitsvorgangsfolgen sowie die erforderlichen Einrichtungen und Vorgabezeiten enthalten und stellt der Materialwirtschaft die Informationen über die benötigten Materialbedarfsmengen und Fertigstellungszeitpunkte zur Verfügung. Das ERP plant Vertriebs- und Kundenaufträge von der Angebotsbearbeitung bis zum Versand unter Mengen-, Termin- und Kapazitätsaspekten. Die wesentlichen Aufgaben des ERP sind demzufolge das Planen, Veranlassen und Überwachen von Aufträgen sowie die Einleitung von Maßnahmen bei unerwünschten Abweichungen.[27]

Die aufgrund der Produktvielfalt häufig auf Flexibilität ausgerichteten Produktionsstätten trennen infolge der damit wachsenden Komplexität die gesamte Planungs- und Steuerungsaufgabe in dezentrale Teilplanungssysteme auf und stimmen diese durch einfache Mechanismen aufeinander ab. Dazu kommen Systeme zum Einsatz, die aus *zwei Regelkreisen* bestehen. Der *kundenauftragsneutrale Regelkreis* steuert die Fertigungsaufträge (Teile, Komponenten, Module), die ohne direkten Bezug zu einem Kundenauftrag ausgelöst werden. Im *kundenauftragsbezogenen Regelkreis* werden die Aufträge unmittelbar aufgrund eines konkreten Kundenbedarfs ausgelöst (Abb. 13-8).

---

kann. Unter der Scope-Flexibilität wird das Änderungsvermögen einer Anlage, verschiedene Produktvarianten herzustellen (Produktionsprogrammbreite), verstanden. Sie bestimmt im Allgemeinen den Individualisierungsgrad eines Produktes bzw. Produktprogramms.

[25] Die Funktionalität ehemaliger Produktionsplanungs und -steuerungssysteme (PPS) ist seit geraumer Zeit innerhalb sogenannter ERP-Systeme (Enterprise Resource Planning) integriert.
[26] vgl. Joseph (1993) S. 568
[27] vgl. Wiendahl (1996) S. 14-1f.

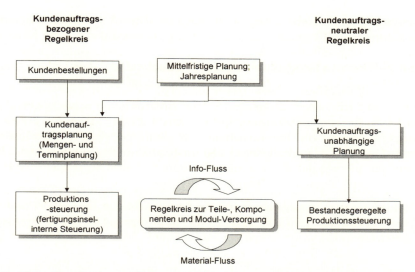

Abb. 13-8: Regelkreise zur Planung und Steuerung der Produktvielfalt (in Anlehnung an Doringer [1991] S. 168)

Dabei beruht die Trennung dieser Regelkreise zunächst nicht auf physischen Vorgaben bzw. einer Trennung der Fertigungseinrichtung, sondern ist vielmehr Spiegelbild einer gedanklich-planerischen Trennung der gesamten Fertigungsaufgabe. Ziel der Zweiteilung soll dabei sein, alle Fertigungsgänge, die kundenauftragsneutral durchgeführt werden können und folglich der Produktionsplanung höhere Freiheitsgrade bieten, auch als solche zu planen, um so die Komplexität des Gesamtsystems zu senken.[28]

Der *kundenauftragsneutrale Regelkreis* startet mit der Analyse der Marktprognosen und Definition des voraussichtlichen Produktionsprogramms. Der auftragsneutrale Materialbedarf wird in der Folge verbrauchsorientiert und weitgehend unabhängig von eingehenden Kundenaufträgen disponiert. Das Ziel ist, die Vorproduktion von standardisierten Teilen, Modulen und Varianten aufgrund ihrer Verwendung in den Produkten als Standard- oder Basiskomponente zu planen und zusammenzuziehen, um so die Economies of scale zu verwirklichen.

Im *kundenauftragsbezogenen Regelkreis* werden ausgehend vom Kundenauftrag die Stücklisten und Arbeitspläne ermittelt. Auf der Basis der kundenneutralen Planung werden sodann, mit Hilfe der ERP-Systeme, der Liefertermin sowie die Kapazitätsterminierung berechnet.

---

[28] vgl. Piller (1998) S. 257

Das ERP-System nimmt an der Schnittstelle zwischen Absatz- und Produktionsplanung auf der einen Seite und Verkaufsprozess auf der einen Seite insofern eine zentrale Rolle ein, als die dynamisch diskontinuierlich eintreffenden Kundenbedürfnisse zeitlich und inhaltlich mit der dem Unternehmen möglichen Lieferbereitschaft abgestimmt werden müssen.[29]

Nutzt das ERP-System die geeignete Strukturierung und Segmentierung in der Leistungserstellung, kann es Anforderungen Kundennähe und Effizienz in der Auftragsabwicklung gleichzeitig erfüllen. Vor diesem Hintergrund werden derzeit die marktgängigen ERP-Systeme grundlegend überdacht. Im Vordergrund steht dabei:

- eine stärkere Prozessorientierung entlang der gesamten Zulieferkette (Supply Chain Management) und die Berücksichtigung des OPP sowie
- die Integration von ERP, CAS, PDM und Supply Chain Management Software

unter Ausnutzung der Produktstruktur und Organisation der Ressourcen.[30]

Wie vorhergehend erläutert, stellt die Steuerung und Produktion insbesondere für die Einzel- und Kleinserienfertigung eine hohe Herausforderung dar. Die im Folgenden vorgestellten Planungsaktivitäten werden sich denn auch insbesondere mit den Problematiken dieses Fertigungstyps auseinandersetzen.

---

[29] Zur ausführlichen Erläuterung und Evaluation der ERP-Systeme vgl. Wiendahl (1996) 14.1ff.
[30] vgl. Köster (1997) S. 111

14 Auftragsneutrale und kundenauftragsspezifische Disposition

14.1 Herausforderungen in der Auftragsabwicklung von Einzel- und Kleinserienfertiger

Kundenindividuelle Fertigung sowie die Herstellung von Kleinserien sind durch eine komplexe Abwicklungsstruktur und umfangreiche Planung gekennzeichnet. Spezifische Kundenanforderungen und geringe Stückzahlen verhindern zudem eine weitgehende Entkopplung der Produktion von Markt- und Kundeneinflüssen auf Erzeugnisebene. Komplexe Erzeugnisstrukturen und kleine Losgrößen erfordern zudem häufig Fertigungsumstellungen, was eine vergleichsweise geringe Auslastung sowie hohe Zeitanteile von Rüst- und Nebenzeiten bedingt.[31] Der hohe Anteil kundenspezifischer Produktbestandteile führt bspw. zu umfangreichen Konstruktionstätigkeiten, sodass in der Praxis häufig ein großer Anteil – zw. 60 und 80% – der indirekten Unternehmensbereiche und der Konstruktion an der Gesamtdurchlaufzeit der Auftragsabwicklung zu beobachten ist.[32]

Angesichts dieser Rahmenbedingungen ist es nicht verwunderlich, dass in Analysen zur Auftragsabwicklung hohe Abstimmungsaufwände zur Lieferterminbestimmung, Informationsdefizite bzgl. der aktuellen Kapazitätsauslastung, unvollständige bzw. intransparente Stücklisten und Arbeitsunterlagen sowie ein unvollständiger Informationsfluss aufgrund hoher Arbeitsteilung als wesentliche Problemstellung genannt werden (Abb. 14-1).[33]

Die aus der hohen Produkt- und Prozesskomplexität resultierenden langen Lieferzeiten sind dabei im Bereich der Investitionsgüterindustrie aus Kundensicht besonders nachteilig, da eine rasche Lieferung für den Kunden häufig entscheidend ist, um Kapazitätsengpässe und Produktionsausfälle im Rahmen der eigenen Produktion zu vermeiden.[34] Maßnahmen zur Verkürzung der Durchlaufzeit haben daher noch vor Maßnahmen zur Kostensenkung und Qualitätsverbesserung Vorrang und bilden einen wichtigen Schwerpunkt zur Verbesserung der Wettbewerbsfähigkeit. Im Rahmen einer variantenorientierten Produkt- und Prozessgestaltung ist daher neben der Realisierung von Skaleneffekten der Aspekt einer Verkürzung der Durchlaufzeit innerhalb der Auftragsabwicklung besonders zu berücksichtigen.

---

[31] vgl. Eversheim (1989) S. 12
[32] vgl. Gross (1990) S. 4 u. Eversheim (1995) S. 38
[33] vgl. Raufeisen (1997) S. 128f.
[34] vgl. Groos (1990) S. 2

Dabei erfordert die Verkürzung der kundenseitig wahrgenommenen Durchlaufzeit sowohl *produktbezogene* als auch *ablauforganisatorische* Maßnahmen.[35] Im Folgenden soll daher zuerst auf die Auswirkung der Produktgestaltung auf den Auftragsabwicklungsprozess und in einem zweiten Schritt auf die Handlungsoptionen in der Produktionsdisposition eingegangen werden.

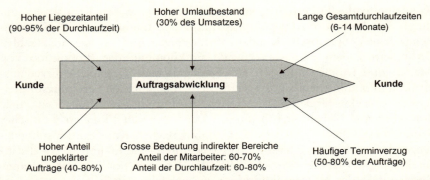

Abb. 14-1: Problemfelder der Auftragsabwicklung in der Einzel- und Kleinserienfertigung (Quelle: Eversheim [1995] S. 27ff.)

14.2 Auswirkungen des Produktstrukturtyps auf den Leistungserstellungsprozess

Grundsätzlich wird aus Sicht des Unternehmens das Ziel bestehen, die Bevorratung von Rohstoffen, Teilen, vorgefertigter und montierter Module auf einem minimal notwendigen Bestand zu halten und andererseits den Zeitpunkt der Vorratungshaltung zu optimieren. Damit soll einerseits das Ziel verfolgt werden, die Lagerkosten gering zu halten, und andererseits die oben angesprochene Durchlaufzeit zu optimieren. Dazu lohnt es sich, eingehender auf die Produkt-Struktur und ihre unterschiedliche Gestaltung einzugehen.

Ausgehend von der funktionsorientierten Produktstruktur, ergänzt um die ablauforientierte Sichtweise sowie die Darstellung der prozentualen Anteile der Objekte der Produktstruktur je Produktstrukturebene, werden verschiedene Produktstrukturtypen unterschieden (Abb. 14-2):[36]

- *Beim Produktstrukturtyp 1* werden aus wenigen Ausgangsmaterialien (Module, Komponenten, Kaufteile und Rohstoffe) eine Vielzahl von Fer-

---

[35] vgl. Heuser (1996) S. 16ff.
[36] vgl. Zich (1996) S. 33f. u. Köster (1997) S. 71f.

tigfabrikaten über eine wachsende Bandbreite von Zwischenerzeugnissen produziert. Dazu sind insbesondere Produkte zu zählen, die mittels Modul-Konfiguration aus vorgefertigten bzw. vormontierten Einheiten zusammengesetzt sind (Bsp. Maschinenbau, Chemie, Möbelhersteller u. a.)
- Der *Produktstrukturtyp 2* stellt den Gegenfall zu Strukturtyp 1 dar. Aus einer Vielzahl von Modulen, Kaufteilen usw. werden wenige Enderzeugnisse produziert (typischerweise werden sie erwartungsbezogen produziert). Als Beispiel kann die Herstellung von Photoapparaten, Automobilen und die Computerindustrie herangezogen werden.
- *Produktstrukturtyp 3* ist eine Kombination aus 1 und 2. Aus einer größeren Anzahl von Rohstoffen, Kaufteilen usw. werden über mehrere Stufen eine begrenzte Anzahl auftragsneutraler Module produziert. Der Rückgriff auf die auftragsneutralen Module erlaubt die Konfiguration einer Vielzahl kundenauftragsspezifischer Endproduktvarianten bei gleichzeitiger Begrenzung der Vielfalt im Leistungserstellungsprozess. Aufgrund der Tatsache, dass sich dieser Strukturtyp aus kundenneutralen und kundenauftragsspezifischen Umfängen zusammensetzt, spricht man auch von einer *hybriden Produktstruktur*. Typische Vertreter diese Strukturtyps sind der Maschinenbau und der Systemanbieter.

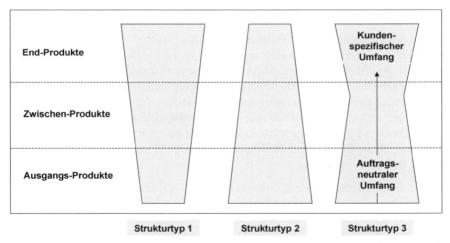

Abb. 14-2: Produktstrukturtypen (in Anlehnung an Zich [1996] S. 33 u. Köster [1997] S. 71)

Abschließend sei festgehalten, dass zur Überwindung des Dilemmas von Produktivität und Effizienz bei gleichzeitiger Kundennähe der Strukturtyp 3 als ideal für die Einzel- und Kleinserienfertigung angesehen wird. Dies ermöglicht, bis zu einer relativ hohen Produktstrukturebene die Module auftragsneutral vorzufertigen und den Punkt der kundenauftragsspezifischen Variantenbildung (OPP) im Leistungserstellungsprozess abwärts zu verschieben (downstream).[37]

14.3 Strategische Disposition

Übermäßige Produktvielfalt und Komplexität im Leistungserstellungssystem sowie eine hohe externe Varietät reduzieren die Planungssicherheit.[38] Mangelnde Planungssicherheit wird in den Unternehmen meist durch höhere Flexibilität wettgemacht, was oft zu Improvisation mit dem Resultat sinkender Effizienz mündet.[39]

14.3.1 Planungsprozess im Überblick

Das Zusammenwirken der Planung sowie die Einwirkung auf den Leistungserstellungsprozess ist in Abb. 14-3 dargestellt und wird im Folgenden beschrieben:

Die Unternehmensführung legt in der *strategischen Planung* unter Berücksichtigung von Branchenumfeld und Marktstruktur die grundsätzliche Wettbewerbsstrategie fest, an der sich alle weiteren gestalterischen, planerischen, taktischen und operativen Aktivitäten des Unternehmens orientieren.

Der strategischen Planung folgt die *lang- und mittelfristige Programmplanung*. Hier werden die Programmstrategie und Produktfelder definiert, mit denen das Unternehmen am Markt langfristig auftreten wird, die Produktideen erarbeitet, in Produktkonzepte umgesetzt und je Produktfeld über Art und Anzahl der Verkaufserzeugnisse entschieden. Anschließend erfolgt die konkrete, technische Realisierung durch Entwicklung und Konstruktion. Neuheiten und Änderungen im Leistungsprogramm werden innerhalb des Prozess-, Ressourcen- und Informationssystem-Managements, in realisierbare Lösungen umgesetzt.

In der darauffolgenden *Programmplanung* (bzw. Jahresumsatz- und Absatzplanung) werden die Marktbedürfnisse mit den wirtschaftlichen Zielen (Absatz, Umsatz, Kosten, Cash-flow und Renditegrößen) der Unternehmung und den produktionstechnischen Möglichkeiten des Betriebes abgestimmt. Dies geschieht mehrheitlich aufgrund von Absatzprognosen, Erfahrungswerten und vorliegenden Kundenaufträgen.

---

[37] vgl. Köster (1997) S. 72
[38] vgl. Bleicher (1997) S. 19
[39] vgl. Köster (1997) S. 136

14 Auftragsneutrale und kundenauftragsspezifische Disposition

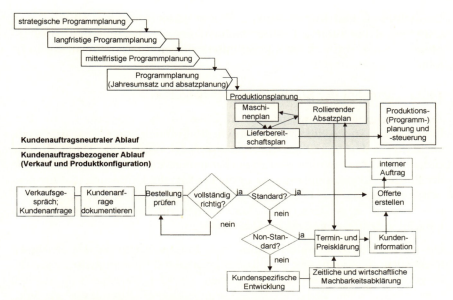

Abb. 14-3: Produktplanungsverlauf und Auftragsabwicklung

Konkretisiert wird die Programmplanung in der *Produktionsplanung*.[40] Darin wird die konkrete Festlegung der zu erbringenden Produktionsleistung in Form genau definierter Produkte, Mengen und Ablieferungszeitpunkte festgelegt. Ziel ist die beste Bedienung des Marktes, unter Berücksichtigung der Kapazitätsrestriktionen und der Bedingungen für eine wirtschaftliche Produktion.

Nach der Prüfung der kapazitiven und zeitlichen Machbarkeit des Lieferbereitschaftsplanes erfolgt die Auftragsfreigabe und Feinterminierung der Aufträge in der *Produktions-(Programm-)planung und -steuerung*. Die Aufgabe besteht in der Auslösung, Durchführung und Überwachung konkreter operationeller Einzelmaßnahmen für die direkte Leistungserstellung. Das Ziel ist dabei ein reibungsloser Produktionsablauf unter Berücksichtigung übergeordneter Zielsetzungen. Dabei wird zwischen Standardvolumen und Nicht-Standardvolumen unterschieden. Für den Standardumfang folgt die Terminierung der Prozesse und die Disposition der Ressourcen. Die resultierenden Teilpläne werden sodann im Leistungserstellungsprozess umgesetzt. Für den Nicht-Standardanteil müssen vor der eigentlichen Produktion noch

---
[40] vgl. Köster (1997) S. 143: Die Produktionsplanung wird innerhalb der Strategischen Disposition durch Unterteilung in Maschinen-, Lieferbereitschafts- und rollierende Absatzplanung konkretisiert.

Entwicklungs- und Konstruktionsaufwand geleistet werden. Dies hat aufgrund der damit einhergehenden (momentanen) Aufblähung des Leistungsprogramms in Abstimmung mit der mittelfristigen Programmplanung zu erfolgen.

14.3.2 Konzept der Strategischen Disposition

Zur Erreichung der angesprochenen Ziele ist die Integration bzw. Einfließenlassen der Produktstruktur sowie der Segmentierung der Auftragsabwicklung in den betrieblichen Planungsprozess notwendig. Dadurch wird zudem die Vorgabewirkung strategischer und gestalterischer Entscheide von der Produktprogrammplanung über die Produktstrukturierung und Prozessgestaltung bis hin zur Planung erkennbar. Diese ganzheitliche und integrative Betrachtung der Unternehmensaktivitäten auf Stufe „Planung" wird im Folgenden *Strategische Disposition*[41] genannt.

Die strategische Disposition kommt zum Einsatz, wenn das Unternehmen nach allen Anstrengungen zur Komplexitätsreduktion im Leistungserstellungssystem nach wie vor mit hoher Nachfrageunsicherheit, starken Schwankungen im Bedarfsverlauf, einem technisch komplexen Produkt, dem ständigen Risiko nicht wettbewerbsfähiger Durchlaufzeiten und vorhandenen Prozess- und Ressourcenrestriktionen kämpft.[42]

Dabei stehen folgende Anforderungen im Mittelpunkt:[43]

- Erstellung eines kundenauftragsneutralen Produktionsprogrammes für das eigentlich kundenauftragsspezifische Segment
- Erreichung hoher Kundennähe und Effizienz bei minimaler interner Komplexität
- Senkung der Planungsverwürfe, Steigerung der Planungssicherheit und -qualität sowie
- Beruhigung der internen Abläufe.

Als Kernprinzip der Strategischen Disposition wird auf der Basis der *Jahresumsatz- und -absatzplanung* ein kundenauftragsneutrales Produktionsprogramm für das eigentlich kundenauftragsspezifische Segment des Leistungserstellungsprozesses disponiert (Abb. 14-4). Daraus wird anschließend ein auftragsneutrales Produktionsprogramm für das auftragsneutrale Segment des Leistungserstellungsprozesses errechnet. Eingehende Kundenaufträge werden als wesentliche Elemente zur Reduzierung der internen Komplexität auf der Basis des kundenauftragsneutralen Produktionsprogrammes bedient.

---

[41] vgl. Köster (1997) S. 136: Die Strategische Disposition wurde insbesondere für die Planung hybrider Produktstrukturtypen entwickelt (Produktstrukturtyp 3).
[42] vgl. Köster (1997) S. 199
[43] vgl. Köster (1997) S. 136

14 Auftragsneutrale und kundenauftragsspezifische Disposition

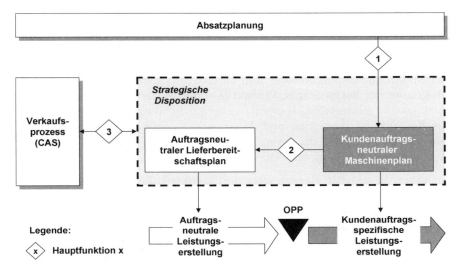

Abb. 14-4: Prinzip der Strategischen Disposition (Quelle: Köster [1997] S. 137)

Auf Basis der Absatzmenge der Jahresplanung werden im *Maschinenplan* kundenauftragsneutrale Maschinentypen disponiert (Schritt 1). Anschließend wird im Schritt 2 der für die eingeplanten disponierten Maschinentypen vorzufertigende, auftragsneutrale Modulmengenbedarf errechnet und auf den *Lieferbereitschaftsplan* übertragen. Aufgrund der Nachfrageunsicherheit sowie des schwankenden Bedarfsverlaufs werden die Absatzplanung, Maschinen- und Lieferbereitschaftspläne rollierend aktualisiert.

Im Weiteren findet eine ständige Interaktion zwischen der Strategischen Disposition und dem Verkauf statt (Schritt 3). Aus dem *Verkaufsprozess* eingehende Kundenanfragen, -angebote und -aufträge werden im Maschinenplan den bereits disponierten Produkttypen und im Lieferbereitschaftsplan den auftragsneutralen Modulen zugeordnet.

Innerhalb des *kundenauftragsspezifischen Segments* werden im Gegensatz zu den auftragsneutralen Bereichen (z. B. Beschaffung, Fertigung), die zunehmend outgesourct werden, hoch qualifizierte, spezialisierte und kaum substituierbare Ressourcen eingesetzt. Diese Ressourcen stellen den eigentlichen Engpass – limitierender Faktor – im Leistungserstellungsprozess dar. Daher ist die Bewirtschaftung und Planung von zentraler Bedeutung. Die davon abhängende Lieferbereitschaft ergibt sich aus der Möglichkeit innerhalb kürzester Zeit auftragsneutrale Teile und Module zum kundenspezifischen Endprodukt zusammenzubauen. In der kundenauftragsneutralen Produktionsprogrammplanung werden daher zukünftige Kundenaufträge in Form von Planaufträgen antizipiert und die dafür notwendigen Ressourcen einschließlich des kundenspezifischen Segmentes reserviert. Kundenaufträge können so auf die Planaufträge gelegt werden und Engpässe werden vermieden. Im Weiteren ist zu gewährleisten, dass die bis zum OPP auftragsneutral gefertigten Leistungsumfänge in der gewünschten Anzahl vorliegen. Aus diesem Grunde sind ausgehend vom kundenauftragsneutralen Produktionsprogramm die Vormontage-, Fertigungs- und Beschaffungsumfänge zu berechnen. Die strategische Disposition ermöglicht so optimale Losgrößen für die Beschaffung, Fertigung und Montage, eine höhere Lieferbereitschaft, Senkung der Lieferzeiten, Optimierung der Bestände und Nivellierung der Auslastung in Fertigung und Montage.[44]

Je höher die externe Komplexität und Dynamik des Unternehmens-Umfeldes, desto eher muss mit Planungsänderungen gerechnet werden. Bei entsprechender Vorbereitung auf eventuelle neue Situationen fallen die „geistigen" und planerischen Rüstzeiten natürlich weniger ins Gewicht. D. h., kürzere Reaktionszeiten, verbunden mit der erwarteten höheren Flexibilität, stellen das Unternehmen nicht mehr vor unlösbare Probleme, sondern können im Gegenteil schneller in der Planung berücksichtigt werden. Dabei sind insbesondere die Verbesserung der Verfügbarkeit richtiger Informationen sowie die Erhöhung der Verfügbarkeit von Betriebsmitteln von entscheidender Relevanz.[45] Damit sind einerseits Stücklisten, Arbeitspläne, NC-Programme usw., die beliebig oft wieder einsetzbar sind, und andererseits Investitionen in eine durchgängige Informationslogistik zwischen CAS, ERP und PDM zur wirtschaftlichen Nutzung der Betriebsmittel gemeint.

Im Folgenden werden der kundenauftragsneutrale Planungsablauf sowie die Angebots-Bearbeitung und -Zuteilung detailliert besprochen.

14.3.2.1 Kundenauftragsneutraler Planungsablauf

Ziel des kundenauftragsneutralen Planungsablaufs ist es, den Vorbereitungsgrad zu erhöhen, um flexibler und schneller auf Marktunsicherheiten, starke Nachfrageschwankungen, hohen Lieferzeitdruck und Ressourcenrestriktionen reagieren zu können. Der kundenauftragsneutrale Planungsablauf wirkt damit stabilisierend zwischen der unregelmäßigen und schwankenden Nachfrage des Marktes und der Leistungserstellung. Der kundenauftragsneutrale Planungsablauf gliedert sich in folgende drei Kernbereiche:[46]

---

[44] vgl. Köster (1997) S. 138ff.
[45] vgl. Zimmermann (1988) S. 392f.
[46] vgl. Köster (1997) S. 145ff.

- Maschinenplanung,
- Lieferbereitschaftsplanung (inkl. Modulbuchhaltung) und
- rollierende Absatzplanung.

Ausgehend vom Jahresumsatz werden im *Maschinenplan* die Jahresproduktionsmenge und die Termine entsprechend der erwarteten Bedarfe eingeplant. Die Kundenaufträge der letzten Jahre sowie sich abzeichnende Tendenzen bzgl. Technologie und Einsatz des Produktes bilden die Basis für die zu prognostizierenden Produktkonfigurationen (Referenzprodukte) (Abb. 14-5). Die Kunst liegt darin, die Produkttypen so zu definieren, dass erstens die Trefferquote zukünftiger Kundenaufträge optimiert wird (hohe Planungsqualität durch hohe Kundennähe).

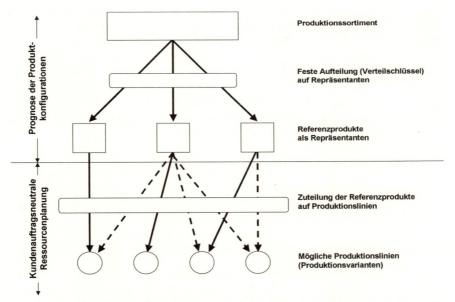

Abb. 14-5: Repräsentierung des Produktionssortiments durch Referenzprodukte und Zuteilung auf die Produktionslinien

Anschließend wird geklärt, ob genügend Ressourcen für die Umsetzung des Planes vorhanden sind, und die Durchlaufzeit je Planauftrag wird berechnet. Es resultieren kundenauftragsneutrale Planmaschinenpositionen für die Endmontage. Die Gesamtheit der Produkttypen im Maschinenplan ergibt das kundenauftragsneutrale Produktionsprogramm für kundenauftragsspezifische, aber noch unbestimmte Leistungsumfänge.

Abb. 14-6 zeigt dazu ein Planungsbeispiel für einen Zyklus von vier Wochen aus der Papierindustrie. In einem ersten Schritt ist die Verfügbarkeit der Produktionslinien bzgl. Terminrestriktionen zu prüfen (Anzahl Arbeitsschichten, Wochenendarbeit, Revision u. a.). Die Referenzaufträge sind auf die Produktionslinien zu verteilen, die jeweiligen Operationszeiten zu addieren und anschließend durch die technische Kapazität pro Woche zu dividieren (Kapazitätsbedarf).

Produktfamilie	Kapazitätsbedarf	Produktionslinien			
Bez. Referenzprodukt	Mindestauflage	1	2	3	4
dunkel, holzfrei	Bedarf [Wochen/Zyklus]		1.2	3.5	1.6
	Auflage [pro Zyklus]		1	3	3
dunkel, holzhaltig	Bedarf [Wochen/Zyklus]		0.3	0.2	
	Auflage [pro Zyklus]		1	1	
hell, holzfrei	Bedarf [Wochen/Zyklus]	2.8		0.3	2.4
	Auflage [pro Zyklus]	2		1	3
hell, holzhaltig	Bedarf [Wochen/Zyklus]	1.2			
	Auflage [pro Zyklus]	2			

	Woche 1		Woche 2		Woche 3		Woche 4		
Produktionslinie 1									
Produktionslinie 2	← Revision →						← Revision →		
Produktionslinie 3									
Produktionslinie 4									
Zeitbedarf [% pro Woche]	30	50	20	20	80	20	30	30	20	30	40	30

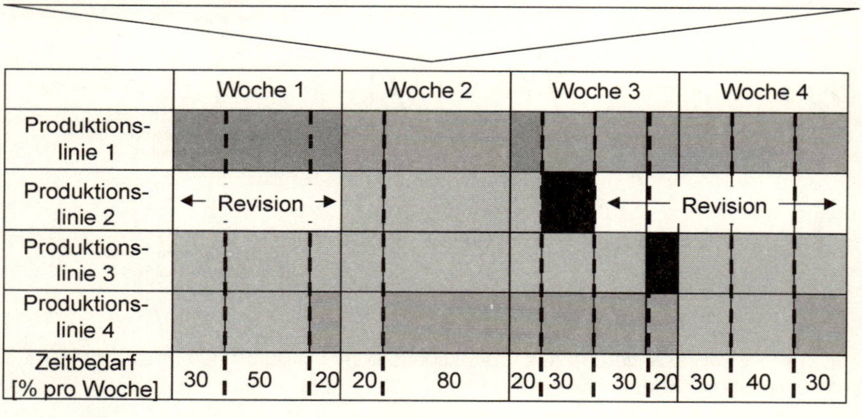

Abb. 14-6: Bestimmung der Zeitfenster unter Einhaltung von Restriktionen (Bsp. aus der Papierindustrie) (In Anlehnung an Fluri [1990] S. 59)

Die Auflage legt zudem fest, wieviel mal der entsprechende Referenzauftrag auf Produktionslinie pro Zyklus vorkommen muss. Werden die Umrüstzeiten mit einbezogen, kann der Maschinenplan durch Probieren oder informationstechnische Unterstützung berechnet werden (Definieren der Zeitfenster).

Gelingt es dem Verkauf, die tatsächlichen Kundenaufträge auf Basis der vordisponierten Planungsaufträge zu bedienen, so findet eine gleichzeitige Steigerung von Kundennähe und Flexibilität statt. Der Kunde erhält nicht nur die bestellte Maschine innerhalb kürzester Frist, es können auch wesentliche Umfänge des Kundenauftrages bereits vor dem Bestellungseingang auftragsneutral erstellt werden.

Eine weitere Schwierigkeit für die Durchführung und den Erfolg der Strategischen Disposition bildet die Definition der Planungsobjekte. Dabei wird zwischen den Objekten *Enderzeugnis, Modul* und *kundenauftragsneutraler Produkttyp* (Referenzprodukt) unterschieden. Der Nachteil des ersten Ansatzes beruht darin, dass aufgrund der Vielzahl von Enderzeugniskonfigurationen die Bedarfe schwierig abzuschätzen sind und die dadurch vorgegebenen Modulkombinationen evtl. nicht für andere Erzeugniskonfigurationen verwendet werden können. Werden hingegen Module und nicht Modulkombinationen eingeplant, ergibt sich die Schwierigkeit, dass einzelne Module nur sehr schwer zu prognostizieren sind. Bei der Disponierung von kundenauftragsneutralen Produkttypen besteht dagegen der Vorteil, dass der Modulbedarf von Referenzprodukten abgeleitet wird, die eine Vielzahl von Endproduktkonfigurationen mit einschließen. Durch den rollierenden Abgleich mit dem tatsächlichen Absatz sowie der Bevorratung wird auf diese Weise eine hohe Planungseffizienz mit wenigen Planungsdurchläufen gesichert.

Die kapazitive Realisierbarkeit des Produktionsprogramms ergibt sich durch die Ermittlung des Ressourcenbedarfs für die Produkt-Module. Eingehende Kundenaufträgen werden gemäß Plan der jeweiligen Planmaschine zugeordnet, welche in diesem Fall den Status eines Kundenauftrags bekommt. Planmaschinen, denen zum Starttermin der Endmontage noch kein Kundenauftrag zugeordnet werden konnte, werden gelöscht oder auf Lager produziert.

Verändert sich die Absatzprognose, werden neue Planmaschinen aufgenommen bzw. bestehende gestrichen. Dadurch wird die ursprünglich geplante Jahresproduktionsmenge im Verlauf der Planungsperiode rollierend aktualisiert und den aktuellen Absatzbedingungen angepasst. Über den Zeitablauf entstehen auf diese Weise mehrere Versionen des Maschinenplans, für die jedesmal erneut eine Grobkapazitäts- und Durchlaufzeitprüfung durchzuführen ist.

Wurden die kundenauftragsneutralen Maschinentypen disponiert, ist folgend durch den *Lieferbereitschaftsplan* zu gewährleisten, dass rechtzeitig zu Beginn der Planaufträge alle hierfür notwendigen Materialien und auftragsneutralen Module vorliegen. Hierzu wird für den Lieferbereitschaftsplan auf Grundlage des Maschinenplans die Art und Anzahl der vorzufertigenden, auftragsneutralen Module errechnet (Quoten- und Stückzahlenalgorithmus)[47] und anschließend rückwärts terminiert. Der resultierende Teile- und Modulbedarf wird dann zu definierten Losgrößen zusammengefasst.

Für die Lose werden im Lieferbereitschaftsplan Planaufträge positioniert, die die Ausgangssituation in der *Modulbuchhaltung* ausmachen (Abb. 14-7). Ziel der Modulbuchhaltung ist es, aufgrund des prognostizierten Modulabsatzes, der Modul-Wiederbeschaffungszeit (entspricht der Vorlaufzeit), der Modul-Abbuchung (für Nachlieferungen) sowie des momentanen Bestands die Modul-Fertigungsaufträge einzuplanen. Am Ende jedes Planauftragsbalkens steht sodann die Zahl fertiggestellter Module. Diese sind von diesem Zeitpunkt an zur Deckung geplanter Produkte und Kundenaufträge verfügbar.

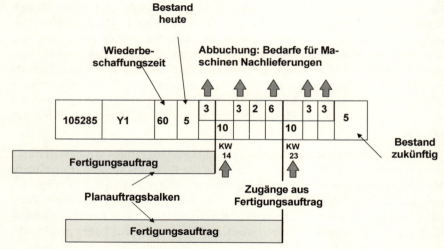

Abb. 14-7: Modulbuchhaltung im Lieferbereitschaftsplan (Quelle: Köster [1997] S. 163)

Bei der Bildung der Lose und Terminierung der Planaufträge ist der bereits vorhandene, nicht zugeordnete Bestand an Modulen zu berücksichtigen und, falls notwendig, abzugleichen. Ähnlich wie beim Maschinenplan erfolgt auch für den Lieferbereitschaftsplan eine rollierende Anpassung. Nicht mehr benötigte Modulbedarfe der Planmaschinen werden entweder gestrichen oder auf Lager gefertigt. Voraussetzung für die Lieferbereitschaftsplanung ist die Standardisierung und Reduzierung der Planungsobjekte bzw.

---

[47] vgl. Kap. 14.3.3

Module. Im Vordergrund steht dabei die Ausnutzung modularer Produktstrukturen.

In der *rollierenden Absatzplanung* wird die Jahresumsatzplanung innerhalb einer Planungsperiode aktualisiert. Dem rollierenden Absatzplan werden fortlaufend die tatsächlichen Kundenaufträge gegenübergestellt. Auf diese Weise wird die aller Voraussicht nach gestellte Nachfrage ermittelt. Durch diese Information soll vermieden werden, dass das Leistungserstellungssystem insbesondere im kurz- bis mittelfristigen Bewirtschaftungshorizont überbucht wird. Zudem enthält die rollierende Absatzplanung eine für den Vertrieb verdichtete Sicht, da nur jene Planungsgrößen geführt werden, die für den Verkausprozess notwendig sind. Je Modul werden die Planaufträge, Nachlieferungen, Bestände, tatsächlichen Kundenaufträge und die für die Deckung zukünftiger Kundenaufträge verfügbaren Module abgeglichen. Damit verfügt der Vertrieb jederzeit über die Information, wann und wie viele Module für zukünftige Kundenaufträge verfügbar sind.

14.3.2.2 Anfragen-, Angebots- und Auftragszuteilung

Bisher wurde erläutert, wie kundenauftragsneutrale Produkttypen und auftragsneutrale Module im Maschinen- und Lieferbereitschaftsplan erstmalig und rollierend geplant werden. Im Folgenden wird die Zuteilung eingehender Kundenanfragen, -angebote und -aufträge auf die antizipierten Planmaschinen und auftragsneutral vordisponierten Module erläutert.

Die *Kundenanfragenbearbeitung* beinhaltet die Aufgaben vom Eingang der Kundenanfrage bis zum Versand der Auftragsbestätigung oder Absage an den Kunden. Die effiziente Bearbeitung spielt hinsichtlich einer schnellen Auskunftsfähigkeit gegenüber dem Kunden wie auch zur Reduktion der Auftragsdurchlaufzeit eine wichtige Rolle. Wichtige Voraussetzungen dazu bilden der Modulbaukasten[48] oder andere Verkaufswerkzeuge zur schnellen übersichtlichen Darstellung der Erzeugnisse sowie die Festlegung aller technischen Spezifikationen der Produktkonfiguration im Verkaufsgespräch. Als Ergebnis resultiert die Kundenanfrage, die ihrerseits auf die technische und wirtschaftliche Machbarkeit überprüft wird und der Ermittlung der Lieferzeit dient.

In der *Angebotszuteilung* wird dem Angebot der zu erwartende Bedarf im Maschinen- und Lieferbereitschaftsplan vorläufig zu den Planmaschinenpositionen und Modulen zugeordnet. Bei der Kundenzusage wird diese aufgehoben und definitiv im Maschinen- und Lieferbereitschaftsplan dem Produktionsprogramm zugeordnet.

---
[48] vgl. Kap. 11.1.1

Die *Kundenauftragszuteilung im Maschinenplan* teilt sich in einen kaufmännischen und technischen Teil auf. In der kaufmännischen Auftragsabwicklung werden Liefer- und Zahlungsbedingungen, Konventionalstrafen, Exportgenehmigungen u. a. geklärt. Dies beinhaltet u. a. die Erstellung der Liefer- und Frachtpapiere, Zollerklärung und Ausfuhrerklärung. In der technischen Auftragsabwicklung werden – falls noch nicht vollständig klar – die technischen Spezifikationen geklärt und evtl. Unklarheiten mit dem Kunden bereinigt. Kundenspezifische Anpassungen sind einzuarbeiten, bis als Resultat die definitive Erzeugnisstruktur vorliegt.

Aufgrund der Abweichung vom Planprodukt in der Maschinen- und Lieferbereitschaftsplanung sowie einfließender Änderungen ist eine Prüfung der Kapazität sowie der Durchlaufzeit notwendig. Ist der Auftrag aufgrund fehlender Kapazitäten nicht in der gewünschten Zeit zu erledigen, sind folgende Möglichkeiten zu prüfen:

- zeitliche Verschiebung des Ressourcenbedarfs anderer Aufträge,
- erhöhter Ressourceneinsatz der eigenen Ressourcen sowie
- Rückgriff auf externe Ressourcen.

Wie eingangs erwähnt, ist das Ziel der Strategischen Disposition die Erhöhung der Lieferbereitschaft, Flexibilität und auftragsneutralen Umfänge sowie gleichzeitig die Reduktion der Durchlaufzeit und Senkung der Kosten. Insbesondere der Fall des Auftragsfertigers mit kundenspezifischen Erzeugnisvarianten ist in diesem Zusammenhang von besonderem Interesse, weil für ihn eine Bedarfsprognose schwierig ist und demzufolge mit einem erhöhten Bevorratungsrisiko gerechnet werden muss. Grundlage für die Zielerreichung ist die konsequente Modularisierung der Produkte und Prozesse sowie die strikte Trennung von Standard- und kundenspezifischen Modulen, sei es im Verkauf, Technik, Produktion oder in der Planung und Produktfreigabe. Aufgrund dieser Forderungen ist es möglich, durch eine angepasste Prozessstruktur das Planungsdesign entsprechend anzupassen (Abb. 14-8). Die ursprünglich rein kundenauftragsspezifische Lenkung der Leistungserstellung wird durch ein kundenauftragsneutrales Produktionsprogramm ersetzt. Der Anteil des auftragsneutralen Produktionsprogrammes wird erhöht, die Anzahl der Planungsobjekte reduziert, die Bedarfsermittlung erleichtert und die Losgrößenbildung optimiert. Dadurch lässt sich insgesamt die Plankomplexität stark senken.[49]

---

[49] vgl. Köster (1997) S. 205

14 Auftragsneutrale und kundenauftragsspezifische Disposition

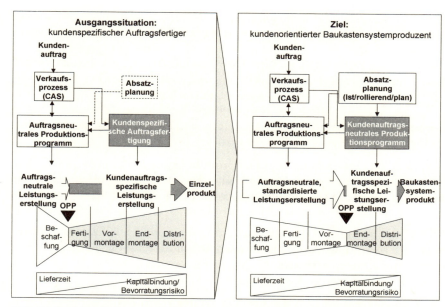

Abb. 14-8: Vom Auftragsfertiger zum kundenorientierten Baukastensystemproduzenten (Quelle: Köster [1997] S. 174 u. 203)

14.3.2.3 Quoten- und Stückzahlenalgorithmus

Der Ablauf der vielfaltsorientierten Planung beginnt mit dem Zusammentragen von Informationen über zukünftige Marktentwicklungen und in der Vergangenheit abgewickelte Aufträge. Diese werden mittels statistischer Verfahren ausgewertet und führen zur Bildung einer erwarteter Verkaufszahl von Endproduktvarianten oder Modulen. Auf Basis dieser Berechnung ist die Quote (Auftragsmix) für die zu terminierenden, auftragsneutralen Modulmengen zu berechnen. Dazu dient der Quoten- und Stückzahlenalgorithmus.[50]

Die Funktionsweise der Berechnung wird im Folgenden anhand eines Bsp. einer Ettikettendruckmaschine erklärt (Abb. 14-9). Dargestellt ist das Modul „Druckteil links", welches aus einem Gehäuse mit Antrieb (grau) und drei möglichen Einbaustationen (oben, Mitte, unten) für drei unterschiedliche Druckwerke mit den entsprechenden Anbausätzen besteht.

Quoten sind grundsätzlich für jene Objekte und Positionen aus der Produktstruktur zu bestimmen, bei denen Alternativen vorhanden sind. Durch die Miteinbeziehung von Nachrüstaufträgen, Ersatzkomponenten u. a., kann es sein, dass die Summe der Quote für eine Position größer als 100% ist.

---

[50] vgl. Gross (1990) S. 71ff.

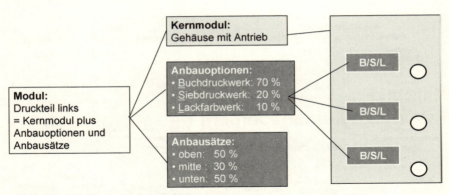

Abb. 14-9: Beispiel zur Quotenplanung (Quelle: Köster [1997] S. 160)

Mittels des in Abb. 14-10 dargestellten Quoten- und Stückzahlenalgorithmus wird sodann die Anzahl benötigter Anbausätze auf der Basis der zuvor errechneten Quoten ermittelt.

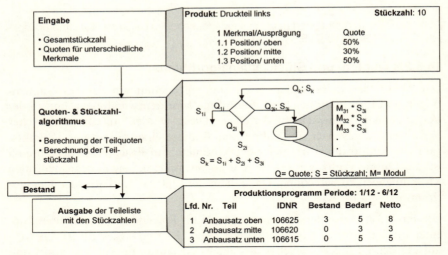

Abb. 14-10: Quoten- und Stückzahlenalgorithmus (Quelle: Köster [1997] S. 161 in Anlehnung an Gross [1990] S. 73)

Für den Fall, dass ein Bedarf von zehn Druckteilen mit zugehörigen Anbausätzen erwartet wird, resultiert damit aus der Berechnung ein Bruttobedarf von fünf Anbausätzen auf „Position oben", drei auf „Position Mitte" und fünf auf „Position unten".

**Kapitel F
Komplexitätsmanagement umsetzen**

15 Organisation des Komplexitätsmanagements

15.1 Einführung des Komplexitätsmanagements im Unternehmen

15.1.1 Denkstile und Grundsätze zur Beherrschung der Komplexität

Die Einführung des Komplexitätsmanagements mit den entsprechenden Methoden und Instrumenten verlangt die Berücksichtigung verschiedener Perspektiven, Grundsätze und Denkweisen die im Folgenden erläutert werden (Abb. 15-1).

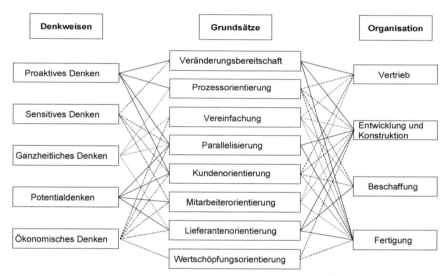

Abb. 15-1: Denkstile und Grundsätze zur Beherrschung der Komplexität (Quelle: Rollberg [1996] S. 75)

Die Denkweisen bilden dabei das Fundament, auf welchem die Grundsätze des Komplexitätsmanagements basieren. Diese führen zusammen zu einer Organisation, die sich durch vertikale Arbeitsteilung bei horizontaler und vertikaler Integration der Arbeitsinhalte auszeichnet:[1]

Proaktives Denken geht davon aus, dass es erfolgsversprechender ist, zu agieren, anstatt zu reagieren. Deshalb ist Krisenvermeidung – mögliche Probleme, Störungen und Konflikte sind zu antizipieren – wichtiger als Krisen-

---

[1] vgl. Adam (1997) 50ff.

management. Künftige Entwicklungen lassen sich in einer turbulenten Umwelt nur sehr unvollkommen allein anhand harter Faktoren erfassen. Proaktivität setzt somit immer auch *sensitives Denken* voraus. *Ganzheitliches Denken* in Verbindung mit dem *Potenzialdenken* bewirkt die Ausrichtung aller betrieblichen Aktivitäten auf die oberste Unternehmenszielsetzung unter Erschließung sämtlicher Ressourcen in der Wertschöpfungskette zu einer verbesserten Prozessgestaltung. Innerhalb vom *ökonomischen Denken* werden Kosten-Nutzenrelationen (optimale Variantenvielfalt, Bevorratung u. a.) analysiert und Maßnahmen eingeleitet.

Der Grundsatz der konsequenten *Kundenorientierung* drückt sich darin aus, exakt die Leistung zu erbringen, die der Kunde verlangt. Overengineering führt zu zusätzlichen Kosten und Verschwendung, die vom Markt nicht entgolten werden. Nebst der Kundenorientierung stehen auch die *Mitarbeiter-* und die *Lieferantenorientierung* im Dienst der unternehmerischen Zielsetzung. Sinn der *Prozessorientierung* ist zudem, bei der Strukturierung der Abläufe unter Kosten- und Zeitaspekten auf die Ablauffolgen zu achten. Die Grundsätze der *Parallelisierung* und *Vereinfachung* bewirken, die Vermeidung der sequentiellen Arbeitsweise, gezielte Automatisierung von Prozessen, Ausnutzung von Produktgestaltungsoptionen (Modularisierung) und zunehmende Wiederverwendung von Teilen, Komponenten, Programmcodes, Arbeitsplänen usw.

Die beschriebenen Denkprinzipien und Handlungsgrundsätze müssen alle Funktionen bzw. Organisationseinheiten erreichen. Die in der *Entwicklung* und *Konstruktion* vorgenommenen Vereinfachungen und Parallelisierungen (Simultaneous Engineering) müssen im *Vertrieb* mit geeigneten Kommunikationsmitteln dem Kunden verdeutlicht werden. Ökonomisches oder proaktives Denken findet sich z. B. in den Anwendungen des Target Costing und von CAX-Systemen wieder. Die *Fertigung* muss ihrerseits durch Prozessverbesserungen angehalten werden, die Gesamteffektivität und -effizienz zu erhöhen. Unter Produktivitäts- und Flexibilitätsaspekten sollen geeignete Fertigungssysteme installiert werden. Dabei soll unter Berücksichtigung der Qualitäts- und Mitarbeiterorientierung[2] ein angemessenes Maß an Aufgabenkomplexität erreicht werden.

Der Schlüssel zur Bewältigung von Systemstörungen, zur Nutzung flexibler Strukturen sowie zur Anpassung an situative Erscheinungen ist dabei die *Arbeitsaufgabe*. Um eine hohe Effizienz der Organisation zu erzielen, muss daher eine Aufgabenstellung erfolgen, die die Potenziale des Ausführenden sinnvoll nutzt und gleichzeitig seine Motivation fördert (Abb. 15-2).[3]

---

[2] vgl. Luczak/Eversheim/Schotten (1998): „Die Mitarbeiter spielen eine zentrale Rolle, da der Mensch am besten geeignet ist, die Komplexität zwischen verschiedenen Systemen auszugleichen."

15 Organisation des Komplexitätsmanagements

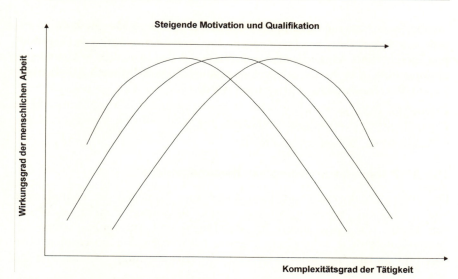

Abb. 15-2: Zusammenhang zwischen dem Komplexitätsgrad der Tätigkeit und Wirkungsgrad der menschlichen Arbeit (Quelle: Ulich [1974] aus Scherer/Dobberstein [1999] S. 63)

Dies äußert sich u. a. in der Durchschaubarkeit (Transparenz) der Aufgabe, in den Eingriffsmöglichkeiten und -befugnissen sowie in den Qualifikationserfordernissen. Somit ist einerseits eine *Mindestkomplexität* der Aufgaben erforderlich, um Verbesserungseffekte zu erzielen, andererseits ist die Begrenztheit des Menschen in der vorausschauenden Regulation komplexer Prozesse mit einzubeziehen.

Im *Produktionssystem* spiegelt sich die Komplexität zum einen in der Charakteristik des Produktionssystems und zum anderen im Aufbau des *Kontrollsystems* wider. Um eine effektive Kontrolle zu erreichen, ist es notwendig, Kompetenzen zunehmend in die operativen Bereiche zu verlagern und selbststeuernde Einheiten anzustreben, die eine Vielzahl von Störungen und Schwankungen bereits lokal regulieren und so der Dynamik des Systems die eigene Dynamik entgegensetzen. Die Komplexität des Produktionssystems soll dabei nicht in erster Linie minimiert, sondern bewusst gestaltet werden.[4] Der Aufbau und Ablauf eines Kontrollmechanismus zur Komplexitäts-Bewältigung wird in Kap. 16.2 am Bsp. des Freigabeprozesses von Produkten und Komponenten im Detail vorgestellt.

---
[3] vgl. Scherer/Dobberstein (1996) S. 63
[4] vgl. Scherer/Dobberstein (1996) S. 62

Um ein System zudem dauerhaft effektiv zu gestalten, muss eine kontinuierliche Anpassung des Gesamtsystems an bleibende *Veränderungen* (Veränderungsbereitschaft) im Umsystem angestrebt werden. Aus diesem Grunde ist es notwendig, das System adaptiv zu gestalten. Daher müssen Möglichkeiten zur Weiterentwicklung geschaffen werden:[5]

- Befähigung zum Lernen,
- Möglichkeit, Erfahrungen zu sammeln, und
- Möglichkeit, Wissen anzuwenden.

15.1.2 7 Thesen zum Komplexitätsmanagement

Die obigen Denkweisen und Grundsätze zum Managen der Komplexität von Produkten, Prozessen, Strukturen und Ressourcen führen zu folgenden Thesen, die insbesondere im Maschinen- und Anlagenbau sowie der Automobilindustrie erfolgreich angewendet werden. Sie lassen sich aber auch auf andere Industriezweige und den Dienstleistungsbereich übertragen:

1. Komplexitätsmanagement wird zu einem der kritischen Erfolgsfaktoren der Zukunft. Nicht das Minimum an Komplexität ist wettbewerbsfähig, sondern das Optimum.

2. Die *Ursachen* von Komplexität müssen erkannt werden. Sie liegen häufig im Management (Problemlösungsverhalten), in der Produktvielfalt (Struktur) und -dynamik sowie der Ablauforganisation (Geschäftsprozesse).

3. *Produkt- und Prozessstrukturierung* ist das A und O der Komplexitätsbeherrschung. Die Vor- und Rückwärtskompatibilität bzw. die Wiederverwendungsrate von Produkt- und Prozess-Modulen ist zu erhöhen. Transparenz ist dazu der Schlüssel zum Erfolg.

4. Der *Order Penetration Point* (OPP) (Übergang von der kundenneutralen zur kundenspezifischen Produktion) ist so spät wie möglich im Wertschöpfungsprozess zu positionieren. Damit wird produkt- wie prozessseitig ein Höchstmaß an Standardisierung erreicht.

5. Kommunikations- und Distributionsmittel wie *Computer Aided Selling* (CAS) sowie der Einsatz von Produktkonfiguratoren verbessern die Erklärungsfähigkeit im Vertrieb und verhindern den Verkauf unnötiger Varianten.

6. Es existieren geeignete Instrumente für einen durchgängigen *Informationsfluss* zwischen Vertrieb, Konstruktion, Produktion und Controlling,

---

[5] vgl. Scherer/Dobberstein (1996) S. 64

um einer unkontrollierten Variantenentstehung nach der Produkteinführung entgegenzuwirken.

7. Komplexitätsmangement verlangt echtes *Committment* des Top Managements.

15.2 Einbindung des Komplexitätsmanagements in die Unternehmensprozesse

15.2.1 Funktionsübergreifende Organisation zwischen den Unternehmensbereichen

Im Umgang mit der Produktvielfalt spielt die Organisation eine zentrale Rolle, wie das die Ausführungen zur Fertigungsflexibilität bzw. zur Aufgabenkomplexität zeigen.[6] So wird z. B. eine Wechselbewältigung durch organisatorische Aspekte deutlich erschwert, wenn nicht sogar unmöglich gemacht.[7] Zum einen können dafür strukturelle Gründe angeführt werden (Vielzahl von Hierarchieebenen, lange Entscheidungswege, Trennung von Verantwortung und Kompetenz), zum anderen erschwert ein stark formalisiertes Berichtswesen (intransparente Information) den Umgang mit der Vielfalt. Aus diesen Gründen ist es notwendig, eine geeignete Aufbau- und Ablauforganisation zu definieren und auf dieser Basis den Personaleinsatz zu bestimmen.[8]

Ähnlich wie bei der Produkt- bzw. der Prozessstrukturierung ist auch die Aufbauorganisation zu gestalten. Betrachtet man das gesamte Unternehmen, so ist dieses Vorgehen einerseits durch die Segmentierung selbstständiger Wert schöpfender Bereiche und andererseits durch die Zentralisierung indirekter Funktionen bestimmt.[9] Grundsätzlich gilt dabei, „so zentral wie nötig, so dezentral wie möglich".[10] Alle geschäftsbezogenen Funktionen innerhalb von Entwicklung, Produktion und Controlling usw., die den Divisionen die Erfüllung ihrer Haupterfolgsfaktoren oder die Differenzierung gegenüber dem Wettbewerb erleichtern, sind dezentral in den Divisionen anzusiedeln. Dagegen sollten nichtgeschäftsspezifische Leistungen, wie Finanzierung, Gebäudeunterhalt usw., zentralisiert werden. Auf diese Weise entfällt der größte Teil der Überkomplexität erzeugenden Matrixstruktur.

Um die Funktionsfähigkeit einer solchen Struktur sicherzustellen, sind sämtliche Abläufe zur Leistungserstellung im Unternehmen prozessorientiert aus-

---

[6] vgl. Kap. 1.4 u. Kap. 13.3
[7] vgl. Wildemann (1994) S. 33
[8] vgl. Spies (1999) S. 336f.
[9] vgl. Wildemann (1994) S. 29f.
[10] vgl. Roever (1992) S. 130

zurichten. Die einzelnen Bereiche – *modulare Organisationseinheiten* – müssen im Rahmen einer solchen Ablauforganisation in bereichsübergreifende Prozesse eingebunden werden, um besonders bei übergeordneten Zielen auftretende Konflikte zu beseitigen und eindeutige Entscheidungskriterien und -wege festzulegen.[11]

Der damit einhergehende Zeitverlust aufgrund der Anzahl der beteiligten Stellen lässt sich im Wesentlichen durch eine konsequente Aufgabenintegration reduzieren. Diese muss sowohl den horizontalen als auch den vertikalen Aufgabenumfang betreffen. Der Aufgabenintegration innerhalb einer Person sind jedoch Grenzen gesetzt: seien es qualitative oder quantitative Beschränkungen der Kapazität oder auch Sicherheitsüberlegungen („Vier-Augen-Prinzip"). Hier empfiehlt es sich, Teams zusammenzustellen, die zur vollständigen Durchführung eines Wertschöpfungsabschnittes in der Lage sind.[12]

Die folgenden Ausführungen sollen zeigen, wie das Zusammenspiel zwischen den einzelnen Unternehmensbereichen an einem konkreten Fall aussehen kann und wie die zu bewältigende Vielfalt und Dynamik im Unternehmen auf diese Weise wirksam beherrscht wird.

15.2.2 Pflege des Produktprogramms

Im Lauf der Zeit ändert sich in den meisten Unternehmen der Umfang des Leistungsprogramms aufgrund von Neuentwicklungen, Reaktivierung von bereits veralteten Komponenten (nicht mehr im Verkaufsprogramm vorhanden) und der Eingliederung von einmal gefertigten kundenspezifischen Produktvarianten in das aktive Produktprogramm (Abb. 15-3).

Wie in Kap. 5.2-3 beschrieben, stehen dem Unternehmen mehrere Möglichkeiten offen, das Leistungsprogramm zu gestalten. Unabhängig von der gewählten Strategie scheint es diesbezüglich wichtig, im Unternehmen ein *Produkt-Freigabe-Prozedere* in Zusammenarbeit von Vertrieb, Technik, Produktion und Controlling zu implementieren. Wird diesem Controllinginstrument zu wenig Beachtung geschenkt, besteht die Gefahr, dass das Produktprogramm mit der Zeit einerseits unüberschaubar aufgebläht wird und andererseits die Kunden aufgrund von überstrapazierten Informationsflüssen, schlecht strukturiertem Verkaufsprogramm u. a. nicht mehr kostengünstig und effizient bedient werden können.

---

[11] vgl. Spies (1999) S. 340f.
[12] vgl. Rathnow (1993) S. 152: Geht es bei der Integration des horizontalen Aufgabenumfangs um eine Zusammenführung von bisher getrennten Aktivitäten (Reduzierung der Einarbeitungsphase und der Liegezeiten), so versteht man unter der Integration beim vertikalen Arbeitsumfang z. B. ein Job enrichment (durch Entscheidungsdelegation) oder die Reduktion der Anzahl erforderlicher Entscheidungen.

15 Organisation des Komplexitätsmanagements

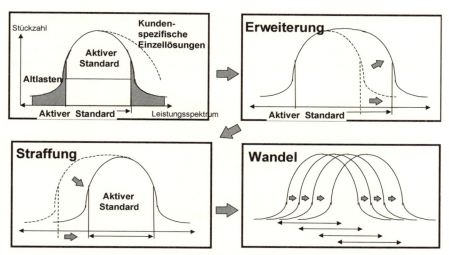

Abb. 15-3: Dynamischer Wandel des Leistungsprogramms (Quelle: Köster [1997] S. 127)

15.2.3 Freigabe von Produkt-Varianten

Aus den oben genannten Gründen wurde die Freigabe von Produkten und die Aufnahme von Neuprodukten in das aktiv gegen außen angebotene Leistungsprogramm in zwei getrennte Vorgehen gespalten, was sich in der Praxis bewährt hat. Dabei ist zu unterscheiden zwischen dem

- periodischen Freigabe-Prozedere und
- dem situativen, auftragsbezogenen Freigabe-Prozedere.

Auf diese Weise wird verhindert, dass die Variantenvielfalt und Komplexität im Leistungserstellungssystem über den Zeitablauf ungesteuert wächst.

15.2.3.1 Periodisches Freigabe-Prozedere

Innerhalb vom periodischen Freigabe-Prozedere wird in Abhängigkeit der Geschäftsdynamik – z. B. jährlich – das Verkaufsprogramm festgelegt und offiziell freigegeben. Dies beinhaltet die Streichung von Produkten oder Komponenten sowie die Aufnahme von Neuentwicklungen aufgrund von bestimmten Kriterien[13] (Abb. 15-4).

Das Gremium setzt sich zu diesem Zweck aus Vertrieb, Technik, Produktion und Controlling zusammen. Dies hat den Vorteil, dass einerseits die einmal

---

[13] vgl. Köster (1997) S. 129: Grundsätze im Leitbild, Kapitalbindung, Lagerumschlag, Sortimentspolitik, vergangenheitsorientierte und prognostizierte Verkaufszahlen, Lieferbereitschaftsgrad, Durchlaufzeit, Marktzwänge und Produktqualität.

vom Unternehmen festgelegte Sortimentspolitik von allen betroffenen Stellen getragen werden muss. Andererseits besteht so die Gewähr, dass Neuentwicklungen erst nach definitiver Freigabe der Technik sowie Integration in die Produktprogrammplanung ins Verkaufsprogramm aufgenommen werden.

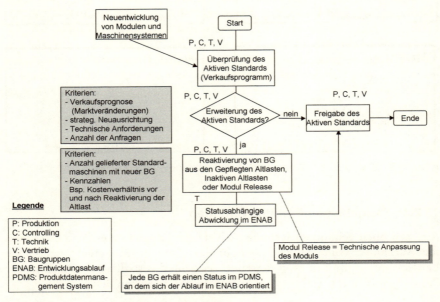

Abb. 15-4: Periodisches Freigabe-Prozedere

Hat das Gremium ein neues Release für das Leistungsprogramm verabschiedet, ist anschließend zu überprüfen, inwieweit Prozesse, Ressourcen und Informationssysteme (ERP, PDMS, CAS usw.) anzupassen sind. Dies ist dann notwendig, falls ein auftragsneutrales Standardmodul durch sein Nachfolgemodul ersetzt wird. Konstruktions-, Dispositions- und Vertriebsdaten sind zu aktualisieren. Im Weiteren ist denkbar, dass das Nachfolgemodell eingekauft wird, was ehemals benötigte Ressourcen und Prozesse überflüssig macht. In diesem Sinne kann das neue Release für das Leistungsprogramm je nach Umfang zu tiefgreifenden Änderungen im ganzen Leistungserstellungssystem führen.

15.2.3.2 Auftragsbezogenes/situatives Freigabe-Prozedere

Im Gegensatz dazu wird im auftragsbezogenen Freigabeprozedere die Reaktivierung von Altlasten *ohne* Aufnahme in das Verkaufsprogramm (Aktiver Standard) sowie der Entscheid zur Entwicklung kundenspezifischer Einzellösungen erarbeitet. Das Gremium, bestehend aus Vertrieb, Planung und Technik, tagt je nach Bedarf evtl. wöchentlich. Der Vorteil in dieser Vorgehensweise besteht darin, dass einerseits eine restriktive Produktprogrammpolitik gelebt werden kann, andererseits aber die Möglichkeit bestehen bleibt, kundenspezifische Lösungen in Absprache mit der Planung und der Technik anzubieten. Preis- und Lieferzeitzugeständnisse können auf diese Weise effizient und kompetent abgesprochen werden. Versteckte Quersubventionen fallen da hin, da der Mehraufwand – Entwicklungsaufwand, Losgröße eins in der Produktion, Umstellung der Prozesse usw. – für die spezielle Lösung aufgedeckt wird. Allerdings steht es dem Unternehmen immer noch frei, dem Kunden die Vollkosten zu belasten oder aufgrund anderer Überlegungen (Folgekäufe, strategischer Kunde usw.) einen Preis-Nachlass zu gewähren.

15.3 Führungskreislauf im Komplexitätsmanagement

In den Kapiteln a-e wurden die Analysen und Methodenbausteine für das Management der „Vielfalt" im Unternehmen dargestellt. Nachfolgend werden die einzelnen Methoden zu einem *Führungskreislauf* zusammengefasst. Damit wird die Vorgehensweise zur konsequenten Ausrichtung am Markt und Kundenanforderungen sowie die Verfolgung einer sinnvollen Unternehmensstrategie erläutert.

Die Inputfaktoren bilden die Marktbedürfnisse und die Strategie, die über die aufgezeigten Schritte zum entsprechenden Output „Produktvielfalt" führen (Abb. 15-5). Basierend auf der Analyse und Prognose der Kunden- und Marktanforderungen werden die Clusterung der Kunden sowie die notwendigen Produktfunktionen festgelegt (Conjoint Analyse).

Mittels Zielkostenmanagement (Target Costing) werden daraufhin die Darf- und Standardkosten auf Funktions- bzw. Komponentenebene festgelegt. Aus dem Vergleich zwischen Darf- und Standardkosten werden sodann die Zielkosten abgeleitet. Auf Basis der Clusterung und des Target Costing wird die marktseitig geforderte sowie unternehmensseitig sinnvolle Produktvielfalt auf Enderzeugnisebene festgelegt.

Entsprechend der strategischen Ausrichtung – Standardisierung versus Individualisierung – werden sodann produkt- und prozessseitig Alternativen und Rationalisierungspotenziale zur Erreichung der Vielfalt bzw. der Zielkosten ermittelt. Dazu sind unterschiedliche Produktstrukturierungsmöglichkeiten, Umstellung von Prozessfolgen aber auch alternative Herstellungsverfahren und neuere Informationstechniken (Computer Aided Selling, Remote Access, Virtual Service Engineering u. a.) zu prüfen. Schließlich sind die durchgeführten Maßnahmen zum (Re-)Design des Produktes und Pro-

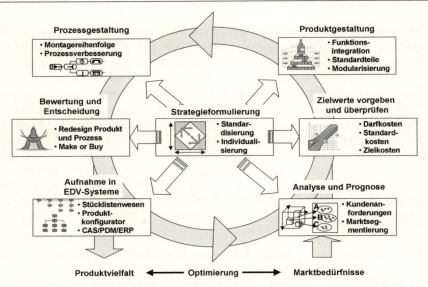

Abb. 15-5: Führungskreislauf im Komplexitätsmanagement

zesse sowie die angestellten Make-or-Buy-Überlegungen zu bewerten und zu implementieren.

Der dargestellte Führungskreislauf ist dabei kein einmaliger oder periodisch zu wiederholender Vorgang, sondern vielmehr ein Verhaltens- und Denkmuster aller Entscheidungsträger im Unternehmen. Komplexitätsmanagement ist in diesem Zusammenhang somit nicht als Funktion oder klar zuteilbare Aufgabe zu sehen, sondern eine zu lebende Verhaltensweise, die eine grundlegende Änderung im Unternehmeralltag notwendig macht.

Da häufig nicht nur komplizierte Abläufe und Produktstrukturen, sondern auch Unmengen von Datenmaterial zu verarbeiten ist, steht die Nutzung einer informationstechnischen Lösung im Vordergrund. Dazu wird im folgenden Kapitel, der *Complexity Manager*®[14], Standardsoftware zur methodischen Unterstützung des Komplexitätsmanagements vorgestellt.

---

[14] Der *Complexity Manager*® wurde von der Firma *GPS Prof. Schuh Komplexitätsmanagement GmbH* entwickelt.

16 Complexity Manager® – integriertes Werkzeug zum Komplexitätsmanagement

Der *Complexity Manager*® ist ein integriertes Softwaresystem, das aus drei modularen Bausteinen besteht. Mit jedem der Bausteine wird dem Benutzer ein Hilfsmittel in die Hand gegeben, das ihn bei der Darstellung, Analyse und Lösung komplexer Problemstellungen in den folgenden Bereichen unterstützt (Abb. 16-1):

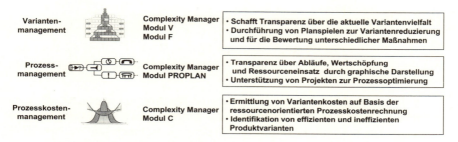

Abb. 16-1: COMPLEXITY MANAGER® – System Module

Jedes dieser Module ergänzt die angestrebte betriebswirtschaftliche Gesamtlösung um wertvolle Sonderauswertungen. Gängige ERP-, PDM-, Workflow- und CAX-Systeme können durch die Anwendung und Integration des *Complexity Manager*® so einen markanten Mehrwert generieren.

16.1 Variantenmanagement – MODUL F/V

Das Modul F stellt die Produkte mit allen relevanten Merkmalen und Ausprägungen grafisch dar. Die Produktvielfalt kann so strukturiert und optimal auf das Marktbedürfnis ausgerichtet werden. Anhand verschiedener Darstellungsvarianten lässt sich die Marktabdeckung überprüfen.

Das Modul V schafft Transparenz über die aktuelle Variantenvielfalt. Zur Variantenreduzierung können Planspiele durchgeführt und damit die Auswirkungen verschiedener Maßnahmen simuliert sowie Planungs- und Dokumentationsfehler identifiziert werden. Der Einsatz des Modul V ist bei der Variantenoptimierung bestehender Produktprogramme, aber auch in der frühen Phase der Variantenplanung von besonders hohem Nutzen.

Der Variantenbaum liefert eine graphische Aufbereitung der Produktinformationen. Er stellt die Teile- und Variantenvielfalt über der Montagereihenfolge dar. Ausgehend von der Beschreibung der Anbauteile, der Teilevarianten und der Teileverwendung ermittelt das DV-System Variantenbaum die Variantenvielfalt auf Baugruppen bzw. Produktebene.

Das Programmsystem berücksichtigt die vorliegende Produktstruktur und baut auf dem Firmenspezifischen Nummernsystem auf. Es erfasst die typen- und ausstattungsspezifischen Merkmale sowie deren Kombinationsmöglichkeiten. Damit liegt das System eine Komplexstückliste aller Teile und Verwendungen an, sodass man Transparenz über ihre Variantenvielfalt bekommt, ohne das Stücklistenwesen zu verändern.

16.2 Prozessmanagement – MODUL PROPLAN

Mit dem Modul PROPLAN lassen sich Prozesspläne erstellen, die dem Anwender Transparenz über Abläufe, Wertschöpfung und Ressourceneinsatz schaffen.

Basis dieser grafischen Darstellung ist eine Beschreibungssprache, die eine schnelle und einfache Beschreibung eines Auftragsabwicklungsprozesses ermöglicht. Die am Laboratorium für Werkzeugmaschinen und Betriebslehre der RWTH Aachen (WZL) entwickelte Beschreibungssprache besteht aus 14 normierten Elementen, den Prozesselementen. Mit diesen Elementen können sämtliche Prozesse (Tätigkeiten und Vorgänge) der Auftragsabwicklung eines Unternehmens abgebildet werden. Meist legen andere Darstellungsformen ihren Schwerpunkt auf die Abbildung von direkten Tätigkeiten – mittels der Elemente, die das Modul PROPLAN zur Verfügung stellt, können zusätzlich detaillierte Beschreibungen von indirekten Tätigkeiten und Vorgängen wie etwa Rückfragen oder Störungen aufgrund fehlender Informationen abgebildet werden.

16.3 Prozesskostenmanagement – MODUL C

Das Modul C liefert in einem frühen Entwicklungsstadium eine Prognose über die zu erwartenden Produktkosten. Dabei werden insbesondere die durch das Produkt beeinflussten Gemeinkosten differenziert. Für die wichtigsten Prozessketten werden den kostenrelevanten Unternehmensressourcen jeweils die entsprechenden Kostenfunktionen zugeordnet. Der Systemanbieter kann darauf eine Bewertung alternativer Bauteilvarianten durchführen. Dadurch kann das Controlling in der Produktentwicklung wesentlich unterstützt werden (Kostenvergleich von Produktvarianten) und es lassen sich effiziente von ineffizienten Produktvarianten unterscheiden. Das Modul C ist aber auch für einfachste Anwendungen der Prozesskostenrechnung einsetzbar („Was kostet eine Bestellung?", „Was kostet der Wareneingang?"). Auf diese Weise lassen sich sowohl die Kosten von Neuprodukten als auch von Prozessketten beziehungsweise Produktprogrammalternativen ermitteln.

Das Modul C ist zudem als Sonderauswertungstool in jede ERP-Umgebung integrierbar.

17 Literaturverzeichnis

Abramovici, M.; Gerhard, D. (1997): Engineering Data Management (EDM) – Anspruch, Wirklichkeit und Zukunftsperspektiven, in: Industrie Management special, Engineering Data Management, GITO–Verlag, 1996/97, S. 11–15.

Adam, D. (1993): Produktions-Management, 7., vollständig überarbeitete u. erweiterte Aufl., Wiesbaden, Gabler, 1993.

Adam, D. (1997): Produktions-Management, 8. Aufl., Wiesbaden, Gabler, 1997.

Andreasen, M. M.; Kähler, S.; Lund, T. (1985): Montagegerechtes Konstruieren, Berlin/Heidelberg/New York, Springer, 1985.

Augustin, S. (1990): Information als Wettbewerbsfaktor: Informationslogistik und Herausforderung an das Management, Zürich, Verlag Industrielle Organisation Zürich und TÜV Rheinland, 1990.

Autorenkollektiv (1993): Wettbewerbsfähige Unternehmensprozesse in einem globalen Markt, in: Pfeifer, T. et al. (Hrsg.): Wettbewerbsfaktor Produktionstechnik: Aachener Perspektiven, AWK, Aachener Werkzeugmaschinen-Kolloquium '93, Düsseldorf, VDI, 1993.

Ashby, W. R. (1964): An Introduction to Cybernetics, London, Methuen, 1964.

Backhaus, K. (1989): Investitionsgütermarketing, in: Bruhn, M. (Hrsg.): Handbuch des Marketing, München, Beck Verlag, 1989, S. 699–723.

Ballwieser, W. (1993): Aggregation, Komplexion und Komplexitätsreduktion, in: Wittmann, W.; Kern, W.; Koehler, R. (Hrsg.): Handwörterbuch der Betriebswirtschaftslehre, Bd. 1, 5. Aufl., Stuttgart, Poeschel, 1993, Sp. 49–57.

Bayus, L. B. (1994): Are Product Life Cycles Really Getting Shorter?, in: Journal of Product Innovation Management, Nr. 11, 1994, S. 300–308.

Beck, A. (1998): Am Steuer des Volvo S 80, in: Neue Zürcher Zeitung, 219. Jahrgang, Nr. 172, 28. Juli 1998, S. 7.

Becker, T.; Caesar, C.; Schuh, G. (1989): Beherrschung der Variantenvielfalt – Regelkreis zwischen Produktgestaltung und Produktbewertung, in: Konstruktion, Nr. 41, 1989, S. 239–242.

Beckers, W. (1991): Umsatzoptimierung durch das DV-gestützte Verkaufen, in: Computerwoche 18/45, 1991, S. 70–71.

Beer, St. (1979): The Heart of Enterprise, Chichester/New York/Brisban/Toronto, John Wiley & Sons, 1979.

Belz, Ch. (1994): Leistungs- und Kundensysteme, in: Spies, S., Fisseler, D. (Hrsg): Produkte mit Profil, Wiesbaden, FAZ-Gabler Verlag, 1994, S. 45–73.

Belz, Ch.; Schuh, G.; Groos, S. A.; Reinecke, S. (1997): Industrie als Dienstleister, Fachbuch für Marketing, Forschungsinstitut für Absatz und Handel an der Universität St. Gallen, St. Gallen, Thexis, 1997.

Benett, S. (1999): Komplexitätsmanagement in der Investitionsgüterindustrie, Dissertation der Universität St. Gallen, 1999.

Bleicher, K. (1971): Die Organisation der Unternehmung in systemorientierter Sicht, in: ZfO, Jg. 40, 1971, Nr. 4, S. 171–177.

Bleicher, K. (1985): Betriebswirtschaftslehre als systemorientierte Wissenschaft vom Management, in: Probst, G. J. B.; Siegwart, H. (Hrsg.): Integriertes Management, Bern, Haupt, S. 65–91.

Bleicher, K. (1995): Das Konzept des integrierten Management. Das St. Galler Management Konzept, 3. Auflage, Frankfurt a. M./New York, Campus, 1995.

Bleicher, K. (1997): Management – Kritische Kernkompetenzen auf dem Weg zur virtuellen Unternehmung, in: Schuh, G., Wiendahl, H. P. (Hrsg.): Komplexität und Agilität – Festschrift zum 60. Geburtstag von Professor Walter Eversheim, Berlin/Heidelberg, Springer, 1997, S. 12–24.

Bleicher, K. (1998): Small can be beautiful!, in: Gallus International, Kundenzeitung der Gallus Ferdinand Rüesch AG, 2/August 1998, S. 21–24.

Boothroyd, G.; Dewhurst, P.; Knight, W. (1994): Product Design for Manufacture and Assembly, New York/Basel/Hong Kong, Marcel Dekker Inc., 1994.

Boutellier, R.; Dinger, H.; Lee, H., (1997): Plattformen – ein Erfolgsfaktor im Wettbewerbsdruck, in: Technische Rundschau, Nr. 37–38, 1997, S. 58–61.

Buchner, K.; Ullsperger, B. (1995): Elektronische Kataloge im Investitionsgütervertrieb, in: CIM Management, Nr. 5, 1995, S. 15–17.

Burkhardt, R. (1994): Target Costing: Volltreffer mit Methode, in: TopBusiness, Jg. 2, 1994, S. 94–99.

Caesar, C. (1991): Kostenorientierte Gestaltungsmethodik für variantenreiche Serienprodukte (VMEA), Dissertation, RWTH Aachen, 1991.

Cen, N. (1995): Produktionsstrategien auf Basis von Kernprozessen, Dissertation Universität St. Gallen, 1995.

Clark, K. B.; Fujimoto, T. (1991): Product Development Performance, Boston Mass., Harvard Business School Press, 1991.

Cooper, R.; Kaplan, R.S. (1999): Integrierte Kostensysteme – Verheißung und Gefahr zugleich, in: Harvard Business Manager, Nr. 1, 1999, S. 76–86.

Datar, S. M.; Kekre, S.; Mukhopadhyay, T.; Srinivasan, K. (1993): Simultaneous Estimation of Cost Drivers, in: The Accounting Review, Vol. 68, Nr. 3, 1993, S. 602–614.

De Meyer, A.; Vereecke, A. (1996): The Product/Process Matrix: An Empirical Test on the French Industrial Manufacturing Industries, Working Paper Nr. 96/26/TM INSEAD, Fontainbleau,1996.

Dichtl, E. (1987): Strategische Dimensionen der Produktentwicklung im Informationszeitalter, in: Journal of Commodity Science, Vol. 5, 1987, S. 165–182.

Dilling, H.-J. (1988): Methodisches Rationalisieren von Fertigungsprozessen am Beispiel montagegerechter Produktgestaltung, Dissertation TH Darmstadt, 1978.

Dorninger, Ch. (1991): Kundenindividuelle Fertigung, moderne Techniken und Organisationsformen zur Produktionsplanung und -steuerung, Wien, Linde, 1991.

Dudenhöffer, F. (1997): Produktstrategien, die Industrien umkrempeln: Befunde aus der Autoindustrie, in: Thexis, 3/97, S. 24–29.

Eidenmüller, B. (1991): Die Produktion als Wettbewerbsfaktor, Herausforderungen an das Produktionsmanagement, 2. akt. Aufl., Verlag TÜV Rheinland, Köln, 1991.

Espejo, R.; Schuhmann, W.; Schwaninger, M.; Bilello, U. (1996): Organizational Transformation and Learning, A Cybernetic Approach to Management, Chichester, John Wiley & Sons, 1996.

Eversheim, W. (1989): Organisation in der Produtkionstechnik, Band 4: Fertigung und Montage, 2., neubearbeitete und erweiterte Auflage, Düsseldorf, VDI-Verlag, 1989.

Eversheim, W. (1994): Verringerung und Beherrschung der Komplexität stärkt die Wettbewerbsfähigkeit, in: Milberg, J., Reinhart, G. (Hrsg.): Unsere Stärken stärken. Der Weg zu Wettbewerbsfähigkeit und Standortsicherung, Münchener Kolloquium '94, Landsberg am Lech, Moderne Industrie, 1994, S. 71–100.

Eversheim, W. (1995): Prozessorientierte Unternehmensorganisation, Konzepte und Methoden zur Gestaltung „schlanker Organisationen", Springer-Verlag, Berlin, 1995.

Eversheim, W. (1996): Konventionelle Methoden und Hilfsmittel der Konstruktion, in: Eversheim, W.; Schuh, G. (Hrsg.): Betriebshütte – Produktion und Management, 7., neu bearbeitete Auflage, Berlin/Heidelberg/New York, Springer, 1996, S. 744 – 754.

Eversheim, W.; Schmidt, R.; Saretz, B. (1994): Systematische Ableitung von Produktmerkmalen aus Marktbedürfnissen, in: IO Management Zeitschrift, Nr. 1, 1994, S. 66–70.

Fluri, A. (1990): Produktionsprogrammplanung bei Linienfertigung an einem Beispiel der Papierindustrie, Dissertation, ETH Zürich, 1990.

Friedli, P. (1998): Modularität und Prozesse, in: Innovation: Modularisierung und Systempartnerschaft, Universität St. Gallen, Institut für Technologiemanagement, Seminarunterlagen, Zürich, 7. 5. 1998.

Gaiser, B.; Kieninger, M. (1993): Fahrplan für die Einführung des Target Costing, in: Horváth, P. (Hrsg.): Target Costing, Stuttgart, Schäffer-Poeschel, 1993, S. 53–73.

Gaitanides, M.; Müffelmann, J. (1996): Standardisierung komplexer Prozesse im strategischen Kontext, in: ZWF, Nr. 3, 1996, S. 195–198.

Garud, K.; Kotha, S. (1994): Using the brain as a metaphor to model flexible production systems, in: Academy of Management Review, 19. Jg., Nr. 4, 1994, S. 671–698.

Gilbert, X.; Strebel, P. J. (1986): Der Konkurrenz immer eine Nasenlänge voraus – Flexibilität dank Überholstrategie, in: Politik und Wirtschaft, Jg. 1, Nr. 6, 1986, S. 61–64.

Gilbert, X.; Strebel, P. J. (1987): Strategies to outspace the competition, in: The Journal of Business Strategy, Jg. 8, Nr. 1, 1987, S. 28–36.

Glaser, H. (1993): Zur Entscheidungsrelevanz prozessorientierter Stückkosten, in: krp, Sonderheft, Nr. 2, 1993, S. 43–47.

Gollub, U. (1996): Variantenvielfalt reduzieren – Outsourcing überleben, in: IO Management Zeitschrift, No. 7/8, 1996, S. 37–39.

GPS Prof. Schuh Komplexitätsmanagement GmbH: Gesellschaft für Produktstrukturierung und Systementwicklung, Monnetstrasse 9, D-52146 Würselen.

Grasshoff, J.; Gräfe, Ch. (1998): Integratives Kostenmanagement im Entstehungszyklus eines Serienerzeugnisses. In: krp-Kostenrechnungspraxis, Nr. 2, 1998, S. 62–69.

Gross, M. (1990): Planung der Auftragsabwicklung komplexer, variantenreicher Produkte, Dissertation an der RWTH Aachen, 1990.

Groos, S. A. (1997): Integriertes Zielkostenmanagement: Ausrichtung der Variantenvielfalt auf die Kundenbedürfnisse durch Leistungssysteme im Business-to-Business-Markt, Dissertation an der Universität St. Gallen, Dissertation Nr. 2052, 1997.

Grossmann, Ch. (1992): Komplexitätsbewältigung im Management, Anleitungen, integrierte Methodik und Anwendungsbeispiele. Dissertation der Hochschule St. Gallen, 1992.

Hahn, D. (1994): Planung und Kontrolle – Controllingkonzepte, 4. Aufl., Wiesbaden, Gabler, 1994.

Hall, W. K. (1980): Survival Strategies in a hostile environment, in: Harvard Business Review, Sept./Oct., 1980, S. 75–85.

Hass, H. (1970): Energon – das verborgene Gemeinsame, Wien/München/Zürich, Molden, 1970.

Hauser, J. R.; Clausing, D. (1988): Wenn die Stimme des Kunden bis in die Produktion vordringen soll, in: Harvard Manager, Nr. 4, 1988, S. 57–70.

Hayes, R. H.; Wheelwright, S. C. (1979): Link Manufacturing Process and Product Life Cycles, in: Harvard Business Review, January–February, 1979, S. 133–140.

Henzler, H. A. (1989): Handbuch Strategische Führung, Wiesbaden, Gabler, 1989.

Herstatt, C. (1996): Stücklisten – wenig beachtete Einsparpotentiale, in: IO Management, 65/1996, Nr. 12, S. 71–74.

Heuser, Th. (1996): Synchronisation auftragsneutraler und auftragsspezifischer Auftragsabwicklung, Verlag Shaker, Aachen, 1996.

Hichert, R. (1986): Probleme der Vielfalt, Teil 3: Was bestimmt die optimale Erzeugnisvielfalt?, in: wt-Zeitschrift für industrielle Fertigung, Jg. 76, 1986, S. 673–676.

Hinterhuber, H. H. (1992): Strategische Unternehmensführung I und II, 5. Auflage, de Gruyter, Berlin/New York, 1992.

Höhne, G.; Schneider, H. (1998): Produktkonfiguration und Kostenprognose in frühen Entwurfsphasen, in: Effektive Entwicklung und Auftragsabwicklung variantenreicher Produkte, VDI Berichte 1434, Tagung Würzburg, 7./8. 10. 1998, S. 197–212.

Homburg, Ch. (1995): Kundennähe als Management–Herausforderung: Neue Erkenntnisse und Empfehlungen, Arbeitspapier, Lehrstuhl für Betriebswirtschaftslehre, insbesondere Marketing, Wissenschaftliche Hochschule für Unternehmensführung (Otto-Beisheim-Hochschule), Koblenz, 1995.

Homburg, Ch.; Weber, J. (1996): Individualisierte Produktion, in: Kern, W.; Schröder, H.-H.; Weber, J. (Hrsg.): Handwörterbuch der Produktionswirtschaft, 2. Aufl., Stuttgart, 19. Jg., Nr. 4, 1996, S. 653–663.

Homburg, Ch.; Daum, D. (1997): Wege aus der Komplexitätsfalle, in: ZWF, Nr. 7–8, 1997, S. 333–335.

Horváth, P. (1991): Zur Zielsetzung und zum Inhalt des Buches, in: Horváth, P. (Hrsg.): Prozesskostenmanagement, Controlling, München, Vahlen, 1991, S. 1–7.

Horváth, P. (1996): Controlling, 6. Aufl., München, Vahlen, 1996.

Horváth, P.; Mayer, R. (1989): Prozesskostenrechnung – Der neue Weg zu mehr Kostentransparenz und wirkungsvolleren Unternehmensstrategien. In: Controlling, Nr. 4, 1989, S. 214–219.

Horváth, P.; Niemand, S.; Wolbold, M. (1993): Target Costing – State of the Art, in: Horváth, P. (Hrsg.): Target Costing – Marktorientierte Zielkosten in der deutschen Praxis, Stuttgart, Schäffer-Poeschel, 1993, S. 1–27.

Horváth, P.; Seidenschwarz, W. (1992): Zielkostenmanagement, in: Controlling, Nr. 3, Mai/Juni, 1992, S. 142–150.

Hubel, H.; Hess, P. (1995): Engineering Data Control für die automatisierte Angebotserstellung im Anlagenbau, in: CIM Management, Nr. 5, 1995, S. 23–27.

Joseph, P. (1993): PPS–Integration in der Varianten-Fertigung, in: ZWF, Jg. 88, Nr. 12, 1993, S. 568–571.

Kaiser, A. (1995): Integriertes Variantenmanagement mit Hilfe der Prozesskostenrechnung, Dissertation Universität St. Gallen, Dissertation Nr. 1742, 1995.

Kano, N.; Seraku, N.; Takahashi, F.; Tsuji, S. (1984): Attractive Quality and Must be Quality, in: Quality Journal, Vol. 14, Nr. 2, 1984, S. 39–48.

Kieliszek, K. (1994): Computer Aided Selling, Unternehmenstypologische Marktanalyse, Wiesbaden, Deutscher Universitäts-Verlag u. Gabler, 1994.

Kluge, J.; Stein, L.; Krubasik, E.; Beyer, I.; Düsedau, D.; Huhn, W.; Schmidt, E.; Deger, R. (1994): Wachstum durch Verzicht – schneller Wandel zur Weltklasse: Vorbild Elektronikindustrie, Stuttgart, Schäffer-Poeschel, 1994.

Koch, M. (1994): Von flexiblen zu autonomen Systemen, in: Technica, 43. Jg., Nr. 20, 1994, S. 14–19.

Koller, R. (1985): Konstruktionslehre für den Maschinenbau, 2., völlig neu bearbeitete Auflage, Berlin/Heidelberg/New York, Springer, 1985.

Köster, O. (1998): Strategische Disposition – Konzept zur Bewältigung des Spannungsfeldes Kundennähe, Komplexität und Effizienz im Leistungserstellungsprozess, Dissertation an der Universität St. Gallen, Schesslitz: Rosch-Buch, 1998.

Kotler, P.; Bliemel, F. (1995): Marketing-Management: Analyse, Planung, Umsetzung und Steuerung, 8., vollständig neu bearbeitete Auflage, Stuttgart, Schäffer-Poeschel, 1995.

Kruse, A. (1960): Die Produktdifferenzierung in Theorie und Praxis, Freiburg, Haufe, 1960.

Kühborth, W. (1986): Baureihen industrieller Erzeugnisse zur optimalen Nutzung von Kostendegression, Inaugural-Dissertation, Universität Mannheim, 1986.

Lampel, J.; Mintzberg, H. (1996): Customizing Customization, in: Sloan Management Review, Fall, 1996, S. 21–30.

Landolt, M. (1998): Produktplattformen für elektrische Lokomotiven, in: Innovation: Modularisierung und Systempartnerschaft, Universität St. Gallen, Institut für Technologiemanagement, Seminarunterlagen, Zürich, 7. 5. 1998.

Levitt, T. (1984): Die Globalisierung der Märkte, in: Harvard manager, Jg. 6, Nr. 3, 1984, S. 19–27.

Ley, W.; Hofer, A. (1999): Produktplattformen, in: iomanagement, Nr. 7/8, 1999, S. 56–60.

Lingnau, V. (1994): Variantenmanagement: Produktionsplanung im Rahmen einer Produktdifferenzierungsstrategie, Berlin, Erich Schmidt, 1994.

Link, J.; Hildebrand, H. (1993): Database Marketing und Computer Aided Selling, München, Vahlen, 1993.

Luczak, H.; Eversheim, W.; Schotten, M. (1998): Produktionsplanung und -steuerung, Berlin/Heidelberg/New York, Springer, 1998.

Luczak, H.; Fricker, A. (1997): Komplexitätsmanagement – ein Mittel der strategischen Unternehmensgestaltung, in: Schuh, G., Wiendahl, H. P. (Hrsg.): Komplexität und Agilität – Steckt die Produktion in der Sackgasse, Berlin/Heidelberg/New York, Springer, 1997, S. 309–323.

Malik, F. (1992): Strategie des Managements komplexer Systeme – Ein Beitrag zur Management-Kybernetik evolutionärer Systeme, 4. Aufl., Bern/Stuttgart/Wien, Haupt, 1992.

Malik, F. (1993): Systemisches Management, Evolution, Selbstorganisation: Grundprobleme, Funktionsmechanismen und Lösungsansätze für komplexe Systeme, Bern/Stuttgart/Wien, Haupt, 1993.

Malik, F. (1997): Biologische Organismen als neues Modell?, in: Malik on Management (M.o.M.) Nr. 8, 1997.

Martin, M.; Hausmann, W.; Ishii, K. (1998): Design for Variety, in: Ho, T.-H.; Tang, C. S. (Hrsg.): Product Variety Management, Research Advances, Boston/Dordrecht/London, Kluwer Academic Publishers, 1998.

Matthes, J.; Marcial, F.; Hartmann, R. (1996): EDMS in der betrieblichen Praxis, Anwenderbefragung in der deutschen Industrie, Frauenhofer Institut Arbeitswirtschaft und Organisation (IAO), EDM-Beratungszentrum, Stuttgart, 1996.

Mayer, R. (1993): Strategien erfolgreicher Produktgestaltung – Individualisierung und Standardisierung, Wiesbaden, Deutscher Universitäts Verlag, 1993.

Mayer, R.; Glaser, H. (1991): Die Prozesskostenrechnung als Controllinginstrument. Pro und Contra, in: Controlling, Nr. 3, Mai/Juni, 1991, S. 296–303.

McGrath, M. E. (1995): Product Strategy for High-Technology Companies: How to achieve growth, competitive advantage, and increased profits, New York, McGraw-Hill, 1995.

Meffert, H. (1989): Wettbewerbsorientierte Marketingstrategien im Zeichen schrumpfender und stagnierender Märkte, in: Raffée, H., Wiedmann, K.-P. (Hrsg.): Strategisches Marketing, 2. Aufl., Stuttgart, Poeschel Verlag, 1989, S. 475–490.

Meier, M.; Bichsel, M.; Leonhardt, U.; Wohlgensinger, M. (1999): Das digitale Produkt – neue Technologien verändern Unternehmensprozesse, Produktdaten werden zur integralen und strategischen Drehscheibe des Unternehmens, in: IO Management Zeitschrift, Nr. 6, 1999, S. 58–65.

Meyer, M. H.; Lehnerd, A. P. (1997): The Power of Product Platforms, Building Value and Cost Leadership, New York, The Free Press, 1997.

Milberg, J.; Reinhart, G. (1996): Produktionssystemplanung, in: Eversheim, W.; Schuh, G. (Hrsg.): Betriebshütte, Produktion und Management, 7. Aufl., Berlin, Heidelberg/New York, Springer, 1996, S. 101–127.

Morrow, M. (1992): Activity-based Management, New York, Woodhead Faulkner, 1992.

Mühlbradt, Th.; Mirwald, D. (1992): Mit Komplexitätsmanagement handlungsfähig bleiben, in: IO Management Zeitschrift, Nr. 10, 1992, S. 41–42.

Müller, S.; Kaiser, A. (1995): Was kostet eine Produktvariante?, in: Sonderdruck Technische Rundschau, 1995, S. 31–35.

Niemand, S. (1996): Target Costing für industrielle Dienstleistungen, München, Vahlen, 1996.

o.V. (1999): Bally – Ein Plädoyer fürs Überleben, in: NZZ, Nr. 66, 20./21. März, 1999, S. 21.

Pichler, E.; Clement, W. (1990): Konkurrenz und Wettbewerbsfähigkeit, in: WiSt, 19. Jg., Nr. 10, 1990, S. 490–496.

Piller, F. T. (1998): Kundenindividuelle Massenproduktion, Die Wettbewerbsstrategie der Zukunft, München/Wien, Hanser, 1998.

Pine II., B. J. (1994): Maßgeschneiderte Massenfertigung, Neue Dimension im Wettbewerb, Wien, Wirtschaftsverlag Überreuter, 1994.

Plinke, W. (1992): Fallgruben der Kundenorientierung überspringen, in: asw, 35. Jg., Nr. 3, 1992, S. 97–101.

Poensgen, W. (1994): Prozessorientierter Lösungsansatz für die Integration von Vertrieb und PPS bei variantenreichen Produkten, in: CIM Management, Jg. 10, Nr. 1, 1994, S. 33–36.

Porter, M. E. (1992): Brandt, V., Schwoerer, Th. C. (Übers.): Wettbewerbsstrategie – Methoden zur Analyse von Branchen und Konkurrenten (Originalwerk: Porter, M. E.: Competitive Strategy), 7. Aufl., Frankfurt/New York, Campus, 1992.

Porter, M. E. (1996): Wettbewerbsvorteile: Spitzenleistungen erreichen und behaupten, 4. durchgesehene Auflage, Frankfurt a. M., Campus, 1996.

Porter, M. E. (1997): Wettbewerbsstrategie – Methoden zur Analyse von Branchen und Konkurrenten, 9. Auflage, Frankfurt/New York, Campus, 1997.

Pümpin, C. (1992): Strategische Erfolgspositionen – Methodik der dynamischen strategischen Unternehmensführung, Bern/Stuttgart, Haupt, 1992.

Rapp, Th. (1999): Produktstrukturierung, Dissertation der Universität St. Gallen, 1999.

Rathnow, P. J. (1993): Integriertes Variantenmanagement: Bestimmung, Realisierung und Sicherung der optimalen Produktvielfalt, Göttingen, Vandenhoeck & Ruprecht, 1993.

Raufeisen, M. (1997): Komplexitätsreduktion in der Auftragsabwicklung, in: ZfB, 67. Jg, H. 2, 1997, S. 125–149.

Reiss, M. (1993a): Komplexitätsmanagement I, in: WISU, Nr. 1, 1993, S. 54–59 u. S. 81 (Repetitorium).

Reiss, M. (1993b): Komplexitätsmanagement II, in: WISU, Nr. 2, 1993, S. 132–137.

Reiss, M.; Corsten, H. (1990): Grundlagen des betriebswirtschaftlichen Kostenmanagements, in: WiSt, Jg. 19, Nr. 8, 1990, S. 390–396.

Reitzle, W. (1988): F & E-Strategie, in: Henzler, H. (Hrsg.): Handbuch strategische Führung, Wiesbaden, Gabler, 1988, S. 499–514.

Robertson, D.; Ulrich, K. (1998): Planning for Product Platforms, in: Sloan Management Review, Summer 98, S. 19–31.

Roever, M. (1991a): Goldener Schnitt, in: Manager Magazin, Nr. 11, 1991, S. 253–264.

Roever, M. (1991b): Kettenreaktion, in: Manager Magazin, Nr. 12, 1991, S. 243–249.

Roever, M. (1991c): Tödliche Gefahr, in: Manager Magazin, Nr. 10, 1991, S. 218–233.

Roever, M. (1992): Weg mit dem Wasserkopf, in: Manager Magazin, Nr. 1, 1992, S. 126–135.

Rollberg, R. (1996): Lean Management und CIM aus Sicht der strategischen Unternehmensführung, Wiesbaden, 1996.

Rommel, G. (1993): Einfach überlegen – Das Unternehmenskonzept, das die Schlanken schlank und die Schnellen schnell macht, McKinsey & Company (Düsseldorf), Stuttgart, Schäffer-Poeschel, 1993.

Rupp, M. (1980): Produkt/Markt-Strategien – Ein Leitfaden zur marktorientierten Produktplanung für kleine und mittlere Unternehmen der Investitionsgüterindustrie, Zürich, Verlag Industrielle Organisation, 1980.

Rust, U. (1998): Effiziente Verkaufsgespräche dank intelligenter Technologie, in: Sonderdruck IO Management Zeitschrift, Nr. 6, 1998.

Sanchez, R. (1996): Managing New Interactions of Technology, Markets and Organizations, in: European Management Journal, Vol. 14, Nr. 2, April, 1996, S. 121–138.

Sanderson, S. W.; Uzumeri, M. (1997): The innovation imperative: strategies for managing product models and families, Chicago/London/Singapore, IRWIN Professional Publishing, 1997.

Scherer, E.; Dobberstein, M. (1996): Komplexität in der Produktion beherrschen?, in: IO Management Zeitschrift Zeitschrift, Jg. 65, 1996, S. 60–64.

Schlegel, H. (1978): Betriebswirtschaftliche Konsequenzen der Produktdifferenzierung – dargestellt am Beispiel der Variantenvielfalt im Automobilbau, in: Wist, H. 2, 1978, S. 65–73.

Schmidt, T. B. (1990): Die Bestimmung der optimalen Sortimentstiefe für einen Konsumgüterhersteller, Dissertation Universität Köln, 1990.

Schmitt, A. (1992): Transparenz mit Prozesskostenrechnung, in: io Management Zeitschrift, Nr. 7/8, 1992, S. 44–48.

Schönsleben, P. (1998): Integrales Logistikmanagement: Planung und Steuerung von umfassenden Geschäftsprozessen, Berlin/Heidelberg/New York, Springer, 1998.

Schuh, G. (1988): Gestaltung und Bewertung von Produktvarianten – Ein Beitrag zur systematischen Planung von Serienprodukten, Dissertation RWTH Aachen, 1988.

Schuh, G. (1989): Gestaltung und Bewertung von Produktvarianten – Ein Beitrag zur systematischen Planung von Serienprodukten, Fortschritt-Berichte VDI, Reihe 2, Fertigungstechnik, Düsseldorf, VDI-Verlag, 1989.

Schuh, G. (1994a): Strategisches Produktionsmanagement – Expansion durch Konzentration, in: NC-Gesellschaft (Hrsg.): NCG-Jahreskongress 1994: Umdenken–Wandeln–Bestehen: Führungs- und Fachkompetenz sichert Industrieproduktion, 21.–22. 4. 1994, München.

Schuh, G. (1994b): Wettbewerbvorteile durch Prozesskostensenkung, 28. Konferenz Normenpraxis, 21./22 Oktober, Stuttgart, 1993, in: DIN–Mitt. 73, Nr. 2, 1994, S. 99–105.

Schuh, G. (1995a): Produktionsmanagement heute, Expansion durch Konzentration, in: Thommen, J.-P. (Hrsg.): Management-Kompetenz, Die Gestaltungsansätze des NDU/Executive MBA der Hochschule St. Gallen. Sonderdruck, Versus Verlag Zürich, 1995, S. 429–446.

Schuh, G. (1995b): Veranstaltungsunterlagen, VMEA – Methode zur Reduzierung und Planung von Teile- und Produktvarianten, Haus der Technik E.V., Ausseninstitut der RWTH Aachen, Essen, 14. Februar, 1995.

Schuh, G. (1997): Handbuch – Beherrschung der Variantenvielfalt – Komplexitätsmanagement bei Produkten und Prozessen, Seminar in Bad Canstatt, 11. und 12. März, 1997.

Schuh, G.; Becker, T.; Caesar, Ch. (1989): Integrierte Beherrschung der Variantenvielfalt, in: Industrie-Anzeiger, Nr. 26, 1989, S. 84–90.

Schuh, G.; Caesar, Ch. (1989): Beherrschung der Variantenvielfalt, in: VDI, Nr. 1, 1989, S. 42–46.

Schuh, G.; Caesar, Ch. (1989): Variantenorientierte Produktgestaltung – Standardisierung und Modularisierung von Serienprodukten, in: Konstruktion, Nr. 41, 1989, S. 207–211.

Schuh, G.; Gross, B.; Gross, M.; Mayas L. (1993): Wettbewerbsfähigkeit durch Modularisierung, in: VDI-Z, 3/93, S. 64–66

Schuh, G.; Groos, S. A.; Hermann, U.; Spreitzer, O. (1995): Ressourcenorientiertes Target Costing, Zielkostenmanagement als durchgängiges Instrument unter Einbezug der Prozesskostenrechnung, in: Technische Rundschau, Bern, Hallwag, 1995, S. 26–30.

Schuh, G.; Jonas, I. (1996): Beherrschung der Variantenvielfalt, in: Technica (Sonderdruck), Nr. 7/96.

Schuh, G.; Herf, H.-D. (1994): VMEA – Variantenmanagement in Entwicklung, Planung und Änderungsdienst, in: ZWF, Nr. 11, 1994, S. 552–554.

Schuh, G.; Jonas, I. (1997): Variantenreduzierung im Verbund – Praktikable Methode zum Variantenmanagement, Ein Leitfaden zur Beherrschung der Variantenvielfalt, ViA Verbundinitiative Automobil Nordrhein-Westfalen, Düsseldorf, 1997.

Schuh, G.; Kaiser, A. (1994): Kostenmanagement in Entwicklung und Produktion mit der ressourcenorientierten Prozesskostenrechnung, in: krp, Sonderheft, Nr. 1, 1994, S. 76–82.

Schuh, G.; Kaiser, A.; Herf, H.-D. (1995): Beherrschung der Variantenvielfalt in Produktplanung, Produktentwicklung, Produktion und Vertrieb, in: CIM Management, Nr. 5, 1995, S. 10–14.

Schuh, G.; Schwenk, U. (1999): Produkt- und Variantenkalkulation, in: Siegwart, H. (Hrsg): Jahrbuch 1999, Finanz- und Rechnungswesen, Zürich, WEKA Verlag AG, S. 179-206.

Schuh, G.; Schwenk, U.; Speth, Ch. (1998a): Komplexitätsmanagement als Trade-off aus „Scale" und „Scope", in: Belz, C. (Hrsg.): Management-Szenarien 2005. Thexis Verlag, Fachzeitschrift für Marketing, Nr. 2, 1998, S. 134-135.

Schuh, G.; Schwenk, U.; Speth, Ch. (1998b): Komplexitätsmanagement im St. Galler Management-Konzept, in: io Management Zeitschrift Zeitschrift, Jg. 67, Nr. 3, 1998, S. 78-85.

Schuh, G.; Steinfatt, E. (1993): Konstruktionsbegleitende Prozesskostenrechnung, in: ZwF, 88, 1993, Nr. 7-8, S. 344-346.

Schuh, G.; Tanner, H. R. (1995): Controlling mit integrierten Sonderrechnungen, in: Technische Rundschau, Hallwag, Bern, 1995, S. 8-11.

Schulte, Ch. (1995): Komplexitätsmanagement, in: Corsten, H. (Hrsg.): Handbuch der Unternehmensführung, Gabler, S. 757-765, 1995.

Schulte, Ch. (1999): Lexikon der Logistik, R. Oldenbourg Verlag, München, Wien, 1999.

Schulz, S. (1994): Komplexität im Unternehmen, Eine Herausforderung an das Controlling, in: Controlling, Nr. 3, Mai/Juni, 1994, S. 130-139.

Schwaninger, M. (1994): Managementsysteme. St. Galler Management-Konzept, Bd. 4, Frankfurt/New York, Campus, 1994.

Seghezzi, H. D. (1994): Qualitätsmanagement: Ansatz eines St. Galler Konzepts Integriertes Qualitätsmanagement, Stuttgart, Schäffer-Poeschel, 1994, S. 65-85.

Seghezzi, H. D. (1996): Integriertes Qualitätsmanagement, Das St. Galler Konzept, Stuttgart, Carl Hanser Verlag München Wien, 1996.

Seidenschwarz, W. (1991): Target Costing – Schnittstellenbewältigung mit Zielkosten, in: Horváth, P. (Hrsg.): Synergien durch Schnittstellencontrolling, Stuttgart; Schäffer-Poeschel, 1991, S. 191-209.

Seidenschwarz, W. (1993): Target Costing – Marktorientiertes Zielkostenmanagement, München, Vahlen, 1993.

Seidenschwarz, W. (1994): Das Controlling der Markt- und Prozesskette, in: Horváth, P. (Hrsg.): Kunden und Prozesse im Fokus, Controlling und Reengineering, Stuttgart, Schäffer-Poeschel, 1994, S. 161-183.

Specht, G.; Zörgiebel, W. W. (1985): Technologieorientierte Wettbewerbsstrategien, in: Raffée, H., Wiedmann, K.-P. (Hrsg.): Strategisches Marketing, 2. Aufl., Suttgart, Schäffer-Poeschel, 1989, S. 491-517.

Spies, S. (1999): Variantenoptimale Gestaltung des Leistungsangebotes, Differenziertes Leistungsmanagement am Beispiel der Automobilindustrie, Habilitationsschrift der Universität St. Gallen, 1999.

Stalk, G., Jr.; Hout, Th. M. (1990): Competing Against Time, How Time-based Competition Is Reshaping Global Markets, New York/London, FP The Free Press, 1990.

Steinfatt, E.; Schuh, G. (1992): Variantenvielfalt als Krankheit. Differenzierte Produktkostenprognose, in: Technische Rundschau (Hrsg.): CIM-Wirtschaftlichkeit.

Strategische und operative Bewertung von CIM-Projekten, Bern, Hallwag, 1992, S. 58–64.

Stüttgen, M. (1999): Strategien der Komplexitätsbewältigung in Unternehmen, Ein transdisziplinärer Bezugsrahmen, St. Galler Beiträge zum Integrierten Management, Band 12, Bern/Stuttgart/Wien, Haupt, 1999.

Tanaka, M. (1989): Cost Planning and control systems in the design phase of a new product, in: Monden, Y.; Sakurai, M. (Hrsg.): Japanese Management Accounting, Cambridge, Mass., Productivity Press, 1989, S. 49–71.

Tectem/ITEM (Hrsg.) (1998): Benchmarking–Projekt – Variantenmanagement, TECTEM – Transferzentrum für Technologiemanagement der Universität St. Gallen und ITEM – Institut für Technologiemanagement der Universität St. Gallen, Universität St. Gallen, 1998.

Thomas, G. (1989): Kundennutzenmessung mit Conjoint, in: ZfB, Jg. 59, Nr. 11, 1989, S. 1179–1192.

Tseng, M.; Jiao, J. (1998): Concurrent design for mass customization, in: Business Process Management, No 4, 1998, S. 10–23.

Ulich, E. (1974): Neue Formen der Arbeitsstrukturierung, in: Fortschrittliche Betriebsführung, 1974/23, S. 187–196.

Ulrich, H. (1970): Die Unternehmung als produktives soziales System, 2. Aufl., Bern/Stuttgart, Haupt, 1970.

Ulrich, H. (1984): Management, Bern/Stuttgart, Haupt, 1984.

Ulrich, H.; Probst, G., J. B. (1988): Anleitung zum ganzheitlichen Denken und Handeln. Bern/Stuttgart, Haupt, 1988.

Ulrich, K. (1995): The role of Product Architecture in the Manufacturing Firm, in: Research Policy, Vol. 24, 1995, S. 419–440.

Ungeheuer, U. (1986): Produkt- und Montagestrukturierung: Methodik zur Planung einer anforderungsgerechten Produkt- und Montagestruktur für komplexe Erzeugnisse der Einzel- und Kleinserienproduktion, Düsseldorf, VDI, 1986.

Ungeheuer, U. (1993): Beherrschung der Variantenvielfalt, in: Vortragsband ZfU Management „Seminar Komplexität reduzieren – Kosten einsparen" vom 19. 10. 1993, Zürich, 1993.

VDI Seminar (1997): Beherrschung der Variantenvielfalt, Komplexitätsmanagement bei Produkten und Prozessen, VDI-Bildungswerk GmbH, Düsseldorf, Seminar in Bad Canstatt, 11./12. 3. 1997.

VDI/REFA (Hrsg.) (1976): Elektronische Datenverarbeitung bei der Produktionsplanung und -steuerung, Teil VI, Düsseldorf, VDI, 1976.

Warnecke, H.-J. (1993): Revolution der Unternehmenskultur, Berlin/Heidelberg/New York, Springer, 1993.

Weelright, St. C.; Clark, K. B. (1994): Revolution der Produktentwicklung, Spitzenleistungen in Schnelligkeit, Effizienz und Qualität durch dynamische Teams, Verlag Neue Zürcher Zeitung, Zürich, 1994.

Westkämper, E.; Bartuschat, M. (1993): Produktcontrolling – Kostenoptimale Variantenvielfalt, in: CIM Management, Nr. 4, 1993, S. 26–32.

Westkämper, E.; Bieniek, Ch.; Handke, St.; Bartuschat, M. (1995): Verbesserte Angebots- und Auftragsabwicklung durch abgestimmte Produktstrukturen, in: CIM Management, Nr. 11, 1995, S. 46–50.

Wiendahl, H. P. (1996): Produktionsplanung und -steuerung, in: Eversheim, W.; Schuh, G. (Hrsg.): Betriebshütte, Produktion und Management, 7. Aufl., Berlin/Heidelberg/New York, Springer, 1996, S. 14.1–14.130.

Wildemann, H. (1990a): Die Fabrik als Labor, in: ZfB, 60 (1990), H. 7, S. 611–630.

Wildemann, H. (1990b): Kostengünstiges Variantenmanagement, in: io Management, 11/90, S. 37–41.

Wildemann, H. (1991): Zeit als Wettbewerbsfaktor durch Motivation und Qualifikation, in: Milberg, J. (Hrsg.): Wettbewerbsfaktor Zeit in Produktionsunternehmen, Referate des Münchner Kolloquiums '91, Institut für Werkzeugmaschinen und Betriebswirtschaften, Technische Universität München, Berlin/Heidelberg/New York, Springer, 1991, S. 339–355.

Wildemann, H. (1994): Fertigungsstrategie – Reorganisationskonzepte für eine schlanke Produktion und Zulieferung, 2. Auflage, München, Transfer-Centrum, 1994.

Wildemann, H. (1996): Variantenmanagement, Leitfaden zur Komplexitätsbeherrschung, München, TCW Transfer-Centrum GmbH, 1996.

Wildemann, H. (1999): Komplexität: Vermeiden oder beherrschen lernen, in: Harvard Business manager, 6/1999, S. 31–42.

Wüpping, J. (1993): Systematische Entwicklung und Nutzung von Baukastensystemen für Wrap-around-Verpackungsmaschinen, Dissertation, Universität Dortmund, 1993.

Wüpping, J. (1998a): Ergebnisorientiertes Variantenmanagement – Sortimentstrukturierung durch Variantencontrolling, in: krp Zeitschrift für Controlling, Nr. 4, 1998, S. 221–225.

Wüpping, J. (1998b): Logistikgerechte Produktstrukturen bei marktorientierter Variantenvielfalt, in: IO Management, 1–2/98, S. 76–81.

Yoshikawa, T. (1989): Characteristics and Practical Applications of Japanese Cost Accounting Systems, in: Monden, Y., Sakurai, M. (Hrsg.): Japanese Management Accounting, Cambridge, Mass., Productivity Press, 1989, S. 283–293.

Zich, C. (1996): Integrierte Typen- und Teileoptimierung – Neue Methoden des Produkteprogramm-Management, Gabler Edition Wissenschaft, Wiesbaden, Deutscher Universitäts Verlag, 1996.

Zimmermann, G. (1988): Produktionsplanung variantenreicher Erzeugnisse mit EDV, Berlin/Heidelberg/New York, Springer, 1988.

18 Register

Arbeitsteilung 6
Auftragskonfiguration 185 ff.
– Definition 185
– Konfigurationsprozess 186 ff., 191

Betriebsgröße 30 f.
Branchen 29, 31, 64

Complexity Manager® 245
Computer Aided Selling (CAS) 192 ff.
– Nutzenpotenziale 192

Datenmanagement 181 ff.
– Zielsetzungen 183
Decouple Point 176 f.
Differenzierungsstrategie 48 ff., 51
Diseconomics of Scope 17, 46

Economics of Scale 17, 46, 50, 52 f., 62, 104
Economics of Scope 50, 52 f., 62, 104

Fertigungstechnologien 211 ff.

Hysterese-Effekt 22

Individualisierung 53 f., 120 f.
– Definition 54
– Merkmale 55
– Nutzendimension 56
– Strategie 53, 61, 67
Investitionsgüterindustrie 16

Komplexität 3, 13, 32
– Bewältigung 27, 30
– Folgen 17 ff., 19
– Externe 15 ff., 40
– Führungskreislauf 243
– Interne 13 ff., 40
– Kostenaspekt 64, 104
– Kosten-/Preiseffekt 17, 42 ff., 64, 104
– Nutzenaspekt 64
– Organisation 235, 239 f.
– Strategien 47
– Thesen 238
– Typologien 47
– Ursachen 10 ff.
Komplexitätsgefälle 10
Komplexitätsgrad 40 ff.
Komplexitätsmanagement
– Aktivitäten 67 ff.
– Definition 34
– Strategien 62 ff.

Komplexitätsreduktion 5
Komplexitätstreiber 7, 64
Konzeptioneller Bezugsrahmen 35 ff.
Kostenführerschaft 48 ff.
Kostenrechnungssysteme 147 ff.
Kostenremanenz 21 f.
Kulturaspekte 29
Kundenbedürfnisse und -anforderungen 134 ff.
Kundenentkopplungspunkt (KEP) 176 f.
Kundenindividuelle Massenproduktion 58, 67, 206
– Definition 60
Kundenorientierung 13, 19

Leistungserstellungsprozess 210
– kundenauftragsbezogen 215 ff., 229
– kundenauftragsneutral 215 ff., 224
– Segmentierung 210 f.
Leistungsprozessgestaltung 203
Lieferbereitschaftsgrad 175

Marketinglücke 16
Marktorientierung 16
Marktsegmentierung 133, 135
Modularisierung 83, 120 f.
– Arten der Modularität 85, 89
– Definition 84
– Vorgehensweise 90 ff.

Nutzenpotenzial 25 f.
– Extern 26
– Intern 26
Nutzensegmentierung 133 ff.

Opportunitätskosten 42 f., 44
Order Penetration Point (OPP) 176 f.

Planungsprozess 220
Plattformkonzept 86
– Definition 87
– Erfolgsfaktoren 88
Produktdifferenzierung 61
Produktfolge 103
Produktgestaltung 203 ff.
Produktionsplanung und -steuerung 174
Produktklassifizierung 173
Produktkonfigurationssysteme 193 ff.
– Aufbau 194 ff.
– interaktionsbasiert 194
– regelbasiert 194
– wissensbasiert 194

Produktlebenszyklus 14f., 17, 103
Produktprogramm 102
- Differenzierung 104ff.
- Freigabe 241ff.
- Gestaltung 203ff.
- Pflege 240f.
- Strukturierung 104ff.
- Vorgehensweise zur Planung 108ff.
Produktstruktur 73, 94, 103
- Baukasten 82
- Baureihen 81
- Definition 73
- Differenzialbauweise 79f.
- Integralbauweise 79f.
- Module 82
- Pakete 82f.
- Optimierung 75, 119, 207ff.
- Typen 218ff.
Produktvarianten 12, 17, 23
Produktvielfalt 17, 24, 27, 110
- Bewertung 125
- Einkauf 178f.
- Entwicklung/Konstruktion 169ff.
- Fertigung/Montage 176f.
- Kommunikation 169ff.
- Planung und Steuerung 214ff.
- Qualitätssicherung 179f.
- Vertrieb/Marketing 172ff.
- Vorgehensweise zur Analyse und Planung 111ff.
Produktwechsel 9f.
Proplan® 246
Prozessgestaltung 203ff.
Prozessvielfalt 24, 27

Quersubventionierung 19
Quoten- und Stückzahlenalgorithmus 231f.

Ressourcenorientierte Prozesskostenrechnung (RPK) 149ff.
- Anwendung 158ff.
- IT Unterstützung 247
- Prinzip 150ff.

Standardisierung 53f., 120f.
- Definition 54
- Merkmale 55
- Nutzendimension 58
- Strategie 53, 61, 67
Standardisierungsgrad 208f.
Strategische Disposition 220
- Konzept 222ff.

Strategische Erfolgsposition 25f.
Strategischer Erfolgsfaktor 11
Strategisches Erfolgspotenzial 68f.
Strukturaspekte 29
Stückkostendegression 45
Stückliste 95
- Baukasten- 97
- Mengen- 96
- Merkmals-Ausprägungs- und Kombinationsmatrix 99f.
- Varianten- 97
- Verwendungsnachweis 99
St. Galler Managementkonzept (SGMK) 36ff.
System 3ff., 41
Systemeigenschaft 3

Unternehmensentwicklung 11, 13

Variant Mode and Effects Analysis (VMEA) 114ff., 122
Variantenbaum® 100ff., 112
Variantenbestimmungspunkt 176f.
Variantenfertigung 61
Variantenkonfigurierer 65ff., 206
Variantenmanagement
- Definition 35
- IT Unterstützung 245
- Typologien 64, 67
Variantenoptimierer 66ff., 206
Variantenvielfalt 18, 32
Varietät 32f., 42
Varietätsgesetz 33
Veränderlichkeit 4, 9f.
Verursachungsgerechte Kostenverteilung 18, 156ff.
Verwaltungs- und Vertriebskosten 22
Vieldeutigkeit 4, 9f.
Vielfalt 4, 7ff.
- Bewusstsein 25
- Kostenwirkung 20ff.
- Nutzenwirkung 23ff.
Vielzahl 4, 7ff.
Volumengeschäft 18

Wettbewerbsstrategien 47ff.
Wettbewerbsvorteil 18

Zielkostenmanagement 127
- Anwendungsgebiete 130ff.
- Definition 128
- Grundprinzip 127ff.
- Vorgehensweise 136ff.

Hanser – Fachbücher für Computer, Technik und Wirtschaft

Produkte von morgen – intelligent und flexibel.

Die rasante technologische Entwicklung eröffnet große Chancen für neue, heute noch nicht bekannte Produkte, aber auch für die Verbesserung des Preis-Leistungs-Verhältnisses und der Ressourceneffizienz von bestehenden Produkten. Entscheidend ist dabei die Informations- und Kommunikationstechnologie: Mit ihrer Hilfe können "intelligente" Erzeugnisse hergestellt werden, die sich selbsttätig an die Anforderungen ihrer Nutzer anpassen.

Jürgen Gausemeier
Peter Ebbesmeyer
Ferdinand Kallmeyer
Produktinnovation
Strategische Planung und
Entwicklung der Produkte
von morgen
ca.558 Seiten. Hardcover
2001.
ISBN 3-446-21631-6

Auf dem Weg zu den Produkten für die Märkte von morgen spielen drei Bereiche eine besonders wichtige Rolle: die strategische Produktplanung, die integrative Produktentwicklung und das sogenannte Virtual Prototyping. Die Autoren stellen alle drei Bereiche ausführlich dar und zeigen anhand vieler Beispiele, wie neue Marktchancen aufgespürt, entsprechende Produkte definiert und schließlich schnell und sicher zur Marktreife gebracht werden können.

Die Autoren:

Prof. Dr.-Ing. **Jürgen Gausemeier** ist Professor für Rechnerintegrierte Produktion am Heinz Nixdorf Institut der Universität Paderborn.

Dr.-Ing. **Peter Ebbesmeyer** ist Leiter des Competence Center Virtual Reality der UNITY AG - Aktiengesellschaft für Unternehmensführung und Informationstechnologie.

Neue, erfolgversprechende Produkte planen und zur Marktreifen bringen – dieses Buch zeigt Ihnen, wie.

Dr.-Ing. **Ferdinand Kallmeyer** ist Projekt-Manager in der Banking Division der Wincor Nixdorf GmbH & Co. KG.

Carl Hanser Verlag

Postfach 86 04 20, D-81631 München
Tel. (0 89) 9 98 30-0, Fax (0 89) 9 98 30-269
eMail: info@hanser.de, http://www.hanser.de

www.QM-InfoCenter.de

Die umfassende Internet-Seite rund um das Thema Qualitätsmanagement:

www.QM-InfoCenter.de

▶ **News**

▶ **QM-Basics**
   kompakte Info zu wichtigen Begriffen

▶ **QZ**
   Fachinformationen aus der führenden Fachzeitschrift

▶ **QM-Termine**
   Messen, Seminare, Tagungen

▶ **Wer bietet was?**
   Produkt- und Lieferantenverzeichnis

▶ **QM-Bookshop**
   Bücher, Loseblattwerke, CD-ROMs

▶ **QM-Karriere**
   der aktuelle Stellenmarkt der Branche

▶ **QM-Forum**
   Diskussionsforum zu aktuellen QM-Themen

HANSER